'n striepigen Rock Stolp. Prügelandrohung: *Ik war di denn Hinnelsten striebig måken!* Gri/Mi. *Dat Brot / dei Kauken is striepig* hat einen Wasserstreifen, ist klitschig Gwd/Ba. – **2.** (maßlos) übertrieben, arg, unangemessen. *Dat's mi œwer tau striepig, dat kann ik nich betåhlen* Dem/De; *striepig räden* unflätig reden Rüg/Wi. *Ik bün em striepiger kåmen* bin viel strenger mit ihm umgegangen Rüg/Ae. Ausruf der Entrüstung: *Nu ward mi dat doch tau striepig!* Fra/Pe, ähnl. verbr. – **Striepwark** n., veralt., mit Schnüren und Bändern besetztes Kleidungsstück vereinz. VPom.

Striet m., *Strier* selt. VPom, Pl. kaum gebräuchlich, *-s* LAUWB 344[a]. **1.** Streit, Zank. *De twee Buern hebben Striet üm een lüttes Stück Land* Ran/Pe. *Wi willen denn dummen Striet nu bileggen* Gwd/Nu. *Ik bün nich för Striet un Larm* Gwd/Ba. *Bi uns in'n Hus is ümmer Striet un Arger* Rüg/Ae. *Ik heff lang mit em in Striet lägen* war lange mit ihm zerstritten Dem/De. In fester Vbdg.: *'n Striet in'n Poggenpauhl* harmloser Streit vereinz., HUMGWD 77,54,2. – Sagw.: *Striet möt man ut'n Wech gåhn, säd dei Voss, don seech hei dor twei Scheperhunn' lopen* °Gwd. Syn. Jagd, Kabbelie, Katzbalgerie, Kief, Kiewerie, Striederie, Zank. – **2.** Wettstreit VPom. Zumeist in der Fügung: *tau Striet* um die Wette. *Wi willen to Striet lopen* Rüg/Pu. *Dei Lüd arbeiden tau Striet* Gri/Gm. Litspr.: *Un nu güng dat to Striet* [1]TRI 30. – **Strietbold** m., gesprochen zumeist *Striebold*, ausgelassenes, wildes Kind Dem/De, Uec/Pa, Ran/Sr, Ghg/Wt, Rum/Pr, Lau/Vl. Vgl. BBWB 4,318. – **Strietdüwel** m. wie Striethåmel Ran/Sr. – **Strietfedder** f. spitze Schwanz- oder Flügelfeder des Geflügels vereinz. – Volksgl.: *Stoppt ma' Strietfäädre in't Bedd, jifft dat Arjer* Dra/Wi, ähnl. vereinz. – **Strietfor** f. 'Streitfurche' schmaler Grenzstreifen zwischen Ackerflächen von verschiedenen Eigentümern vereinz. – **Striethåhn** m., TiN, Kampfläufer (Watvogel) [4]GIL 1,85. Syn. Burrhåhn. – **Striethåmel** m. streitsüchtiger Mensch vereinz. *Mit denn Striethåmel is kein Utkåmen* Fra/Zi. Syn. Strietdüwel.

Strietschauh m., veraltd., Schlittschuh VPom. *Wi leepen früher in'n Winter mit hölte(r)n Strietschauh* Rüg/Ae. *Dat kann so 'nen Frost geben as vör säbentig Johr* [...]. *De Lüd sünd dunntaumalen up Stritschauh von Stralsund nah Sweden lopen!* [7]BAND 76; *mit Strietschoh œwer denn Diek lopen* Rüg/Rp. Syn. Schlittschauh, Schrietschauh. Vgl. zudem Halifax, Hollänner, Rillenlöper. – Das Erstglied zu strieden[2].

Striezel m., Pl. wie Sg., längliches Gebäck. **1.** Stollen, bes. Christstollen vereinz. HPom, sonst selt., [6]KAI 72. – Ral., wenn es übermütig zugeht: *Dat geiht los, as wenn dei Mus uppem Stritzel danzt* Sto/Zz [4]KNO 10. Syn. Stollen. – **2.** Mohnzopf vereinz. HPom, sonst selt.

Lautvar.: *Stritzel* verstr. NOPom, *Strützel* Cam/Rm, Net/Hf, *Strüzel* Fra/Fr, *Stretzel* Lau/Pb.

striezen sw., *stritzen* Uec/Ge,Pa, selt. HPom. **1.** stehlen. *Pass up, de Kierl striezt giern Geld!* Ank/An. *De Bengels hebben wedder Äppel striezt* Ghg/Hk. Vgl. stribitzen. → klauen. – **2.** jmd. triezen, schikanieren selt., LAUWB 344[a].

striftig Adj. **1.** kräftig, robust Ran/Ro, Ghg/Gr, vereinz. HPom, HOMWB 197[b], [2]KNO 86. *Dei Jung' is all recht jrot u' striftig* Kol/Sö. – **2.** wütend, ärgerlich Nau/Db, Kol/Go, Lau/GW, Slo/La.

Lautvar.: *strifdig* Sto/KP, Lau/GW, *striffig* Reg/Kt, Net/Hf, *striwwig* Ghg/Gr, vereinz. °Nau, Saa/Te, Fla/Ta.

Strilk f., TiN, Viehbremse selt. °Cam, BLFPVK 6,30. → Bröms. – Etym. unklar.

Strimpel s. Strümpel.

stripp Interj. Einleitungswort von Reimen, bes. von Melkversen. *Stripp, strapp, strull. Is dat Emmer noch nich vull?* Rüg/Zi. *Stripp, strapp, strull. Dat Spann is bald vull* Fra/Bn. *Stripp, strapp, strull. Mäken büst du dull? Is dat Spann noch nich bald vull?* Gwd/Nu.

Stripp[1] f., Pl. *Strippen* verbr., *Stribben* vereinz. VPom. **1.** Bindfaden, Schnur. *Dei Stripp is räten* Gwd/Ba. *Hest du 'n End Stripp in'e Tasch?* Stral. *Ik war dat mit 'ne Stripp fastbinna* Pyr/Wi. – Ral.: *Dat rägent Strippen* es regnet stark verbr.; *einen (kort) an'e Stripp hollen* jmd. gängeln, keinen Freiraum lassen Dem/Tp, ähnl. vereinz. – **2.** Schlaufe an hochschäftigen Stiefeln zum leichteren Anziehen verstr. Vgl. Stäwelstripp, Stripp(en)stäwel. – **3.** Haarsträhne vereinz. *Striek di dei Strippen ut'e Ogen!* Fra/Pe. – **4.** dünner Aal vereinz. MPom, sonst selt. Vgl. Ålstripp. – **5.** Telefonleitung, -kabel vereinz.

Stripp[2] f., Pl. *-en.* **1.** Zitze am Euter der Kuh vereinz. MPom HPom. *De Koh hett korte Strippen* Ran/Ro. – **2.** Kuh, die nicht viel Milch gibt vereinz. MPom HPom. *De olle Stripp mütt rut ut'n Stall* Ran/Pe. – **strippen** sw. **1.** melken. Spez.: die Milch nur mit Daumen und Zeigefinger (statt mit der ganzen Hand) aus dem Euter streichen. *Tweemål an'n Dag möt ik de Köh in'n Stall strippen* Rüg/Zi. *Wat du möckst, is keie melke, dat is bloß strippe* Gbg/Gp. – Sagw.: *Allens hett sien Wissenschaft, seed de Jung, doon strippt hei dei Kau an'n Steert* HUMGWD 76,312f.,4. Vgl. fuusten, knœweln. – **2.** (wenig) Milch geben verstr. *Dei Kauh strippt bloß so* Gri/Mi. *Dei Kauh strippt dull* gibt viel Milch Sch/Pu.

Strippendreiger m., SpottN, Seiler vereinz. Vgl. Reiper. – **Stripp(en)stäwel** m. hoher Stiefel mit einer Schlaufe am Schaft, die das Anziehen erleichtert vereinz. – **Strippentrecker** m., SpottN, Elektriker vereinz. – **Stripprägen** m. starker Regen Uec/Pa, [4]HOEFE 164. Vgl. BBWB 4,325: *Strippenregen.*

Strips Pl. Prügel, Schläge vereinz. VPom, sonst selt. *Dar givt et Stripps* DÄHWB 468[b].

Stripsel m., Pl. zumeist wie Sg., *-s* selt. **1.** Schnipsel verstr. MPom HPom. *Hei schnitt dat Papier in luter Stripsel* Saa/Le; *'n Stripsel Tüg* Nau/Fg. – **2.** kl. Stück Speck oder Fleisch vereinz. MPom, verstr. HPom.

stritschen sw., seem., Taue straff anziehen (bes. zum Hissen der Segel) vereinz. vpom. Küste. – Zu engl. *to stretch*.

Stritzel s. Striezel.

striwwig s. striftig.

Stroh n. **1.** ohne Pl., wie hd. *Dei Diern möt dat Stroh binnen* Gwald. *Wi decken dat Dack mit Stroh* Gri/Mi. *Dat Stroh is sprossig* spröde, brüchig Nau/Rh; *Stroh schieren* glätten, geordnet ausrichten Fra/Bn; *Stroh in'n Veihstall streugen* Gwd/Nu; *Stroh dörch dei Bœnluk ståken* Gri/Gm. *Wat raschelt dor in dat Stroh?* Dem/Tp. – Ral.: *Stroh in'n Kopp hebben* einfältig sein verbr.; *Stroh in'e Schauh / Stäwel hebben* auf dem Land aufgewachsen, ungebildet sein verstr.; *leddig Stroh döschen* inhaltslos daherreden vereinz.; *wat up't Stroh bringen* die Kosten für etwas aufbringen können Uec/Pa, ähnl. vereinz. *Dor is nicks in't Stroh* dort herrscht große Armut Rüg/Dm. *Dei hett nich väl ut'm Stroh bröcht* hat im Leben nicht viel erreicht Gbg/Wo. *De hett (lang) up Stroh lägen* stammt aus ärmlichen Verhältnissen Rüg/Zi. – Sprw.: *Stroh in'e Schauh un Leif in'n Harten, dei kieken ümmer rut* Dem/De, ähnl. vereinz. – Bauernr.: *Stroh måkt denn Acker froh* mit Stroh durchmischter Dung ist gut für den Acker Saa/Le. – Rä.: *Wat geiht äwer't Stroh un ruschelt nich?* = der Schatten HUMGWD 11,31,11. – Volksgl.: *Wenn Stroh up'm Flor* [Flur] *licht, gifft't Besök* Dra/Bu. – **2.** Pl. *Stroh, Strohs*, Getreidelage, die auf der Tenne gedroschen wird vereinz. MPom HPom. *Wi hewwe hüt ein Stroh afdöscht* Fla/Ta.

Strohband n./m. aus Stroh geflochtenes Seil, bes. zum Garbenbinden. – Ral. über einen Angeber: *De möckt sich so as 'n Zick am Strohband* Saa/Jk. – **Strohblaum** f., PflN, Sand-Strohblume (Helichrysum arenarium) selt. VPom. – **Strohbœn** m. Bodenraum in der Scheune oder im Stall, bes. zur Lagerung von Stroh Gri/Km, Ank/Br, Uec/Pa. – **Strohdack** n. mit Stroh (bes. Roggenstroh) gedecktes Dach. *Dei oll Kåten hett noch 'n Strohdack, dor is väl Musch* [Moos] *up* Gwd/Ba; *'n gaut Strohdack licht dördig bet vierdig Johr* Gri/Mi. *Dat Strohdack hüllt im Winte wa(r)m u' im Saume köhl* Dra/Dr. – **Strohdeck** f. aus Stroh geflochtene Matte verstr. MPom SPom, sonst selt. – **Strohdiemen** m. Strohhaufen auf dem Feld selt. VPom, Stett. – **Strohflåk** f. Flechtwerk aus Stroh als Wind- oder Kälteschutz Gri/Ti, Gwd/Ba. – **Strohgoorn** n., fischerspr., veralt., Schleppnetz, dessen Zugleinen mit Strohbündeln zum Scheuchen der Fische versehen sind vereinz. pom. Küste, [3]PEE 25. Vgl. Streuer, Streuerzees.

Strohhalm m. **1.** trockener Getreidehalm ohne Körner. – Ral.: *œwern Strohhalm fallen* ungeschickt sein vereinz. Scherzh. zu einem kleinen Menschen: *Lech di man 'n Strohhalm unner!* Ank/An, ähnl. verstr. Prügelandrohung: *Ik låt di up'n Strohhalm danzen!* Ghg/Gr. Syn. Strohspier. – **2.** Trinkhalm vereinz.

Phras. zu 1.: Sagw.: *Dat schuult doch 'n bäten* [bietet doch etwas Schutz], *secht de Voss, don seet hei achtern Strohhalm* Gri/Ge, ähnl. °Rüg. *Dat was man 'n lütten Holt!* [Halt, Stütze] *saed' de Bôr, tründelt von'n Barg' un hêl sich an'n Strôhalm* [1]HOEFE 6. – Volksgl.: *Wenn 'n Strohhalm in'e Stuf licht, gifft't noch Besäuk* Gwd/Ba, ähnl. verbr. Mittel gegen Nasenbluten: *Man lecht twei Strohhalm krüzwies up'e Ier un lett dat Blaut dorup fallen* °Gri, ähnl. verstr.

Strohhaut m. Strohhut. *Strohhäut würen in'n Aust* [Ernte] *drågen* Gwd/Ba. – Ral. über jmd., der nicht beachtet wird: *Üm ehr / em is 'n Rieten as Wihnachten üm'e Strohhäut* Gri/Ge, ähnl. verstr. – **Strohkåten** m. mit Stroh gedecktes, ärmliches Haus. – **Strohkiep** f. großer Strohhut für Frauen, der früher bes. bei der Ernte getragen wurde vereinz. HPom. – **Strohknäwel** m. Holzstab zum Festziehen des Bindeseils von Strohbunden vereinz. – **Strohkopp** m. Dummkopf vereinz. – **Strohkranz** m. aus Stroh geflochtener Kranz, bes. als Untersetzer für Kessel und Töpfe. Vgl. Kätelkranz, Kätelring. – **Strohlien** f., fischerspr., mit Strohbündeln versehene Zugleine am Schleppnetz, um damit Fische aufzuscheuchen vereinz. °Rüg, RAS 91. *Strohliens sünd to'n Schugen* Rüg/Vt. Vgl. Spönlien. – **Strohmann** m. Ersatzmann, bes. beim Kartenspiel vereinz. – **Strohmatt** f. Strohmatte. *In'n Winter måken wi 'ne Strohmatt vör't Finster* Gri/Mi. – **Strohmiet** f. kegelförmig aufgeschichteter Strohhaufen verstr. *Wi hewwe de Strohmiet scheif packt* Saa/Le. – Ral.: *Hei ward noch eis hinner dei Strohmiet liggen* er wird noch völlig verkommen Gri/Ti. – **Strohpopp** f. **1.** menschenähnliche, aus Stroh gefertigte Figur. Mannshohe Strohpuppen dienten früher u. a. als Verbotszeichen, mit denen man das Betreten von Wegen und Feldern untersagte. *Ward een Strohpupp upstellt, un geiht liekers een äwer denn Stieg, denn kost't dat Stråf* Pyr/Dö. – **2.** willenloser, wenig durchsetzungsstarker Mensch vereinz. – **Strohsack** m. mit Stroh gefüllter, als Matratze dienender Sack. *Wenn man mäud is, schlöppt man uk up'n Strohsack* Gwd/Ba. Ausruf des Erstaunens: *Ach du dicker Strohsack!* Uec/Pa. – **Strohschof** n., fachspr., Strohbund zum Dachdecken. – **Strohspier** n./f. trockener, ausgedroschener Getreidehalm Nau/Db, Dra/La, DKr/La. Syn. Strohhalm.

Strohståken m./f. größerer Strohhaufen auf dem Feld verstr. östl. HPom, sonst vereinz. – **Strohwiepen** m. Bündel aus zusammengedrehtem Stroh. Spez. zum Ausscheuern von Töpfen, Kesseln, Eimern: *Nimm di 'n Strohwiepen un schüer denn Kätel ut!* Dem/Tp. Ein Strohbündel an einer aufgestellten Stange galt früher bes. als Verbotszeichen für das Betreten von Wegen und Feldern: *Dor steiht 'ne Stang' mit 'n Strohwiepen. Dat bedüd't, dat dei Wech verbåden is* Fra/Zi. Strohbündel wurden von Fischern als Scheuchmittel an den Zugleinen ihrer Netze angebracht: *Dei Fischers dreigen Strohwiepen ut Roggenstroh* Gri/Lo. – **Strohwisch** m. dass. *Lech di man eenen Strohwisch vör de Dör, wenn du keen Fotmatt hest!* Rüg/Dm. Übertr.: *Ik bün man bloß sien Strohwisch* ich werde von ihm nur ausgenutzt Rüg/Pu.

Strom¹ m., Pl. *Ström* verbr., *Streem* JOSTWB 93. **1.** Strömung (von Wasser). *Dat Schipp licht in'n Strom vör Anker* Gwald. *Achter dei Bucht löppt 'n origen Strom* Rüg/Sn. *Dat Mœhlenrad löppt gägen denn Strom* Uec/Pa. – **2.** großer, breiter Fluß. – Sagw.: *All Bott* [jede Kleinigkeit] *helpt, secht dei Mügg un pisst in'n Strom* Gri/Ge. – **3.** fließende Elektrizität. *De Mœhl löppt up Strom* die Mühle wird elektrisch betrieben Dem/Jr.

Strom² m., Pl. *-s*, Dim. *Ströming*, junger Wirtschafter auf einem Gut verstr. VPom. Auch: Lehrling in der Landwirtschaft vereinz. VPom. Das Wort ist durch das literarische Werk Fritz Reuters zwar bekannt, aber nie wirklich volkstümlich geworden. [...] *ick heww in min Tid as Strom un ok as Student vel taulihrt* HAU 282.

strom-af Adv. flußabwärts vereinz. *Dat Dörp licht 'n bäten stromaf* Ank/An. – **strom-an** Adv. flußaufwärts vereinz. – Ral.: *stroman schwemmen* sich der Mehrheitsmeinung widersetzen Dem/Tp, Stett.

Stromer m., *Strömer* verstr., *Strêmer* ⁵KNO 2,16, Pl. *-s*, Landstreicher, umherziehender Bettler verbr. *Måk de Dör to, dor kümmt 'n Stromer up'n Hoff!* Ank/An. Ironisch über eine sehr große Liebe: *Dat is 'ne Leiv as twischen en Stromer un 'ne Luus* HUMGWD 76,305f.,2. – Sagw.: *Wat gifft't för niegliche Minschen, säd de Stromer, don kunterliert de Schandarm siene Papieren* Gwald. *Wecker weit, wur't kümmt, seed de Stromer, as hei sik satt eten har, doon würd hei rutschmeten* HUMGWD 75,159f.,3. *Drög buten un binnen, säd de Stromer, don harn s' em inspunnt* HUMGWD 11,20,11. → S c h n u r r e r. – **strömern** sw., auch *stromern*, *strêmre* ⁵KNO 2,16, *stroime* LAUWB 345ª, ziellos umherstreifen selt. Vgl. r ü m s t r ö m e r n. – **Stromerschluck** m. Kornschnaps vereinz. VPom MPom.

Stromfisch m. Süßwasserfisch JOSTWB 93. – **Stromflunner** f., selt. m., Flunder, die sich in strömungsreichen Gewässern dicht an der Küste oder im Unterlauf von Flüssen aufhält vereinz. VPom. *Dei Stromflunner is fetter un schmeckt bäter as dei Flunner ut'e See* Fra/Pu. – **Strompolt** f., vereinz. n./m., fischerspr., flacher Kahn (mit Fischkasten), der im Odermündungsgebiet gebräuchlich war WEICK 373. – **Stromzees** f., fischerspr., leichtes Zeesnetz, das gut über den Gewässergrund gleitet Stral, Gwd/Kr, Use/Wl, RAS 97.

Ströp¹ f., *Streep* NOPom, *Stroip* Net/Hf, LAUWB 345ª, Pl. *-en*. **1.** das Umherstreifen, Streifzug verstr. *Dei geiht åbends giern 'n bäten in'e / up'e Ströp* geht abends gerne ein wenig bummeln Fra/Fr. *Dei Jung' is ümmer up'e Ströp* treibt sich ständig herum Gri/Go. – **2.** Herumtreiberin Dra/Bu,La, LAUWB 345ª. – **3.** Eisenkapsel, die am Ende der Wagenachse angebracht wird, um zu verhindern, daß sich das Rad löst verstr. – **4.** Schutzhülle für einen (verletzten) Finger Reg/Rg, Kol/Pr, Dra/Bu. Gebräuchlicher ist das Syn. S t r ö p l i n g. – **5.** Riffel (kammartiges Gerät) zum Abstreifen von Heidelbeeren vom Strauch DKr/La, LAUWB 345ª. – **Ströp²** m., PflN. **1.** Sauerampfer (Rumex acetosa) vereinz. °Rüg, sonst selt. VPom. Auch in der attr. Vbdg.: *roden Ströp* Fra/Br, Rüg/Ba. Vgl. S t r ö p l ö d d i c k. → S u r b l a t t. – **2.** *swarten Ströp*, Spitzwegerich (Plantago lanceolata) Rüg/Ae.

ströpen sw. **1.** etwas abstreifen, von etwas ablösen. Spez.: *Feddern ströpen* Federn schleißen Gwd/Kü. *Twischen Wihnachte o' Niejåhr ware äwerall Feddre streept* Rum/Ru. Syn. s. s p l i e t e n. *Wieden ströpen* Weidenruten entrinden Ran/Ro. – **2.** etwas überstreifen, mit einer gleitenden Bewegung an eine best. Stelle bringen. *Ströp dei Mütz œwer dei Uhren!* Gri/Ti. *Dat Nett ward up dat Simm strööpt* Use/Km. – Sagw.: *Rendlichkeit is't halwe Läben, säd de oll Fru, nehm de Mus ut'n Rohmpott un strööpt se sik dörch't Mul* Ank/An. – **3.** umherstreifen, einen Streifzug unternehmen. *Dei Jungs ströpen in'n Busch* Gwd/Ba. *De Stromer strööpt dörch alle Dörper* Rüg/Bi; *dörch dei Feller ströpen* Gri/Ti. Vgl. r ü m s t r ö p e n, s t r i e p e n. – **4.** landw., sich leicht von der Rispe oder der Samenhülle abstreifen lassen, weil der nötige Reifegrad erreicht ist vereinz., LAUWB 345ª. Zumeist auf Haferkörner bezogen: *De Håwer strööpt noch nich* Cam/Kt. – **5.** bes. litspr., die erwünschte Wirkung zeigen. Zumeist in der Negation: *Dit strööpt noch nich, sei möt noch ein Botting hewwen!* ¹²BAND 41. – **6.** jmd. eine Ohrfeige, Schläge verpassen verstr. VPom, °Uec. Nur in den Fügungen: jmd. *weck / 'n por / einen ströpen. Du krichst gliek weck strööpt!* Rüg/Bi. *Låt di man nich einen ströpen!* Gri/Ti.

Lautvar.: *ströbe* Reg/Kt,Mn, *ströbbe* Sch/Sl, *stroipe* LAUWB 345ª, *streepe* NOPom, JOSTWB 93.

Ströpendriewer m. Streuner, Landstreicher Pyr/Wa,Wi.

Ströper m. **1.** Herumtreiber, Vagabund. *Kümmst du oll Ströper uk ees wedder nåh Hus?* Gwald. *An so einen moien Abend klappert en Ströper de Hüs' af un lagg nahst besapen as en Swin up de Strat* SPI 4. – **2.** sehr lebhaftes Kind, Wildfang verstr. *Mien Jung' kann nich einen Ogenblick* *stillsitten, dat is 'n richtigen Ströper* Ank/An. → Wribbel. – **3.** Regenschauer verstr. VPom, [9]HAAS 21. – **4.** Windböe Rüg/Wi. – **5.** Ärmelschoner Uec/Pa,Ue. – **6.** Zitze am Euter der Kuh LAUWB 345ª.

Laut- u. Formvar.: *Ströber* selt. VPom, *Stroipe* LAUWB 345ª, *Streepe(r)* vereinz. NOPom. – Pl.: *-s* verbr., wie Sg. vereinz.

Ströperie f. das Herumstreunen vereinz., [2]TIB 105. – **Ströpling** m., *Streepling* Sto/Gl, Büt/Bt. **1.** Schutzhülle für einen (verletzten) Finger verstr. *Treck di man 'n Ströpling œwer denn Finger!* Rüg/Pu. Syn. Ströp[1]. – **2.** Manschette zum Schutz der Arme beim Garbenbinden Gbg/Gp, Sto/Gl. – **3.** herumstreunender, arbeitsscheuer Mensch Pyr/Wi, Büt/Bt. – **Ströplöddick** m., PflN, Sauerampfer (Rumex acetosa) vereinz. °Rüg. Vgl. Ströp[2]. → Surblatt.

Ströpmasch f., fischerspr., *Strüp-* Use/Li,Tr, Uec/Mn, Ran/Pe, lockere, verrutschte Masche im Fischernetz verstr. auf Usedom und am Stettiner Haff, RAS 35.

Rsyn.: *Rieder, Rie(g)masch, Rutschmasch, Schliermasch, Schnermasch, Treckmasch.*

Stropp m., n. Rüg/Sn, vorwiegend seem., Pl. *-s* verstr., *-en* HUMGWD 14,44,4, *Ströpp* Gwd/Wc. **1.** zu einem Ring zusammengespleißtes Tau. – **2.** kurzes, zumeist mit einer kleinen Schlinge an beiden Enden versehenes Stück Tau.

Ströppel m., *Stråipel* Reg/Kt, Pl. *Ströpple*, wie Sg. Saa/Te. **1.** zerzaustes Ende der Vogelfeder, bes. von Gänsen vereinz. westl. HPom. – **2.** krautiger Teil der Kartoffelpflanze Nau/Db, Reg/Kt. – **ströpp(e)lig** Adj., *stråiplig* Reg/Kt, zerzaust, struppig vereinz. °Pyr. *ströpplig Hor* Pyr/Py. → strubb(e)lig. – **ströppeln** sw. Kartoffeln oder Ähren auf abgeernteten Feldern auflesen Rüg/Dm, vereinz. °Pyr. *Patüffel ströpple* Pyr/Wi. Vgl. stoppeln, stöpseln.

strubb(e)lig Adj., *struww(e)lig* vereinz., *struw(e)lig* vereinz. ZPom, struppig, zerzaust. *Kämm di mål, dien Hor is so strubblig!* Gwald.

Rsyn.: *ströpp(e)lig, strubulst(e)rig, struf, strünig, struppig, struwig.*

strüben s. strüwen.

Strubuller m. Kind mit struppigem Haar BLFPVK 7,111, UP 3,158. – Das Erstglied gekürzt aus struf. – **strubulst(e)rig** Adj., *strubolstrig* Kös/Dr, zerzaust, struppig selt. ZPom. → strubb(e)lig.

struf Adj. **1.** rauh, uneben, nicht glatt VPom, sonst verstr. *Ehr Hänn' sünd so struf, dat licht an dei Arbeit* Dem/Tp. *Hüt is dat Ies up'm Brauk so struf* Gri/Ge; [...] *ob dat natt oder drög, glatt oder struw' is!* [3]SAN 141. *Dat Tüg fäuhlt sich so struf a'* Nau/Fg. – **2.** struppig, wirr, zerzaust VPom, verstr. MPom HPom. *Hei hett so'n struwes Hor* Rüg/Ae. *Sien Boort is so struf* Gwd/Ba. → strubb(e)lig. – **3.** stumpf (an den Zähnen) verstr. VPom, vereinz. MPom. *Mi sünd dei Tähnen so struf* Ank/Du. → äg.

Lautvar.: *struw'* vereinz., *struff* selt. VPom MPom, vereinz. NOPom, *strug* (unter Einfluß von *rug*) Cam/Bh, selt. °Gbg. Die flektierten Formen werden fast ausschließlich mit sth. Reibelaut realisiert (*-w-*), selten mit sth. Verschlußlaut (*-b-*).

Strufbutt f., TiN, Flunder Fra/Pu, Gwald, Gwd/Wc. – **Strufnågel** m. eingerissene Haut am Rand des Fingernagels Neu/Gc,Th, Lau/GW, Fla/Ta,Wo. Syn. s. Niednågel.

Struk m. **1.** Strauch. *Strüker un Böm kriegen in't Frühjohr niege Spröss* Ank/An. *Dei Lüd planten Strük* Gwd/Nu. *Sei trecken Strük* reißen Sträucher aus dem Boden Dem/De. *Dei Kinnings sitten achtern Struk* Gwd/Ba. *Mang Durn un Strük* PAL 3. Verhüllend: *hinnern Struk gåhn* seine Notdurft verrichten Uec/Ue. – **2.** vereinz. n., von Sträuchern oder Bäumen abgeschlagene oder abgefallene Zweige, Reisig. *dat Struk för dat Armenhus* Gwd/Ba; *mit Struk e'böte* mit Reisig einheizen Pyr/Lt. Auch im Pl.: *Strük måken* Brennholz im Wald zusammentragen Gwald; *Struk schläipe* dass. Kol/Go. – Ral.: *Dat schafft Struk an'e Tun* die Arbeit geht zügig voran Sch/Sl, ähnl. vereinz. NOPom, [4]KNO 19. Vgl. Struktun.

Laut- u. Formvar.: *Struck* selt. MPom SPom, Neu/Th, Sto/Gl, verbr. °Lau STRI 45, °Büt [2]MIS 26. – Pl.: *Strük* verbr., *Strüker* vereinz., *Stricker* verbr. °Lau STRI 44, *Strieker* westl. °Lau, JOSTWB 93, *Strick* Rum/Km [5]TITA 51.

Strukbeer f. Stachelbeere Stral, °Ghg. → Stickelbeer. – **Strukbessen** m./f. Reisigbesen. *dei Däl mit'n Strukbessen utfägen* Gwd/Nu. *Dei Strukbessem is ut Barkstruk* aus Birkenreisig Kol/Pr. *De benimmt sich as 'n Struckbessen* benimmt sich grob, unhöflich Ran/Sr. – **Strukdeif** m., veraltd., Strauchdieb vereinz., HOMWB 197ᵇ. Syn. Strukröwer. – **Strükerbäsing** f. Himbeere Uec/Ge, Ghg/Hk, vereinz. °Pyr. – **Strukholt** n. Reisigholz verstr. *Dat dröge Strukholt brennt gaut* Gri/Mi. *Ik heff 'n Fäurer Strukholt tau'n Inbäuten köfft* Gwd/Ba. Syn. s. Ries[1]. – **Strukröwer** m., veraltd. **1.** Strauchdieb. Syn. Strukdeif. – **2.** gutmütiges Scheltwort für ein wildes, ungebärdiges Kind vereinz. – **Struktun** m. mit (dürren) Zweigen durchflochtener Zaun vereinz., LAUWB 345ᵇ. – **Strukwark** n. Strauchwerk, Gesträuch. *Dat Strukwark mank dei Böm möten wi ruthaugen* Fra/Br. Vgl. Gestrük. – **Strukwäsen** n. dass. Gbg/Ke, Sch/Ar, DKr/La.

strull s. stripp.

Strull m. kräftiger Wasserstrahl vereinz. – **strullen** sw. **1.** *strulgen* HOMWB 197ᵇ, urinieren, pinkeln. *De Jung' hett in't Bett strullt* Stett. Vgl. strullern. → miegen. – **2.** in einem kräftigen Strahl fließen. *Dei Melk strullt in'n Emmer* Gwd/Ba. *Dat strullt man so ut de Rägenrönn* Uec/Ue. *Dat Blaut strullt ma' so* Nau/De. – Im Rä., das nach der Pumpe fragt: *Uns Knecht Johann, dei nehm dat*

Spann, föt an dat lange Ding, dat't an tau strullen füng Gwd/Ze, ähnl. verstr. – **Struller** m., bes. kindspr., *Strüller* Dra/Dr, Penis vereinz. – **strullern** sw. **1.** *strüllern* Ran/Pe, urinieren, pinkeln vereinz. Gebräuchlicher ist strullen. – **2.** unpers., Harndrang haben Ank/An: *Mi strullert so.*

Strümmel m., *Strummel* verstr. NOPom, sonst selt., Pl. *-s*, Stummel, übriggebliebenes Reststück eines länglichen Gegenstands selt. VPom, verstr. MPom HPom. Spez.: Zigarren-, Zigarettenstummel. *Hest du nich 'n Strümmel? Ik heff lang nich mihr rookt* Ank/Br; Endstück der Wurst. *Ik war denn Strümmel Wost upäten* Ran/Pe; Stengel der Tabakstaude nach dem Abbrechen der Blätter. *De Strümmels warden verbrennt* Ran/Pl. Vgl. Stümmel. – **strümm(e)lig** Adj., *strummlig* selt. NOPom, sehr kurz (von Kleidung) selt. MPom HPom. *Se hett een strümmlijes Kleed an* Ghg/Wt. Auch: eng am Körper anliegend Sto/NM. – **Strümmelschwanz** m. Stummelschwanz vereinz. MPom HPom. Syn. s. Stümmelschwanz. – **Strümmelsöker** m. Person, die Zigarettenstummel aufsammelt Uec/Ue, Ran/Pe, Ghg/Wt. Syn. Kippenaugust, Stümmelfritz.

Strump m., Pl. *Strümp* verbr., *Strimp* NOPom. **1.** Strumpf. *Dei oll Fru sitt in'e Stuf un stoppt Strümp* Gwd/Nu. *Mudding deit Strümp knütten* strickt Strümpfe Gri/El. *Dei Strump is so drell* [fest] *strickt* Dem/Tp. *Dei Strump rawwelt* fasert aus Gbg/Gp. *Sei dröcht ümmer Strümp ut Sied* Gwd/Ba; *wullen Strümp* Gbg/Vi. *Hei treckt dei Strümp ut un löppt barft* Gri/Gm; *lies up Strümp jåhn* Ghg/Wt; *de Strümp rot farwe* Saa/Le. – Ral.: *einen up'e Strümp bringen* jmd. zur Eile antreiben, auf Trab bringen verstr.; *einen up'e Strümp helpen* dass. verstr.; *gaut up'e Strümp sin* flink auf den Beinen, agil sein vereinz., auch: wohlhabend sein vereinz.; *sik up'e Strümp måken* sich auf den Weg machen verstr.; *sik ('n Por) rode Strümp verdeinen* Geld mit der Vermittlung einer Heirat verdienen verstr. *Dei Strümp trecken Wåter* rutschen herunter, werfen Falten Uec/Pa, ähnl. verbr. Zu jmd., der nicht hören will: *Du hest woll twei Por Strimp an!* Büt/Bt, ähnl. verstr. Scherzh.: *denn Strump utwringen* urinieren (von Männern) vereinz. – **2.** hist., Stumpf. Nur noch belegt in der veraltd. Ra.: *tau Strump gåhn* zugrunde gehen, zerstört werden vereinz., HUMGWD 2,18.

Phras. zu 1.: Sagw.: *Bi mi findt sick allens wedder, säd dei Fru un halt en Strump ut't Bodderfatt* HUMGWD 11,10,11. *Man mutt allens to Råt hulle, säd dat Mäke, un binnt sik de Strump mit'm Rägeworm fast* °Reg. *Wenn't kümmt, kümmt mit Hupen, sä' dei Schnieder, dunn kreech hei 'n Por Strümp tau versåhlen* Fra/Br. *Unglück schlöppt nich, seed de Buur, doon har hei den Strump verkiert antreckt* HUMGWD 77,116,3. *De Föt mutt eener sich warm holle, säd de Mott* [Kleidermotte], *dor seet se in'n wullen Strump* Saa/Sh. – Rä., das nach dem Strumpf fragt: *Rug ut, rug in, bör up, steck in!* Gwd/Ra, ähnl. vereinz., ²BRUNK 130. – Tanzr.: *Up eenen Strump un eenen Schoh, dor geht dat ümmer lustig to* Gwald. – Volksgl.: *Wenn man twei verschieden Strümp antreckt, kricht man keinen Rhematismus* Dem/Tp.

Strumpband n./m., *Strumpenband* vereinz., Strumpfband. *Strumpbänner wieren bestickt un würen früher unner dei Knei bunnen* Fra/Pu. – Sagw.: *Dat sünd hochbeenig Johren, säd de oll Fru, don bünn se sik de Strumpbänner œwer de Knee to* Ank/An. Syn. Strümpelband. – **Strumpbücks** f. Strumpfhose vereinz. VPom. – **Strumpbutsch** f. (abgeschnittener) Füßling verstr. HPom. Syn. Strumpsöck.

Strümpel m., *Strimpel* Sto/Kr ²KNO 86, Pl. *-s*, Strunk (bes. Kohlstrunk) selt. VPom NOPom. Syn. Strempel, Strunk.

Strümpelband n./m., *Strumpel-* Rum/Tr, Sto/Dö, wie Strumpband vereinz. ZPom. Vgl. PRWB 5,980: *Strumpfelband.*

strumple sw., *strümple* Gbg/Gp, stolpern, straucheln vereinz. nordwestl. ZPom. *Hei strumpelt œwern Hümpel* Cam/Ca. Syn. s. stolpern. – Mnd. *strumpel(e)n.*

Strumpschacht m. das Bein bedeckender Teil eines Strumpfs. *Sei hett ehr Geld in'n Strumpschacht liggen* Gwd/Ba. Im Vergleich: *'n Kierl as 'n Strumpschacht* ein Schwächling, Feigling Gri/Ge, ähnl. vereinz. Syn. Strutz. – **Strumpsöck** m./f. (abgeschnittener) Füßling verstr. *Hei geiht up Strumpsöcken* Gri/Mi. Syn. Strumpbutsch.

Strün f., *Strien* Rum/Tr, Stolp, Lau/Ke. **1.** liederliches, herumstrolchendes Mädchen. *Se is a' richtig Strün, åwends scharwenzelt se ümmer up de Stråt rümmer* Saa/Ja. – **2.** pejor., hochgewachsenes, dürres Mädchen. *Spääfst du olle grote Strün all werrer mit de lütten Kinner?* Gwald. – **strünen** sw. streunen, sich herumtreiben Gwd/Ba, Pyr/We. – **strünig** Adj. mit zerzaustem Haar Stett. → strubb(e)lig.

Strunk m. **1.** kurzer, dicker Stengel einer Gemüsepflanze. *Dei Strünk von'n Kohl möten rut ut'e Ierd* Gri/Mi. *Strünk fräten dei Schwien giern* Dem/De. – Paarformel: *mit Strunk un Stäl* ganz und gar, bis zum letzten Rest verstr. *Ik heff dat mit Strunk un Stäl upäten* Gwd/Ba. Syn. Strempel, Strümpel. – **2.** abgeschlagener, blattloser Zweig vereinz. – **3.** ungezogenes Kind Gwald, Uec/Pa, Ran/Pe, Net/Sl. Vgl. BBWB 4,335.

Laut- u. Formvar.: *Stronk* Reg/Kt, *Strink* HOMWB 197ᵇ. – Pl.: *Strünk* verbr., *Strünks* LAUWB 345ᵇ, *Strüng'* Reg/Rg, Kol/Pr, *Strunken* selt. VPom, *Strink* NOPom.

strünkig Adj. **1.** entlaubt, blattlos Stral: *de strünkigen Böm.* – **2.** *strunkig*, holzig, faserig vereinz. NOPom. *Dat Hee* [Heu] *is strunkig* Sto/Dö. – **Strunkkorf** m. Weidenkorb aus nicht entrindeten Zweigen Rüg/Nn,Pu. – **strunklig** Adj. **1.** stark verästelt °Gbg. – **2.** uneben, holprig °Gbg. – **Strunkräuben** Pl. Steckrüben, deren gespeicherte Nährstoffe schon in der ersten Vegetationsperiode für die Blütenbildung (statt für die Wurzel) verbraucht werden Ran/Ro, vereinz. HPom. – **Strunkwruke** Pl. dass. vereinz. HPom.

Strunz f. **1.** unordentliche, liederliche weibliche Person verstr. *De Strunz dröcht sich alles öwereen* trägt immer dieselbe Kleidung Saa/Jk. → Zunzel. – **2.** pejor., kräftiges, hochgewachsenes Mädchen vereinz. NOPom, HOMWB 197[b]. – **Strunzel** f., Pl. *-n*, auch wie Sg. **1.** schlampige weibliche Person verbr. °Ran, sonst vereinz. MPom. *De olle Strunzel is so dreckig, wenn man se an de Wand schmitt, denn blifft se hacken!* Ran/Pe. → Zunzel. – **2.** abgerissener Stoffstreifen vereinz. °Ran, Ghg/Bk. *De Schnierer* [Schneider] *hett Strunzel in de Kist* Ran/Sr. – **strunzlig** Adj. schlampig, ungepflegt vereinz. MPom. *De Fru is recht strunzlig antreckt* Uec/Ge.

Strüpmasch s. Ströpmasch.

struppig Adj., *strubbig* vereinz., *struwwig* selt., wie hd. (Lehnwort aus dem Nd.) verbr. *Wat hett dei Jung' för struppige Hor!* Gwd/Ba; [...] *as wenn se sick nich mal wascht un kämmt hadden, so schmeerig un struppig segen se ut* DLP 5,204. Übertr.: *Hier wasst nüscht as strubbig Tüg* hier wächst nur niedriges Gestrüpp Dra/Bu. → strubb(e)lig.

Struschk m. schmaler Wiesengraben °Büt. Vgl. [3]BIE 157, der das slaw. Lehnwort ausschließlich in Westpreußen verortet (PRWB 5,984: *Struske* 'kleiner Bach'). – Pomor. *stružk* Bächlein.

struse sw. fließen, rinnen Sch/Pk: *Dat Blaut struust.*

Strüsser m., *-ss-* stl. **1.** Rüpel Use/Us. – **2.** wildes, ungebärdiges Mädchen Rüg/Dm, Ghg/Li.

Strutz m., Pl. *-e*, Strumpfschaft, Beinling verbr. SPom, selt. ZPom, DKr/La. *dei Strutze a'knütte* Reg/Me. Syn. Strumpschacht.

Struutz s. Struz.

Struwelkopp m., *Strubbel-* selt. **1.** zerzaustes Haar vereinz. – **2.** Person mit struppigem Haar vereinz. – **Struwelpeiter** m. kleiner Junge mit zerzaustem Haar. [*Se hebben em*] *utlacht, wiel he as so'n Struwelpeter to en kamen is* DLP 1,53.

strüwen sw. sträuben. **1.** (Gefieder, Fell o. ä.) aufrichten, aufstellen. *De Puthåhn strüüft de Färern* Ran/Pe. Auch refl.: *Sien Hor strüüft sik* ihm stehen die Haare zu Berge Fra/Pe. – **2.** refl., sich widersetzen. *Sei strüüft sich nich lang un deit em denn Gefallen* Gwd/Ba. *Hei hett sich bannig gägen dei Arbeit strüüft* Dem/De. *Sei ward sich twors 'n bäten strüwen, äwer wi raupen liekers denn Dokter* Rüg/Ae. *Ik heff mi strüüft, åwe(r) dat hölp alles nüscht* Dra/Bu. *Dei Winte(r) strüüft sich noch* der Winter will dem Frühling noch nicht weichen Gbg/Gp. – Ral.: *sik strüwen as dei Pogg in'n Teer* sich (ohne Aussicht auf Erfolg) vehement zur Wehr setzen Ank/An, ähnl. vereinz., HUMGWD 13,26,11.

Lautvar.: *strüben* vereinz., *ströwen* Ghg/Be, *struwe* Rum/Ru, verstr. NOPom, JOSTWB 94, *strẹiwə* Rum/Km [5]TITA 51.

struwig Adj., *strüwig* selt. VPom, *strübig* Ran/Ro, zerzaust, struppig vereinz. *struwig Hor* Gwald. → strubb(e)lig.

Struwwelie f., *Struwelie* Pyr/Wa,Wi, Saa/Ja, (harmlose) Streiterei selt. VPom, vereinz. MPom. *Eene Struwwelie kümmt öwerall ees vör* Ghg/Wt.

struww(e)lig s. strubb(e)lig.

struwweln sw., *struweln* vereinz., *strüwele* selt. ZPom, *strubbeln* selt. VPom MPom. **1.** sich streiten, zanken vereinz. *Dei Bengels struwweln un schlån sich all wedder* Ank/An. Syn. s. strieden[1]. – **2.** straucheln, stolpern vereinz. VPom, Kol/Pr, Sto/Dö. *Hei struwelt œwer sien eigen Fäut* Dem/Tp. Syn. s. stolpern.

Struwwick n., veralt., *Strubbik* DÄHWB 469[a], niedriges Buschwerk, Gestrüpp vereinz. VPom. *Bööm un Struwwick* [4]GIL 1,87.

Struz m., gesprochen *Struutz*. **1.** Strauß, Blumenstrauß. *Hei plückt ehr 'n Struz up'e Wisch* Gwd/Ba. *Mudding hett Buurtsdag, sei kricht 'n schönen Struz von mi* Gri/Ge; *'n Struz Nelken* Dem/De. Wenn man das Erntefest feiert: *Du mööst di 'n Struz an'n Haut stäken* Gri/Gm. – **2.** Busch, Strauch selt. HPom, LAUWB 345[b].

Laut- u. Formvar.: *Struutsch* Rüg/Ae, Gwald, Rum/Ru, Lau/GW, *Struiz* Slo/Sl, *Strûß* Neu/Th, HOMWB 197[b]. – Pl.: *Strüz* verbr., *Strüüß* selt., *Strüzer* °Pyr, *Striez* vereinz. NOPom. – Dim.: *Strüzing* VPom, *Strüüzke(n)* MPom HPom, *Striezke* vereinz. NOPom.

Struznelk f., PflN, Bartnelke (Dianthus barbatus) Nau/Db, Dra/Bu,La. Gebräuchlicher sind die Syn. Drufnägling, Drufnelk.

Stubbel m. Stummel, kleines Reststück vereinz. *Dor licht noch eie Stubbel Wurscht up'm Teller* Büt/Bt. – **Stubbelschwanz** m. Stummelschwanz vereinz. Syn. s. Stümmelschwanz.

Stubben m. **1.** Stumpf. – **1.1.** Baumstumpf. *Dei Stubben möt dicht œwern Borren schnieden warn* Gri/Mi; *de Stubben von'e grote Bäuk* Rüg/Ad. *Sei klöben Stubben mit dei Äx(t)* Gwd/Ba. *Stubben råden is nich licht, wer dat nich kann, sall dorvon afblieben* Gri/Gm. – Ral.: *Stubben sågen* laut schnarchen vereinz.; *sik 'nen Stubben lachen* sich einen Ast lachen, sehr stark lachen [3]GOD 11. Wenn eine Frau einen deutlich älteren Mann heiratet, heißt es: *An'n ollen Stubben is gaut raugen!* Gwald, ähnl. verstr. Scherzh.: *So'n Stubben warmt dreemål: ees bi't Råjen, denn bi'm Klöwen un toletzt im Åwen* Pyr/Lt. Syn. Stämm, Stump.

– **1.2.** Zahnstumpf verstr. VPom MPom, verbr. HPom. *Ik heff mi 'n Stubbe trecke låte* °Pyr. Syn. s. Stuft. – **2.** kleiner, untersetzter Mensch vereinz. MPom HPom.

Laut- u. Formvar.: *Stumm'* vereinz. VPom MPom, *Stuwwe* verstr. HPom, *Stuppe* LAUWB 345[b], *Stobbe* Lau/Ke. – Pl.: wie Sg. verbr. VPom MPom, sonst vereinz., *-s* vereinz. VPom NOPom, JOSTWB 94, *Stuwwen* vereinz. HPom, *Stubben* (zum Sg. *Stubbe*) LAUWB 345[b].

Stubbenbieter m. spöttische Bez. für die Bewohner der Halbinsel Jasmund auf Rügen HUMGWD 74,53f.,2f. – **Stubbenholt** n. Holz von Baumstümpfen. *Stubbenholt utråden* Gwd/Ba. – **Stubbenpisser** m. Schimpfw. für einen alten Mann vereinz. MPom, selt. ZPom SPom. – **stubbig** Adj. **1.** *stuppig* Gbg/Wo, untersetzt, gedrungen verstr. MPom, sonst vereinz. *Sehr grot is he ni', he is mehr stubbig* Dra/Bu. – **2.** voll von Baumstümpfen selt. *De Wech is so stubbig* Lau/GW.

stuben st., *stüben* selt. VPom, *stuwe* Reg/Rg, stieben, sprühend umherwirbeln. Das starke Verb ist im freien Gebrauch nahezu vollständig vom schwachen Verb stöwen verdrängt worden. *Dei Kåhlen stüben so* Dem/De. *Sei leipe, dat dat Sand hett stawe* BUL 34. Besser bewahrt worden ist es nur im Part.Prät. in der heute jedoch veralteten Paarformel: *ståben un flågen* 'gestoben und geflogen' abgeblieben, untergekommen vereinz., [1]GIL 1, [4]HOEFE 96, HUMGWD 10,11,6. *Keen Minsch weet, wo he ståben un flågen is* niemand weiß, wo er sich aufhält Rüg/Dm. *Wer weit, wur sei ståben un flågen sünd?* Gri/Ge. – Mnd. *stûven*.

Flex.: Part.Prät.: *ståben, ståwen*.

Stubenbessen m./f. **1.** (feiner) Besen für die Wohnräume. – **2.** scherzh., langes Kleidungsstück, das über den Boden schleift vereinz. NOPom. Vgl. Stråtenfäger. – **Stubenbœn** m. Boden über den Wohnräumen des Hauses. – Im Tanzlied: *Mien oll Vadderbraudersœhn sitt up denn Stubenbœn, rookt dei lange Piep* Fra/Br, ähnl. [1]BIEL 88. – **Stubendiern** f. Stubenmädchen vereinz., SPI 1, [2]TIB 204. Syn. Stubenmäken. – **Stubendör** f. Stubentür. *Mit ees rumste dat dull an'e Stubendör* Uec/Pa. – **Stubenfägels** n. (zusammengefegter) Kehricht aus der Wohnstube verbr. VPom. – Volksgl.: *Feeg dat Stuvenfegels nich övern Süll, süs feegst du dat Glück mit rut* HUMGWD 76,209,1. – **Stubenhocker** m. wie hd. verstr. Syn. Müüskenpreister. – **Stubenhund** m. kleiner Hund, der im Haus gehalten wird vereinz. – **Stubenkeller** m. Keller, in den man von der Wohnstube aus gelangt vereinz. HPom. – **Stubenlåg** f. Lokalrunde selt. [...] *denn mutt hei im Kraug 'n Stuweloag Beier un Schnaps utgäwe* °Sto OPOMHT 1931,44,11. – **Stubenmäken** n. Stubenmädchen. *Dat Stubenmäken keem mit frische Pannkauken in'e Stuf rin* Ank/An. Syn. Stubendiern. – **Stubenstänker** m. Schimpfw. für eine Katze, die nur faul in der warmen Stube herumliegt vereinz.

Stuck s. Stuk.

Stück n. **1.** Teil eines Ganzen. – **1.1.** abgetrennter Teil eines Ganzen, Bruchstück. *Dat is 'n gådlig Stück Speck* Dem/Tp; *een Stück Brot* Uec/Ge; *'n por Stücken Holt in'n Åben leggen* Fra/Pe. *Dei Kauh gifft luter Stücken* gibt flockige Milch Fra/Pu. *Hei schlöcht allens in Stükken* Gwd/Nu. *Dat sünd blot Stücken un Ennen* das sind nur unbrauchbare, zerschlissene Teile Rüg/Ae. – Sagw.: *Dat geiht nich mit rechten Dingen tau, säd de Jung', don har hei dat lüttst Stück Wust krägen* Gwald. – **1.2.** Teil eines Ganzen, das eine selbständige Einheit bildet. *Ik heff 'n Stück Kauken äten* Dem/Kt. *Wat 'n Stück Arbeit!* was für eine schwere Arbeit! Gwd/Ba. – **2.** Pl. wie Sg., einzelnes Exemplar einer Art oder Gattung. *Dat is 'n bannig Stück von Pierd* ein sehr kräftiges Pferd Rüg/Ae; *fief Stück Käuh* fünf Kühe Gri/Mi. *Dat Stück Veeh is man so lütt bläwen* Uec/Ge. *De Eier kosten twintig Penning dat Stück* Ran/Ro. *Hest du een Stück von Läpel?* hast du irgendeinen Löffel? Pyr/Lt. *Dat's 'n schön Stück in'e Wirtschaft* eine kräftige, für die Arbeit in Haushalt und Hof besonders geeignete Frau Fra/Pe. *He is so'n Stück Böttker* ist so eine Art Böttcher Pyr/Wt; *up't Stück arbeiden* für Stücklohn arbeiten Gwd/Ba. – **3.** derb abwertende Bez. für einen Menschen. Zumeist in Vbdg. mit einem Adj., häufig auch mit nachgestelltem Substantiv. *Du dœmliches Stück!* Gwald; *dat Stück Minsch* dieser ekelhafte Mensch Gri/Go; *dat Stück Wief* diese furchtbare Frau Gri/Mi. – **4.** nur im Pl. mit nachgestelltem Zahlwort als grobe Mengenangabe. *Dat sünd Stücker teigen* etwa zehn Stück Gwald. *So'n Stücker drei kann ik di gäwen* Ank/An. *Een Stücker fief sünd't woll weest* Pyr/Lt. *Dat kost't Stücker twintig Mark* kostet etwa 20 Mark Uec/Ue. – **5.** Ackerfläche, Feld (zumeist geringerer Größe). *De Brandstell* [Bereich mit schlechtem Boden] *licht midden in't Stück* Pyr/Lt. – Ral. über jmd., der eigensinnig ist, schlecht mit anderen auskommt: *Hei kann mit en annern nich up ein Stück pläugen* HUMGWD 9,19,9. – **6.** Wegstrecke. *Hei hett noch 'n Stück tau lopen* Dem/Tp. *Ik gåh noch 'n Stück mit* Gwald. – **7.** unerhörter Vorgang, Vorfall. Ausruf der Empörung: *Wat is dat doch een Stück!* Pyr/Lt. – Ral.: *Dat's 'n Stück ut'n Dullhus!* das ist völlig absurd! Ank/An, ähnl. verbr.; *'n Stück ut dei Eck* sonderbarer, unerfreulicher Vorfall vereinz. VPom, [1]GÜL 41. – **8.** Musikstück. *Speel man noch 'n Stück!* Pyr/Lt. Auch: Theaterstück selt. – **9.** (regional unterschiedliche) Maßeinheit für Garn und Wolle selt. VPom MPom, verstr. HPom, [2]EBE 17, [4]ROSF 487. *Een Stück hett twintig Fitza* Saa/Te. Als Pensum für Mädchen und Frauen, die nach ihrer eigentlichen Arbeit abends noch spinnen mußten, galt die Regel: *All Dag eie Stück!* °Bel. Deshalb hieß es ironisch über eine faule Spinnerin: *Dat is e' düchtig Mäke, dei spinnt een Stück in'e Wäk* Gbg/Gz. Vgl. Fitz[1].

Laut- u. Formvar.: *Stick* verbr. NOPom, *Steck* vereinz. nördl. °Lau, BLFPVK 9,35, [3]MIS 62, *Stütch* Neu/Th, Fla/Ta, verstr. °Slo,

Stüdsch (*-sch-* sth.) Neu/Rt, *Stitsch* Slo/La. – Pl.: *-en* verbr. VPom MPom, *-e* verbr. HPom, Pl. wie Sg. vereinz. Mit nachgestelltem Zahlwort: *Stücker* verbr., *Stückner* vereinz. VPom, [1]BAND 4,15, *Sticke(r)* verstr. nordöstl. HPom, *Stütche* Neu/Th. – Dim.: *Stücking* verstr. VPom, *Stücksken* verbr. MPom, *Stückske* verbr. HPom, *Stickske* nordöstl. HPom.

Stückel n. kranzförmige Mütze, die früher bei Hochzeiten von den Brautjungfern getragen wurde verstr. °Gbg, HTKLGTP 1918,7,27, [2]EBE 15, UP 9,22. Vgl. Stickel.

Stuckeldamm m. holpriges Kopfsteinpflaster vereinz. *As sei up denn Stuckeldamm keemen, müsst hei langsåm führen* Gwd/Ba. Syn. Stuckerdamm. – **Stukkeldraff** m. Zuckeltrab vereinz. – **stuck(e)lig** Adj. **1.** holprig, uneben vereinz. *'n stucklig Damm* Nau/Fg. Vgl. stuck(e)rig. – **2.** mit schwerfälligem Gang selt. *Dei jeht all so stucklig* Reg/Rg. – **3.** stockend, mit Unterbrechungen selt. – **stuckeln** sw., *stukeln* selt. **1.** durch das Fahren auf holprigem Untergrund ein unangenehmes Rütteln verursachen vereinz. *Wat stuckelt de olle Wågen bloß!* Gwd/Ba. Auch: rüttelnd über holprige Wege fahren. *Sei stuckeln up'n Kastenwågen nåh're Stadt* Gwd/Ba. Syn. stuckern. – **2.** mühsam, schwerfällig gehen selt.

stücken sw. etwas aus mehreren Stücken zusammensetzen (bes. durch Annähen) vereinz. *Sei hett dat Kleed stückt* Gwd/Ba. – **Stückenkönig** m. Titel für denjenigen Reiter beim Tonnenabschlagen (Tunnenafschlågen), der die letzte Daube herunterschlägt Fra/Ld, BLFPVK 7,131, KRKLGRI 1909,59. Vgl. Boddenkönig, Kranzkönig, Stäbenkönig, Tunnenkönig.

Stucker m. alter, gebrechlicher Mann Ran/Ro, Saa/Te. – **Stuckerdamm** m., *Stuker-* selt., wie Stukkeldamm vereinz. – **stuck(e)rig** Adj., *stuk(e)rig* vereinz. **1.** holprig, uneben verstr. *Fall nich hen, de Stråt is so stuckrig!* Ran/Sr. Vgl. stuck(e)lig. – **2.** gebrechlich, unsicher auf den Beinen verstr. → stöck(e)rig. – **3.** stockend, nicht fließend selt. *Mit sien Läsent geht dat man stuckrig* Pyr/Lt. – **stuckern** sw., *stukern* vereinz. **1.** beim Fahren auf schlechten Wegen ein unangenehmes Rütteln verursachen verstr. *Wenn de Wågen œwern schlichten Steendamm führt, stuckert dat so* Rüg/Be. Auch: rüttelnd über holprige Wege fahren. Syn. stuckeln. – **2.** unbeholfen wie ein Greis gehen vereinz. – **Stuckerwågen** m. schlecht gefederter Wagen vereinz. Syn. Stötkor.

stückig Adj. größere, klumpige Stücke aufweisend selt. *stückig Melk* mit geronnenen Teilchen durchsetzte Milch Gri/Mi; *stückig Sult* grobkörniges Salz Pyr/Lt. – **stückwies** Adv. stückweise, Stück für Stück vereinz. *Hiering stückwies verköpen* Gwald; *stückwies betåhlen* in kleinen Raten bezahlen Ank/An.

Stud f., *Stur* Cam/Ca, Pl. *-en*, Staudengewächs HOMWB 199[a]. Gebräuchlicher ist Studen.

stüddig Adj., seem., *stüttig* vereinz. VPom, *studdig* selt. VPom. **1.** beständig, fortwährend vpom. Küste. *studdiger Wind* Gwald. *Dat Schipp, dat slenkert stüttig furt* [3]SEG 75. – **2.** stabil, ruhig im Wasser liegend vpom. Küste. *Dat Schipp licht stüddig vör Anker* Rüg/Sn. – Wohl zu engl. *steady*.

studen sw., refl., viele Getreidehalme hervorbringen, staudenartig wachsen selt. MPom HPom, HOMWB 199[a]. *Dat Ko(r)n hett sich got stud't* Ran/Pe. Vgl. verstuden.

Studen m. Staudengewächs, bes. Kartoffelstaude. *Wi hacke üm de Stuje* wir entfernen das Unkraut rund um die Kartoffelstaude mit einer Hacke Pyr/Wi. Vgl. Stud.

Laut- u. Formvar.: *Stuje* verbr. °Pyr, *Sture* verstr. ZPom, *Stude* Gbg/Vi. – Pl.: wie Sg. VPom MPom, *Stuje, Stujen* verbr. °Pyr, *Sturen* verstr. ZPom, *Studen* Gbg/Vi.

Student m. wie hd. *Dat köne bloß Studente begriepe* Pyr/Wo. *Hei is 'n versåpen Student ut Griepswold* Use/Sw. – Ral. beim Kartenspiel, wenn man klar gewinnt: *So spääIt man mit Studenten!* Gwd/Ba. – Sagw.: *De Schlœtel passt nich, säd de Student, dunn wull he mit sien Zigar de Dör upschluten* °Ghg. – Kinderr.: *As ik noch so lütting wier, scheet ik up'n Damm. Keemen twei Studenten an, dachten, dat wier Schwamm. Stoppten sich dat in'e Piep. Pfui, dat is jo Kinnerschiet!* Gri/Ge, ähnl. vereinz.

Laut- u. Formvar.: *Ste(r)dent* selt. VPom, LUCIA 49, *Studint* verstr. HPom, HOMWB 197[b], *Studeent* °Sch MAH 82. – Pl.: wie hd. verbr., *Studentens* vereinz. VPom, [5]HER-WIN 827, *Studinte* verstr. HPom.

Studentenblaum f., PflN. **1.** Ringelblume (Calendula officinalis) vereinz. – **2.** Samtblume (Tagetes) selt. – **Studentenpiep** f., veralt., sehr lange Tabakpfeife von Studenten, auf der in der Regel die Zugehörigkeit zur Ausbildungsstätte oder zu einer studentischen Verbindung vermerkt wurde. *Tau't Ansticken von'e Studentenpiep bruukt man 'n langen Fidibus, wenn kein Hülpsmann tau Hand is* Fra/Fr.

studieren sw. **1.** ein Studium an einer Hochschule absolvieren. Diese Bedeutung wird auch noch durch die allmählich veraltende Fügung *studieren lihren* ausgedrückt. *Mien Jung' hett 'n behöllern Kopp, de sall studieren lihren* Rüg/Zi. *Dei studiert up'n Dokter* studiert Medizin Rüg/Rp. *He studeert Preester* studiert Theologie Pyr/Lt. – Ral.: *Dei is up alles studiert* ist sehr gebildet, weiß in allem Bescheid Dra/La. Über einen Dummkopf heißt es: *De is studiert bet an'e Schullern, blot de Kopp hett nicks afkrägen* Ank/An. – Sagw.: *Se hemm' woll ehre Not mit't Studieren, secht de Bur, dat seh ik an mienen Ossen, dat Kopparbeit 'ne schwore Arbeit is* Stral. – **2.** sich mit etwas gründlich beschäftigen, etwas genau untersuchen. *He studeert de Böker, bet em de Kopp platzt* Saa/Jk; *an'e Räknung studieren* eine Rechnung überprüfen Rüg/Be.

Lautvar.: *stedieren* selt. VPom, [1]TIB 59, *studeeren* verbr. MPom SPom, sonst selt., *studeire* Slo/La, HOMWB 197[b].

studig Adj. staudenartig sprießend selt. *Dat Kuurn steht to studig* die Getreidehalme stehen zu dicht zusammen Sto/KP.

Stüer[1] f., *Stier* vereinz. NOPom, Pl. *-n.* **1.** Steuer, obligatorische Finanzabgabe an den Staat. *Wi hemm' kein Geld, dorüm warden œwerst uns Stüern nich minner* Gwald. *Dei Stüern sünd bannig hoch* Gwd/Nu; *Stüern indrieben* Dem/So. Scherzh.: *Stüern bitahlen? Nee, dormit verkleckert man dat mihrste Geld!* Gwald. – **2.** ohne Pl., Steuerbehörde, Finanzamt. *Dat Geld möt ik all nåh're Stür bringen* Gwd/Ba.

Stüer[2] n., selt. f. **1.** Steuer, Lenkvorrichtung eines Fahrzeugs. Urspr. nur auf das Steuer von Schiffen und Booten bezogen. *An't Stüer steiht nu dei Schipper* Gwald. – **2.** steuernde Einflußnahme auf das Verhalten anderer Menschen. *Nu is dor ok nich Stür* [...] *mihr intaukriegen* [2]SEG 181. – Ral.: *Stüer hollen* Ordnung gebieten, jmd. zur Mäßigung anhalten vereinz.

Lautvar.: *Stur* HOMWB 197[b], *Stier* vereinz. NOPom, *Stęiər* Rum/Km [5]TITA 52.

Stüerbuurd n., seem., Steuerbord, die rechte Schiffsseite (vom Heck aus gesehen). – **Stüerdumen** m., seem., (mit Messing beschlagener) Griff am Steuerruder der Haffkähne Uec/Ue, [3]RUD 96.

Stüerexkuter m. Gerichtsvollzieher vereinz. Gebräuchlicher ist das Simplex Exkuter. *De Stüerexkuter möt de Stüern intrecken* Gwald. – Sagw.: *Ick help di up dei Beinen, säd de Stüerexkuter, don pannt* [pfändete] *hei den Buer dei Mähren* HUMGWD 9,11,5.

Stüerholler m. jmd., nach dem man sich richtet, der vorgibt, was zu tun ist vereinz. – **stüerlastig** Adj., seem., (rechts) am Heck zu tief im Wasser liegend vereinz. vpom. Küste. Vgl. achterlastig. – **stüerlos** Adj. **1.** steuerlos, führungslos. *Dat Schipp is stüerlos worden* Ank/An. *Dat Fohrtüg is stüerlos* Saa/Ja. – **2.** kopflos, unüberlegt. *Dei geiht ümmer stüerlos up wat tau* Gri/Go. *He lääft stüerlos un verdeit sien Jild* Dra/Ga. – **Stüerlüd** s. Stüermann. – **Stüermann** m., seem., Pl. *-lüd*, Steuermann. *Hei fohrt as Stüermann to See* Rüg/Sn. Ironisch auf besserwisserische Landratten bezogen: *De besten Stüerlüd sitten an Land!* Rüg/Zi. – **Stüermannsschaul** f. Ausbildungsstätte für angehende Navigationsoffiziere. Vgl. Schipperschaul.

stüern sw., auch *stüren*, steuern. **1.** das Steuer eines Fahrzeugs bedienen. *dat Schipp stüern* Fra/Zi; *denn Wågen stüern* Gwd/Nu. – **2.** eine best. Richtung einschlagen. *tau Hus stüern* sich nach Hause begeben Gwald. *Hei stüert em ut'e Stuf* führt ihn aus der Stube Gwd/Ba. – **3.** Einhalt gebieten, an etwas hindern, zurückhalten. *Ik wull up't Ies, œwer Murrer stüert mi* Gri/Mi. *Wat måkt dei Bengel dor all werrer? Stüer em doch!* Dem/Tp. *Dat Unkrut möt stüert warden* Ank/An. *Ik mutt ümme stüre!* muß ständig Streit schlichten! Nau/De. – **4.** lindern, Abhilfe schaffen. *Gott ståh mi bi un stüer uns Not* Use/Us. *De erst Not mütt stüert warn* Ran/Pe.

Stüerplicht f., fischerspr., lose Sitzbank hinten im Fischerboot, von der aus das Steuerruder bedient wird vereinz. – **Stüerrauder** n. Steuerruder vereinz. – **Stüertähn** m. Eckzahn Uec/Ge, Ghg/Hi,Li.

stuf Adj. **1.** nicht spitz, abgeplattet, stumpf geformt VPom, vereinz. MPom HPom. *Ehr Näs' was en beten stuw* [14]BAND 72; *dat Brot an't stuwe End anschnieden* Fra/Br; *dei olle Kirch mit denn stuwen Torm* mit dem gedrungenen Turm Gwald. *Dat jeht hier stuf af* das Gelände fällt hier fast senkrecht ab Gbg/Gp; *'n stuben Hund* Hund mit gestutztem Schwanz Fra/Br. Fischerspr.: abgeflacht (vom Bootsheck) °Rüg, [1]PEE 238. Vgl. stump. – **2.** nicht scharf, schlecht schneidend, abgenutzt VPom. *Dat Metzer is all so stuf* Fra/Pe; *mit'n stuwen Bessen fägen* Rüg/Ae. – **3.** stumpf, nicht glatt (an den Zähnen) vereinz. VPom. *Mien Tähnen warden all so stuf* Gri/Mi. Rsyn. s. äg. – Mnd. *stûf.*

Laut- u. Formvar.: *stuw'* vereinz., *stuff* selt. VPom, Ghg/Li, Saa/So. – Flektiert: zumeist *stuwe(n)*, *stube(n)* selt. VPom.

Stuf[1] f. Stube. **1.** heizbarer Wohnraum, früher bes. im alten Bauernhaus. *Dat is schön mollig in de Stuf* Saa/Le. *Ik heff denn Paster in'e Stuf rinnörigen müsst* Gwd/Ba. *Mit so'ne schietigen Stäwel kümmst du nich in dei Stuf rin!* Fra/Zi. *Wi kieken dörch't Schlœtellock, wenn Mudding Wihnachten in'e Stuf geiht* Stral. *Dat's 'ne rümige Stuf* ein geräumiges Wohnzimmer Dem/Tp. *Uns Größing hett uk man so'n lütt Stüwing* Gwald. In fester Vbdg.: *dei gaude Stuf* (früher nur zu besonderen Gelegenheiten geheiztes) Wohnzimmer Gwd/Nu. Scherzh., wenn man bei schlechtem Wetter gemütlich in der warmen Stube sitzt: *Ein Glück, dat dei Stuf inwennig is!* Gwd/Ba, ähnl. vereinz. Vgl. Döns. – **2.** (kleines) Zimmer, Kammer. *Dei Stuf is lütt un bannig sied* sehr niedrig Rüg/Ae. *Dei Famielj hett bloots twei lütte Stuben* Gwd/Ba. *Ik möt hüt mien Stuf utfägen* Dem/Kt. Vgl. Kåmer. – Zss. s. Stuben-.

Laut- u. Formvar.: *Stuw'* vereinz., *Stauw'* Bel/Hp, Kös/Pd, Sch/Sd, *Stof* Saa/Ja, *Stu* JOSTWB 94, *Stiuf* Neu/Ki, *Stöuw'* Gbg/De. – Pl.: *Stuben, Stuwen* verbr., *Stauwe* Bel/Hp, Kös/Pd, Sch/Sd, *Stęuwə* Rum/Km [5]TITA 74, *Stowa* Saa/Ja, *Stues* JOSTWB 94, *Stiuwe* Neu/Ki. – Dim.: *Stüfken* verstr. VPom, verbr. MPom HPom, *Stüwing* verbr. VPom, *Stübing* selt. VPom, *Stüüftje* Neu/Th, *Stiefkje* Lau/Ke, *Stiuftje* Neu/Ki.

Stuf[2] s. Stuff.

Stuff f., *Stuf* selt., Pl. *-en*, Treppenstufe vereinz. *Wi steegen dei Stuffen tauhöcht* HUMGWD 14,31,1; *de letzt*

Stuff is to hoch Pyr/Wa. Gebräuchlicher ist bes. in VPom das Syn. Stuft.

Stufnäs f. Stupsnase vereinz. [*De nüdliche Jung*] *mit sine lütte Stufnäs* [1]NERE 3. Syn. Stupsnäs.

Stuft f./m., Pl. *-en*. **1.** Treppenstufe VPom, verstr. MPom HPom. *Dei Trepp hett twölf Stuften* Dem/Kt. *Hei is up dei Stuft utrutscht* Gri/Ti; *ik sülwst kann nich miehr de Stuften in de Höcht kamen!* [4]HOEFE 226. Syn. Stuff. – **2.** Zahnstumpf verbr. *Mien Tähnen sünd man noch luter Stuften* Dem/Kt. *Ik möt mi dei Stuften uttrecken låten* Gri/Ti. *He hett bloß noch een por Stuften in't Mul* Uec/Pa. Syn. Stubben, Stump.

Stüft s. Stüüft.

Stuk m., selt. f., *Stuck* vereinz. MPom NOPom, Pl. *-en*. **1.** kegelförmige Garbe (bes. von Buchweizen, Flachs oder Hafer), die weit oben zusammengebunden wird verstr. NOPom, HOMWB 199[a], [6]KAI 211. – **2.** Stoß, Knuff, Schlag verstr. VPom, sonst vereinz. *As wi dörch dei Rönn führten, geef dat 'n origen Stuk* Gwd/Ba. – **3.** zumeist Pl., Laune, Schrulle, närrische Eigenheit VPom, sonst vereinz. *Dei hett all wedder dei Stuken* ist schon wieder sehr launisch Dem/Tp. *Hei sitt vull Schrullen un Stuken* HUMGWD 10,42,11; *malle Stuken* verrückte Angewohnheiten Fra/Pu. – **Stukbalg** f. Waschbottich °Ank. → Waschbütt. – **Stukbotterfatt** n. Faß zur Butterbereitung mit Hilfe eines Stampfers vereinz., [9]WIN 319. Syn. s. Stampbotterfatt. – **Stukbrett** n. Waschbrett Gbg/Te. – **Stukbütt** f., *Stubütt* vereinz. HPom, Waschbottich verbr. *Na 'ne Wiel, dar göte sei dat Water in en Stukbütt* [3]SCHWA 111. *Uns Stubütt is spack* undicht Nau/De. → Waschbütt.

stuken sw., *stucken* vereinz., stauchen. **1.** etwas kräftig auf den Boden oder nach unten stoßen (und dadurch zusammenpressen). *Hei stuukt denn Stock fast up'n Stein* °Gwd. *Stuk dat Paket ni' so!* Pyr/Wi. Fachspr.: *Dei Schmitt stuukt dat Iesen* bearbeitet das Eisen mit dem Hammer, um es kürzer und breiter zu machen Gwd/Ba. – **2.** Wäsche mit den Händen oder einem Stampfer in die Lauge stoßen. *De Wäsch möt düchdig stuukt warden* Gwald. Vgl. stampen. – **3.** etwas mit einem Stampfer zerkleinern, zerquetschen vereinz. *Tüften stuken* Uec/Pa. – **4.** refl., sich eine Verstauchung zuziehen verstr. *Hei hett sich bi't Fallen dei Fuust stuukt* Gri/Mi. *Ik heff mi dei Hand stuukt* Gwd/Nu. – **5.** jmd. heftig zurechtweisen, ausschimpfen. *Dei Bengel möt orig stuukt warden* Gri/Mi. – **6.** Verdruß bereiten, verärgern vereinz. Wenn man sich ständig über ein best. Verhalten ärgert: *Dat stuukt mi ümme wedde!* Dra/Dr. – **7.** kegelförmige, weit oben gebundene Garben aufstellen (bes. von Buchweizen, Flachs oder Hafer) vereinz. NOPom, sonst selt. *Baukweite stuke* HOMWB 197[b].

Stukes Pl. Kartoffelbrei Pyr/Wi, Saa/Zt. → Stamptüffel. – **Stukhåmer** m., fachspr., Hammer mit geriffelter Schlagfläche (bes. zum Schärfen der Mühlsteine) Ghg/Li, Neu/Fe. – **stukig** Adj., *stuckig* selt., *stuggig* Fra/Bn, Use/Us. **1.** untersetzt, stämmig, kräftig gebaut. *Dat's 'n stukigen Kierl, de hett Murr in de Knåken* Rüg/Pu. *Hei wir en stukigen, vierkantigen Mann* [11]BAND 9. Vgl. stuuksch. – **2.** böig, stoßweise wehend vereinz. vpom. Küste. → stötig. – **stuknacken** sw. jmd. in den Nacken oder Rücken stoßen °Ghg. – **stuknackig** Adj. mit kräftigem Nacken Neu/Gc. – **Stuksel** n., *Stucksel* vereinz. NOPom, [2]PIRK 39, die Menge an Wäsche, die man gleichzeitig im Waschbottich reinigt vereinz. HPom. – **Stuktien** f. Waschzuber verbr. *Ik heff een Stuktien vull Wäsch* Uec/Mn. *Dor stünn uck all ne grote „Stuktien", wat ne Waschbütt is, mirren up'n Hof parat* Uec/Wl HUMGWD 12,40,9. → Waschbütt. – **Stuktüften** Pl. Stampfkartoffeln Uec/Pa. → Stamptüffel.

Stüle(r) m., *Stiele* vereinz. °Sto, Pl. *-s*, (bestrichene) Scheibe Brot. Das Wort (eine Nebenform von Stull) ist nur vereinzelt entlang der hpom. Küste belegt. Vgl. DWA 12, Kt.3. *Un denn vetellte wi us wat bi einem dicke Stüle Brot* HTKLSCH 4,81.

Stull f., Pl. *-en*, Dim. *Stüllken*, Stulle, (bestrichene) Scheibe Brot selt. VPom, verbr. MPom, verstr. HPom. Vgl. DWA 12, Kt.3. *Ik will 'ne Stull hebben mit Sirop* Ran/Pe. *He hett dree Stullen äten* Ran/Sr. Vgl. Botting, Schief, Schnäd, Stüle(r).

Stulp f., *Stülp* selt., Pl. *-en*. **1.** Stulpe, umgeschlagenes Kniestück an hohen Stiefeln. Nur im Pl. auch als Bez. für Stulpenstiefel selt., NACK 40. Vgl. Stulp(en)stäwel. – **2.** Manschette, verstärkter Abschluß langer Hemdärmel.

Stülp f. **1.** Deckel, bes. Topfdeckel. *De Damp spritzt un fohrt unner de Stülp rut* [5]BAND 200. *Dei Pott hett kein Stülp mehr* Gbg/Gp; *eene kopperne Stülp* Saa/Ja. – Ral.: *Dat paßt as dei Stülp up'n Pott* paßt sehr gut zusammen Gri/Gm, ähnl. verbr.; *up jeden Pott 'ne Stülp weiten* auf alles eine Antwort haben, sehr schlagfertig sein verstr. VPom, HUMGWD 6,24,1; *as Stülp un Deckel sin* sich sehr ähneln Uec/Ge; *dat was nich Pott un nich Stülp* das war eine unsichere Sache HAU 469. – Sprw.: *So'n Pott, so'n Stülp* gleich und gleich gesellt sich gern Gri/Bo, ähnl. verbr. Vgl. Deckel. – **2.** Schutzhaube für Lebensmittel vereinz. – **3.** (abgetragene) Kopfbedeckung vereinz. *Sett di nich dien oll Stülp up!* Uec/Ue.

Laut- u. Formvar.: *Stilp* verstr. NOPom, *Stölp* Nau/Fi, Net/Hf. – Pl.: *Stülpen* verbr., *Stülben* vereinz. VPom, *Stilpe* verstr. NOPom.

Stülpbotting n. Klappstulle verstr. VPom. Syn. Klappbotting, Klappstull, Stülpstull. – **stülpen** sw., *stilpe* verstr. NOPom. **1.** einen Gegenstand bedekken, indem man etwas auf oder über ihn zieht. Litspr.: *nu is dat all ünner den Plog stülpt* nun ist der gesamte Bewuchs unter die Erde gepflügt °Rüg DLP 4,32. – **2.** eine Kopfbedeckung nachlässig aufsetzen. *Wat hett dei sich up'n Kopp stülpt?* Gri/Lo. – **3.** einen Behälter umstülpen. *Wenn de Spies in'e Schöttel stief is, ward se stülpt* Ank/An. – **Stülpenbrett** n. Wandbrett in der Küche zur Aufbewahrung von Topfdeckeln verstr. VPom. *Dat Stülpenbrett för dei Deckels wier ut Bäukenholt un hüng an'e Wand bi'n Hierd* Gri/Mi. – **Stülpenbuurd** n. dass. Rüg/Pu. – **Stulp(en)stäwel** m., *Stülp(en)-* selt., Stulpenstiefel. *He hett siene groten Stulpstäwel antreckt, he hett woll wat Besunners vör* Uec/Pa. Vgl. Stulp.

stülp(e)re sw. stolpern selt. ZPom. *Hei stülpert up'e Trepp* Kol/Pr. Syn. s. stolpern.

Stülpnäs f. nach oben gewölbte Nase verstr. Scherzh.: *Dei hett 'ne Stülpnäs, dor kann't rinrägen* Fra/Pe. Syn. Himmelfohrtsnäs. – **Stülpstull** f. Klappstulle vereinz. MPom HPom. Syn. s. Stülpbotting.

Stüm m., vereinz. f. **1.** ungestümes Wetter. – **1.1.** starker Wind, Sturm verbr. VPom, sonst verstr. *Dat wier so'n Stüm, dat dei Fischers nich rutkünnen* Gwd/Ba. – **1.2.** Schneetreiben verstr. Syn. Schneistüm, Stümnis. – **2.** seem., ohne Pl., Dampf, Rauch, Qualm verbr. VPom, sonst vereinz. – Ral.: *Stüm gäben* mit Volldampf fahren. *Nu giff man 'n bäten Stüm, denn hålen wi denn groten Damper noch in!* Rüg/Zi. *Giff em Stüm!* sag ihm gründlich die Meinung! Fra/Pe, ähnl. vereinz. – **3.** fischerspr., dichter Schwarm laichender Fische, bes. von Heringen vpom. Küste. *De Hiering geht nu in'n Stüm* Rüg/Ti; *'ne ganze Stüm Brassen* Rüg/Gl. *To Binz foten wi ens den ganzen Stüm, dunn ret dat Goarn* [Zugnetz] *entwei* FRA 64. – In fester Vbdg.: *Stüm up Stüm* am laufenden Band Gwald, Ank/An. Vgl. Dagstüm, Hieringsstüm.

Laut- u. Formvar.: *Stiem* vereinz. NOPom. – Pl.: zumeist *Stümen*, wie Sg. vereinz., *Stüben* Gwald, Cam/Ds,Si, *Stüüms* selt. VPom.

stümen sw., *stieme* vereinz. NOPom. **1.** ungestüm sein (von Naturgewalten). – **1.1.** stark wehen, stürmen. *Dat stüümt hüt as unklauk ümmertau ut deiselbe Eck* es stürmt heute ununterbrochen heftig aus der gleichen Richtung Fra/Bn. – **1.2.** Schneetreiben geben. *Dat stühmt hüt sehr, man kann dei Ogen kuhm updaune* HOMWB 197[b]. – **1.3.** seem., hohen Wellengang hervorbringen vereinz. *Dei See stüümt* Rüg/Sn. – **2.** starke Wärme ausstrahlen (bes. von Öfen). *Hei hett inkachelt, dat dei Åben bannig stüümt* Rüg/Ae. *De Åben stüümt so, dat is 'ne reine Backhitt* Uec/Pa. Vgl. afstümen. – **3.** fischerspr., dichte Fischschwärme in der Laichzeit bilden, bes. von Heringen verstr. vpom. Küste. *De Hiering stüümt* Rüg/Lb. – **4.** fachspr., Hölzer für Schiffsplanken mit heißem Dampf behandeln, um sie biegsam zu machen vereinz. VPom, Uec/Ue. *Wi stümen dei Planken* Gwald. – **Stümer** m., seem., Pl. *-s*, Dampfschiff Rüg/Sn, Gwald, Uec/Ue. Gebräuchlicher ist das Syn. Damper. – **Stümhiering** m., fischerspr., in großen Schwärmen auftretender Hering zur Laichzeit verstr. °Rüg. – **Stümkasten** m., fachspr., langer Kasten, in dem Hölzer für Schiffsplanken heißem Dampf ausgesetzt werden, um sie biegsam zu machen °Rüg, Gwald, [2]RUD 123. Syn. Dampkist, Stümkist. – **Stümkist** f. dass. Rüg/Lb, Uec/Ue.

stumm Adj., *stomm* östl. °Lau, STRI 36, wie hd. *Dei is von lütt an stumm* ist stumm geboren Gwd/Ba. – Ral.: *stumm as 'n Fisch sin* schweigsam, verschwiegen sein verstr. Wenn jmd. ununterbrochen redet: *Dei kann bäter räden as 'n Stummen!* Gwd/Wo, ähnl. verstr.

Stümmel m., *Stummel* vereinz., Pl. zumeist *-s*, vereinz. wie Sg., Stummel, kleines Reststück eines länglichen Gegenstands. Spez.: Zigarren-, Zigarettenstummel. *Dei Stümmels sammel ik up, dei stopp ik in'e Piep* Dem/Tp; Endstück der Wurst. *Nu ett man noch dissen Stümmel up!* Use/Us; Bleistiftstummel. *Mit denn Stummel kann ik nich mihr schrieben* Ank/An; Stummelschwanz. *Dei Hund wackelt mit sienen Stummel* Pyr/Lt; Zahnstummel vereinz. Vgl. Strümmel. – **Stümmelfritz** m. jmd., der Zigarettenstummel aufsammelt vereinz. VPom. Syn. Kippenaugust, Strümmelsöker. – **Stümmelhurtig** m. kurzes Kleid, kurzer Rock verstr. VPom. Auch: Mädchen oder Frau, die ein solches Kleidungsstück trägt. – **stümm(e)lig** Adj. kurz (von Kleidungsstücken) verstr. VPom. *Sei geiht stümmlig antreckt* trägt ein kurzes Kleid Gri/Mi. – **Stümmelschwanz** m. Stummelschwanz. Syn. Strümmelschwanz, Stubbelschwanz, Stümmelstart. – **Stümmelstart** m. dass. vereinz.

Stümnis f., *Stiemnis* vereinz. NOPom, JOSTWB 92, Schneetreiben selt. HPom. Syn. s. Stüm.

stump Adj. stumpf. **1.** durch Gebrauch abgenutzt. – **1.1.** schlecht schneidend, nicht (mehr) scharf. *Dei Seiss is so stump, sei schnitt nich mihr* Ank/Km. *Dat Metz is sehr stump* Saa/Le. – **1.2.** nicht (mehr) spitz genug. *De Griffel is stump* Pyr/Lt. – **2.** rauh, nicht glatt. *Dat Ies* [Eisdecke] *is stump* Pyr/Lt. Häufig auf das stumpfe Gefühl an den Zähnen nach dem Genuß saurer Speisen bezogen. *Dei Tähnen sünd mi so stump* Fra/Ln. → äg. – **3.** ohne Spitze, abgerundet. *Dei Kauh is gaut stump* die Kuh hat viel Fleisch angesetzt Lau/Lg. Vgl. stuf. – **4.** matt, ohne Glanz. *Dei Stoff süht sihr stump ut* Gri/Mi. *Dei Farf is so stump* Dem/De. Vgl. stumpig. – **5.** steif, unbeweglich. *Ik heff mi ganz stump säten* bin vom langen Sitzen ganz steif Gri/Mi. Zumeist in der Paarformel: *stump un stief.* Auf zu stark beanspruchtes Zugvieh bezogen: *Dat Veih würr dadörch stump o stif* BUL 85.

Stump m. Stumpf. **1.** Baumstumpf verstr. – In Paarformeln: *mit Stump un Stäl* ganz und gar, völlig verstr.; *mit Rump un Stump* dass. vereinz. VPom. Syn. s. Stubben. –

2. Zahnstumpf vereinz. Gebräuchlicher sind die Syn. Stubben und Stuft. – **3.** Armstumpf, Beinstumpf vereinz.

Laut- u. Formvar.: *Stumpen* selt. – Pl.: *Stümp* verstr., LAUWB 346ª, *Stumpen* vereinz.

Stümper m., *Stimper* NOPom, Pl. *-s.* **1.** jmd., der schlechte Arbeit leistet. *Hei wier man 'n Stümper in sien Handwark* Gwd/Ba. – **2.** beklagenswerter Mensch, Krüppel verstr. *Dei arm Stümper hät vehl lede* hat viel erlitten HOMWB 199ª. – **3.** altes, abgetriebenes Pferd Ran/Pe, Sch/Sl, [1]ROSF 64. – **Stümpergröschen** m. mühsam zusammengesparter, geringer Geldbetrag Uec/Ge, Gbg/Gp. – **stümp(e)rig** Adj. gebrechlich, schlecht zu Fuß. *Hei ward all olt un stümprig* Gwd/Ba. *Nåh dees Krankheit geiht sei recht stümprig* Fra/Br. → stöck(e)rig. – **stümpern** sw., *stimpre* NOPom. **1.** pfuschen, schlechte Arbeit verrichten. – **2.** unsicher wie ein Greis gehen. *Dat Lopen mit em is uk man noch so'n Stümpern* Ran/Pe. – **3.** ein kümmerliches Dasein fristen. – Sprw.: *Eis gaut lääft is bäte(r) wi imme(r) stimpert* einmal wenigstens gut gelebt und nicht an etwas gespart zu haben ist besser als ständiger Verzicht Sto/KP, ähnl. verstr. – **Stümperwark** n. Pfuscherei selt., BUL 7.

stumpig Adj. **1.** untersetzt, gedrungen selt. *Hei is dick u' stumpig* Gbg/Ki. – **2.** matt, glanzlos selt. HPom. Gebräuchlicher ist stump.

Stund f., gesprochen zumeist *Stunn, Stunn'*, Stunde. **1.** Zeitraum von 60 Minuten. *Wi hebben dor 'ne halwe Stunn för bruukt* Gwd/Nu. *Dat ward woll twei Stunnen duern* Fra/Bo. *Ik ståh hier all sörre* [seit] *'ne Stunn* Ank/An; *'ne lütte Stunn* eine knappe Stunde °Gwd; *'ne slågen Stunn!* eine ganze Stunde, viel zu lange! Fra/Bn; *de Stunn (in)hollen* pünktlich sein Rüg/Dm. In der Paarformel: *up Stick un Stunn* ganz pünktlich verbr. VPom, sonst selt. Vgl. Stick². Veralt. mit nachgestelltem Zahlwort im Pl.: *so'n Stundne söß* etwa sechs Stunden [2]BRE 62. – Sprw.: *Alle Stunnen sünd nich gliek* das Leben bietet viele Überraschungen Gri/Ge. Scherzh. erweitert: *Alle Stunnen sünd nich gliek, nachts Klock twölben gifft dat kein Meddag* Fra/Br, ähnl. verstr. – Sagw.: *All Stunne sünd nich gliek, säd de Bur un haugt sien Wief denn Puckel vull* °Sch. – **2.** Unterrichtsstunde. *Hei hett sien Diern ollig Stunnen gäben låten* Rüg/Ae. *Ik gåh i' de Stunn* Dra/La. – **3.** Zeitspanne von unbestimmter (kürzerer) Dauer. *Dei bös' Stunn is œwer* die schlimme Phase ist vorbei Fra/Pu. *He hett een goj Stunn* er hat gute Laune Pyr/Lt. – **4.** Zeitpunkt, Augenblick. *Up de Stunn hett he all lang luert* auf diesen Moment hat er schon lange gewartet Pyr/Lt. – Zss. s. Stunnen-.

Laut- u. Formvar.: *Stunn, Stunn'* verbr., *Stuun* Pyr/Wa,Wi, verstr. ZPom, LAUWB 346ᵇ, *Stung* °Rum [2]MIS 15, verbr. NOPom, HOMWB 199ª, STRI 19, *Stüng* Ghg/Ni,Sr, [2]BRO 25. – Pl.: *Stunn'*, *Stunnen* verbr., *Stune* Pyr/Wa,Wi, verstr. ZPom, *Stunge* °Rum, verbr. NOPom, [5]TITA 59, *Stüng* Pyr/Ma [1]TITA 83, *Stüngen* Ghg/Ni,Sr, [2]BRO 25. Veralt., nur in Vbdg. mit nachgestelltem Zahlwort: *Stund(e)ne(r)*.

Stunk m., wie umgspr., Streit, Zank, Ärger. *Wenn du hier Stunk måken wisst, denn blief weg!* Ank/An. – **stunkendig** Adj., nur attr., in niederträchtiger Weise die Wahrheit verdrehend, völlig erlogen vereinz. *Wat hei vertellt, dat sünd stunkendige Lœgen* Fra/Br. – **stunkig** Adj. dass. Gri/Ge,Ti.

stunnen sw. stunden, einen Zahlungsaufschub gewähren vereinz. *Denn Rest mööst du mi stunnen* Ank/An. – **Stunnenglas** n. **1.** veralt., Stundenglas, Sanduhr. Vgl. Glas². – **2.** stundenweise bezahlte Aushilfe, Lohndiener Stral. – **stunnenlang** Adj. stundenlang. *Bi'm Dokter mutt eener ümmer stunnenlang sitten* Pyr/Lt.

Stup¹ f. **1.** Staupe, durch ein Virus hervorgerufene Tierkrankheit, bes. von Hunden. *Kleen Hunn' krieja licht de Stup* Pyr/Wi. – **2.** ansteckende Krankheit mit leichtem Verlauf, die unter der Bevölkerung umgeht vereinz. – **3.** zumeist im Pl., Launen, Unarten verstr. HPom, sonst selt. *En Minsch, de ümmer sitt tau Hus, de kriegt toletzt dei Stupen* HUMGWD 6,8,2. *Dei hett sien unkloke Stupe* er spielt verrückt Nau/Db.

Stup² m., PflN, Dreiteiliger Zweizahn (Bidens tripartita) vereinz. östl. HPom, HOM 2,224, PRIT/JES 60ᵇ. – Das Wort ist eine Nebenform von Stupp. Benennungsmotiv ist wohl die abgeplattete Form der Früchte. Vgl. MARZELL 1,601.

stüpen sw., *stiepen* vereinz., *stiepre* selt. HPom, jmd. mit einer Rute züchtigen. Spez.: einen Brauch ausüben, bei dem am Ostermorgen (in VPom nördl. der Peene auch am Fastnachtsmorgen) Erwachsene von Kindern mit leichten Rutenschlägen aus dem Bett getrieben wurden, um Gaben zu erheischen. Zur genauen räumlichen Verteilung von Oster- und Fastnachtsbrauch s. [6]KAI 95–98 mit Kt.V,8. *Dei Kinner stiepen tau Fastelåbend dei Öllern un Påden ut't Berr* Rüg/Ae. *Tweede Osterdag ward stiept* DKr/La. *Früher krege de Göären bloß Koken för't Stüpen* Ghg/Kl [1]BRO 58. Vgl. schmackostern.

Volksbr.: Reime, die beim *Stüpen* aufgesagt wurden: *Stüp, stüp, Osterei, jiffst du mi kein Osterei, stüp ik di dat Hemd entwei!* Uec/Ue, ähnl. verstr. *Stiep, stiep, Ejer* [Eier], *för söss Drejer* [Dreipfennigstücke], *för'n Groschen Speck, denn gåh ik weg!* °Neu, ähnl. vereinz.

Stüper m., *Stieper* Sch/Zt, Büt/Da, Pl. *-s.* **1.** Kind, das am Oster- oder Fastnachtsmorgen Erwachsene mit leichten Rutenschlägen weckte, um Geschenke zu erheischen selt. – **2.** wie Stüpraut selt.

Stupmoors n., fischerspr., Ruderboot mit gerader Rückwand Rüg/Nn, [1]PEE 245, [2]RUD 133. – Das Erstglied zu einer Nebenform von Stupp. – **Stupp** m. Stumpf. Nur in Paarformeln mit *Rupp*: *mit Rupp un Stupp* völlig, ganz und gar VPom; *nich Rupp orrer Stupp* überhaupt nichts VPom. Vgl. Stup[2].

Stüppel s. Stippel.

stuppig Adj., *stupig* Ran/Ro, untersetzt, gedrungen verstr. MPom HPom. Vgl. stupsig.

Stüpraut f. Rute, mit der früher Kinder am Oster- oder Fastnachtsmorgen Erwachsene aus den Betten trieben, um Geschenke zu erheischen verstr. Syn. Stüper.

Stups m., Pl. *-e* LAUWB 346[a]. **1.** leichter Stoß, Schubs vereinz. *Dei Hund geef em 'n Stups in'e Kneikähling* Gwd/Ba. – **2.** kleiner, untersetzter Mensch vereinz. – **3.** Stummel, bes. Bleistiftstummel vereinz. MPom HPom. – **stupsen** sw. jmd. leicht stoßen, schubsen vereinz., LAUWB 346[a]. – **stupsig** Adj. untersetzt, gedrungen verstr. Vgl. stuppig. – **Stupsnäs** f. Stupsnase. Ironischer Rat: *Låt di man nich in dien Stupsnäs rägen!* Gri/Mi. Syn. Stufnäs.

stur Adj., *sturr* verstr., *storr* vereinz. **1.** dickköpfig, eigensinnig. *In Pommern sünd dei Minschen af un an 'n bäten tau stur* Gri/Gm. *Hei is so stur, wi kriegen em dor nich tau* Dem/Tp. *De is so stur as 'n Oss* Ghg/Wt. – **2.** steif, starr, spröde. *De Wäsch is sihr stur dröögt* Gwald. *Dat Heu is so storr* Ran/Pe. *Ik heff so'n sturres Hor, dat lett sich nich gaut kämmen* Gri/Mi. – Sprw.: *Stur Hor, stur Sinn* Menschen mit widerspenstigem Haar sind dickköpfig Uec/Ue, ähnl. verstr. – **3.** gerade aufgerichtet, kerzengerade. *Dei Kierl is all sœbentig Johr olt, man hei geiht noch sihr stur* Gri/Mi. *Hei geiht so stur, as wenn hei 'n Bessenstäl verschluckt hett* Gwd/Nu. *Em ståhn de Hor stur tau Barg* Gwd/We. *Dei Planten ståhn all so stur* Fra/Br. – **4.** stolz, selbstbewußt. Auch: arrogant, überheblich. *Se is so stur, de süht em nich* beachtet ihn nicht Gwald. *Se deit so stur gägen mi* behandelt mich unfreundlich Gri/Ge. – Sagw.: *Dau man nich so stur, secht dei Äsel tau't Pierd, wi kåmen doch beid' in deisülwig Wust* Ank/Br. – **5.** heftig, stark, intensiv vereinz. *Hüt weiht mi de Wind so stur in'e Ogen* °Use. *Nich storr as Storm o Hagelschlag* BUL 93. *Dei Schnaps is sturr* ist hochprozentig Sto/Pf. – **6.** ohne jede Abweichung, gleichbleibend, unbeirrt vereinz. *De Wind kümmt stur von Oost* Gwald. *Wat wi för Recht hollen, dor bliewen wi stur up bestahn* HUMGWD 14,18,9.

Rsyn. zu 1.: *bossig*[1], *dickköppig, dreihorig, dreinacksch, hartköppsch, kortköppsch, kortnacksch, krœtig, steinpöttig, steinpöttsch, steinsch, stiefnackig, stiefnacksch, sturhorig, sturnackt.*

Stür s. Stüer[1], Stüer[2].

Sturbuck m. dickköpfiger Mensch vereinz. *Dei Sturbuck, dei hiert nich* hört nicht auf andere Leute Sto/Wd. Vgl. Sturkopp.

stüren[1] sw. stören. **1.** jmd. von einer Tätigkeit abhalten, aus seiner Ruhe reißen. *He lett sich in sien Arbeet nich stüren* Ank/An. *Stür mi nich mihr, nu is Rauh in't Hus!* Gwd/Nu. – **2.** jmd. oder etwas erheblich beeinträchtigen, behindern. *Du willst dat Glück von twei jung' Lüd' stüren, dei dei leiw' Gott eigens för einanner makt hätt?* [2]SAN 50. *Ik hebb em dat stört* habe es ihm unmöglich gemacht Pyr/Lt. – **3.** jmd. mißfallen, nicht behagen. *Dat natte Wäder stüürt mi bannig* Dem/De.

Lautvar.: wie hd. *stören* verbr. MPom, *störe* verbr. HPom, *steere* verbr. °Rum u. °Büt, [2]MIS 24, [5]TITA 52, *stiere* Rum/Ze, vereinz. °Sto.

stüren[2] s. stüern.

Sturf m., veralt., *Sturw* HOMWB 199[a], das Sterben, der Tod Sto/Bu, BÖH 169. *Hei hät bull dei Sturw krege* er wäre bald gestorben HOMWB 199[a]. Vgl. starben.

sturhorig Adj. **1.** borstenartig selt. VPom. – **2.** eigensinnig selt. VPom. → stur. – **Sturkopp** m. dickköpfiger Mensch vereinz. Vgl. Sturbuck. – **sturnackt** Adj. halsstarrig, dickköpfig Gri/Ti. → stur.

sturr s. stur.

sturrig Adj., *stürrig* vereinz. **1.** störrisch, widerspenstig vereinz. *Dat Pierd blifft stürrig ståhn* Gri/Bo. *Hei hett 'ne sturrig Kauh, dei nich pariere will* Sch/Rz. – **2.** *storrig* Ran/Ro, Cam/Rn, spröde, brüchig vereinz. *Mien Hor is so sturrig* Stral; *sturrig Stroh* Büt/Bt. – **sturstracks** Adv. schnurstracks, auf direktem Weg vereinz. *Hei geiht dor sturstracks up los* Gri/Mi.

Sturz m. Nur in der festen Vbdg.: *up'n Sturz* auf die Schnelle, sofort VPom, vereinz. MPom HPom. *Nu måk man nich wedder alls up'n Sturz, låt di doch Tiet!* Rüg/Pu. *Up'n Sturz föllt mi dat uk nich in* Gri/Ti. Vgl. Stört, Stutz[2].

Stuß m. Unsinn, törichtes Zeug. *Vertell doch keenen Stuß!* Stral. *Måk keinen Stuß!* Gwd/Nu. – **Stusselkopp** m. Dummkopf selt. – **stussig** Adj. einfältig, dumm vereinz. → dœmlich. – **stusslig** Adj. dass. selt. VPom MPom. *Stell di nich so stusslig an!* Ghg/Li.

stüstern sw. flüstern [2]SAN 44: *[Hei] stüstert mit den'n Minister.*

Stüt m., fischerspr., das spitz zulaufende Ende der Reuse Hidd., [1]PEE 181. Die ursprüngliche nd. Lautform (mnd. *stūt* Steiß) ist nur in dieser fachsprachlichen Bedeutung bewahrt worden, während der auslautende Konsonant des Wortes ansonsten verschoben wurde. Vgl. Stüz.

Stuten m. brotförmiges Gebäck, bes. aus Weizenmehl. Spez.: Weißbrot; (süße) Semmel; Kuchenbrot aus Hefeteig verstr.; Kleingebäck (aus Teigresten) vereinz. *Hål man 'n por säut Stuten von'n Bäcker!* Gwd/Ba. *Hüt ward Brot o' Stute backt* Gbg/Gp. Zum Leichenschmaus gab es *Stuten un Brammwien* Dem/Tp. – Ral.: *Stuten kieken* gedankenverloren auf eine best. Stelle starren vereinz. VPom. *Dei weit, wat dei Stuten kost'* ist sich der Gefahren eines verlockenden Angebots bewußt Rüg/Ae. – Sprw.: *In dei Not fritt man uck Stuten stats Brot* HuMGwd 9,23,11. – Sagw.: *Ach Gott, säd Lott, säben Stuten backt un acht schüllig!* HuMGwd 14,3,5.

Laut- u. Formvar.: *Stute* verbr. HPom, *Studde* Cam/Kw, *Stutte* Sch/Pk, *Stiute* Neu/Pn, *Staute* Kös/Gu. – Pl.: zumeist wie Sg., *-n* verstr. HPom.

Stutenbäcker m. Bäcker, der nicht nur Brot, sondern auch feines Backwerk herstellt verstr. – **Stutenbrot** n. süßes Feinbrot vereinz. – Kinderr.: *Säute Melk un Stutenbrot, dorvon ward mien Jung' woll grot* Fra/Br. – **Stutenfru** f. Frau, die früher Brot und Feingebäck austrug vereinz. – **Stutenkierl** m. SpottN für den Bäcker verstr. HPom. → Deigåp. – **Stutenkrien** f. Rückentragekorb, in dem man früher Brot und feines Backwerk austrug °Rüg, HtKlUec 1928,88. – **Stutenpopp** f., veralt., Weihnachtsgebäck in menschlicher Gestalt aus gesüßtem Semmelteig Mönchg., Adl 143. Vgl. Kinnjeespopp. – **Stutenstadt** f. fiktive Stadt, in der Kinderwünsche (bes. nach Gebäck und Süßigkeiten) erfüllt werden vereinz. HPom. Als Trost für ein Kleinkind: *Du krechst uk wat von'e Stutestadt!* Gbg/Gp. – **Stutenwochen** Pl., *-wäken* selt., Flitterwochen. *Don wiern dei Stutenwochen ut, un dei Alldag güng los* Gri/Gm.

Stütt f. Stütze. **1.** Gegenstand, der dazu dient, etwas oder jmd. zu stützen. *Dei Fischers hängen dei Netten taum Drögen up Stütten* Gwd/Ba. *Måk dor 'ne Stütt ünner, süss füllt dat all uteenanner!* Saa/Le. Scherzh. zu jmd., der seinen Kopf in die Hände stützt: *Sall ik di 'n Stütten unnersetten?* Gwd/Ze. – **2.** Beistand, Unterstützung. *Mien Jung' is noch tau lütt, ik heff noch kein Stütt an em* Gwd/Ba. *Mien Nåber is mi 'ne grote Stütt* Uec/Ue. *Mien Mann is mien Stütt un Staff* Gwd/Nu. – **3.** Stelze verstr. *Dei geiht, as wenn hei up Stütten geiht* geht unbeholfen Gri/Ti. Syn. Stelt. – **4.** altes, mageres Pferd vereinz., [1]RosF 64.

Laut- u. Formvar.: *Stitt* verbr. NOPom, JostWb 92, *Stett* Lau/Ke, *Stütten* m. vereinz. VPom MPom. – Pl.: *-en.*

Stüttbedd n. zusammenklappbares Behelfsbett Ghg/Li, Saa/Ja. – **stütten** sw., *stüdden* vereinz., *stitte* verbr. NOPom, *stette* Lau/Ke, stützen. **1.** durch eine Stütze stabilisieren, Halt geben. *Dat oll Hus möt stütt' warden* Fra/Zi. – **2.** refl., sich aufstützen. *Ik möt mi 'n bäten up di stütten* Ank/An. – **3.** etwas auf etwas aufstützen. *Hei stütt' denn Kopp in'e Hänn'* Gwd/Ba. – **stütt(e)rig** Adj. gebrechlich selt. *Hei wir von lütt up an* [...] *lahm bläben, un sin Oellern harn em dat Schniederhandwark lihrn laten, to wat anners wir hei to stüttrig* HuMGwd 5,43,4. → stöck(e)rig.

stüttig s. stüddig.

Stüttstock m. Krückstock Uec/Ge, Saa/So, Lau/GW.

Stutz[1] m., Pl. *-en.* **1.** (abgeschnittener) Strumpfschaft vereinz. – **2.** Stummel, Stumpf vereinz. MPom, sonst selt. *Dor bleef bloß noch 'n Stutz von'n Tähn sitten* Uec/Ue. Vgl. Stutzer.

Stutz[2] m. Nur in der festen Vbdg.: *up'n Stutz* auf die Schnelle, in diesem Augenblick, sofort verbr. VPom, sonst selt. Auch: plötzlich, unerwartet. *Dat kann ik mi up'n Stutz nich bisinnen* Fra/Bn. *Nich so up'n Stutz, låt di doch Tiet!* Fra/Zi. – Sagw.: *So up'n Stutz kannst du dat woll måken, säd de Schnieder, don har em 'ne Fleig unverwohrens von'n Disch stött* Gwald. Vgl. Stört, Sturz.

Stutz[3] s. Stotz.

stutzen sw. durch Schneiden kürzen. *Ik låt mi dei Hor stutzen* Gwd/Ba; *dei Flüchten stutzen* Gwd/Nu. – **Stutzer** m. kupierter Schwanz vereinz. MPom ZPom. Auch: Pferd oder Hund mit gestutztem Schwanz vereinz. MPom ZPom. Vgl. Stutz[1].

stutzig Adj., nur präd., bestürzt, betroffen vereinz. *He is stutzig œwer dat Unglück* Ran/Pe.

Stüüft n., selt. f./m., hist., geschrieben zumeist *Stüft, Stüwt*, Waldstück mit viel Strauchwerk (wohl bes. auf einer ehemals abgeholzten Fläche) vereinz. außer MPom. Nur in FlN erhalten. Vgl. ZMF 13,223-227 u. MWb 6,1045: *Stüw, Stüwd.* Schon Dähnert kennt das Wort in seinem Wörterbuch von 1781 (*Stuweten* Pl. DähWb 472[a]) nur noch aus Urkunden, wobei er die Bedeutung "Stubben" (Baumstümpfe) ansetzt. – Mnd. *stûvete* Gebüsch, Strauchwerk.

stuuksch Adj., *stucksch* selt. **1.** untersetzt, gedrungen vereinz. Vgl. stukig. – **2.** heftig, über das normale Maß hinaus vereinz. VPom. *Wi möten em stuukscher kåmen* müssen ihm viel energischer zusetzen Gwald. *Dit hädd noch vel stukscher kamen künnt!* es hätte noch viel schlimmer ausgehen können! [10]Band 42. – **3.** launisch, unzufrieden vereinz. VPom.

Stuwen- s. Stuben-.

Stüwer m. **1.** leichter Schlag gegen die Nase selt. Gebräuchlicher ist die Zs. Näs(en)stüwer. – **2.** Zurechtweisung, Tadel selt.

Stüwing s. Stuf.

Stüwt s. Stüüft.

Stüz m., selt. f., *Stiez* nordöstl. HPom, JostWb 92, Mah 86, Steiß. **1.** fleischiger Ansatz des Vogelschwanzes, bes. von Gänsen, Enten und Hühnern. *Ik heff 'n schönes Stück Bost un denn Stüz von'n Gosbråden äten* Rüg/Dm. *De Stüz is fett un schmeckt söt* Ank/An. – **2.** Gesäß verstr. *Nu sitt ik hier mit denn Stüz in'n Sand* Rüg/Lo. Prügelandrohung: *Ik kåm di gliek up'n Stüz!* Fra/Zi. Syn. s. Noors. – **3.** Steißbein verstr. *Hei is follen* *un hett sich denn Stüz stuukt* Rüg/Ae. – Das Wort mit verschobenem Auslaut beruht auf mnd. *stūt* Steiß. Vgl. Stüt. – **Stüzknåken** m. Steißbein verstr. *Ik heff mi de Stüzknauke stött, dat deet so weih* Gbg/Gp.

Su f. Sau, weibliches Schwein südl. °Ghg ²TITA 20, südwestl. °Pyr, HOMWB 199ᵃ. Vgl. DWA 7, Kt.3. Syn. Mutt¹, Sœg. – **Suborg** m., *Summborg* selt. °Rüg, vereinz. NOPom, BLFPVK 10,10, kastriertes weibliches Schwein verstr. *Dat sünd Subörg, ik heff sei sülm snäden, brusen* [brünstig sein] *kœnen dei nich* Use/Ku. Vgl. Sœgborg. – **subörgen** sw. **1.** *sumbörgen* HOMWB 199ᵇ, weibliche Schweine kastrieren selt. – **2.** *suböje* Reg/Kt, ein Lebewesen quälen, schikanieren selt.

Sucht f., veralt., Pl. *Suchten*, (schwere) Krankheit. – Im Volksgl. ging man früher von einer bestimmten Anzahl schwerer Erkrankungen des Menschen aus, die sich gegenseitig verstärken konnten. Dabei spielten die magischen Zahlen sieben und neun eine besondere Rolle: *Sœben Suchten hett jeder Minsch* Dem/De. *Dat gifft nägen Suchten* Gri/Mi. Nach der Schwere der Krankheit unterschied man *schwarte Suchten* (lebensgefährliche Erkrankungen) und *witte Suchten* (weniger bedrohliche Krankheiten), ohne diese näher zu spezifizieren. *Dat gifft witte Suchten un schwarte Suchten, wenn 'n Minsch väl schwarte Suchten hett, möt hei starwen* Dem/Tp; *dei Suchten bräken* nannte man jede Form magischer Krankheitsbehandlung. *Ik mütt mi eis dei Suchten bräken låten* Rüg/Ae. *Un de Minsch kann nägen Suchten hemmen. Un wenn einer nu mier hett, un se warn em nich bråken, denn möt he starben* HTKLANK 1933,76. Vgl. Sük.

Besprf.: *Dat Œwel bringt de Düwel, von'n Bösen ward ik di erlösen! De schwart Sucht sitt di in't Hart, de gäl sitt di in'e Kähl, de witt sitt di in't Gnick, de blåg sitt di in'e Måg, de brun, de schmiet ik achtern Tun* Dem/De.

süchtig Adj., *süftig* verstr. MPom, sonst selt., *sichtig* vereinz. NOPom, HOMWB 185ᵇ. **1.** zu Geschwüren neigend, anfällig für Hautkrankheiten verstr. *Hei is süchtig, kiek mål all denn Utschlag an!* Gri/Mi. – **2.** eitrig nässend verstr. *De Wunn is süchtig* Net/Sl. – **3.** sumpfig, sehr feucht vereinz. *Dei Wische* [Wiesen] *sünn süftig* Nau/Fg. – **4.** klitschig, unzureichend abgebacken vereinz. *Dat Brot is so süchtig, dat kann ik nich äten* Ank/An.

Sucken Pl., veralt., lange, abstehende Schöße an den Jacken der Frauentracht Kös/Ja, BENN 187.

Sucker s. Zucker.

Süd s. Süden.

Suddel f. unsaubere, ungepflegte Frau vereinz. – **Suddelie** f. unreinliches Hantieren selt. – **sudd(e)lig** Adj., *südd(e)lig* selt. **1.** ungepflegt, schmutzig verstr. – **2.** säuerlich schmeckend (bes. durch Gärprozesse) verstr. *Dei Arften smecken all 'n bäten suddlig, œwer so slimm is dat noch nich* Rüg/Ae. – **3.** verkocht, zu Brei gekocht vereinz. *Dei Tüften sünd all ganz suddlig* Dem/Tp. – **suddeln** sw., *süddeln* selt. **1.** langsam vor sich hin köcheln. *Låt dei Grütt man suddeln, denn ward sei gor* Dem/De. *Dei Supp suddelt noch so äben wierer* Gwd/Wo. Vgl. surricken. – **2.** unsauber arbeiten vereinz. – **3.** durch Gärung säuerlich werden Stral, Gwd/Wo. – **Sudder** f./m. Morast, Schlamm vereinz. °Sto.

Süden m., bes. seem. auch *Süd*, wie hd. *In'n Süden steiht 'n Gewitter* Gwd/Ba. *De Wind kümmt hüt ut Süden* Pyr/Lt. Vgl. Meddag¹. – **Süd(en)wind** m. Wind aus südlicher Richtung. *Wenn't Südenwind gifft, ward't warmer* Gwd/Ba. – **Süder** m. Bewohner des Ortes Neuendorf im Süden der Insel Hiddensee Hidd., SCHÖN 40. – **Südoost** m., Endsilbe betont. **1.** Südosten. – **2.** bes. seem., Wind aus südöstlicher Richtung. – **südwarts** Adv. in südlicher Richtung selt. – **Südwest** m., Endsilbe betont. **1.** Südwesten. *Dei mihrst Rägen hier kümmt ut Südwest* Gwd/Ba. – **2.** bes. seem., Wind aus südwestlicher Richtung. – Wetterr.: *Südwest mit Rägen, weiht hei einen Dag, weiht hei nägen* dann weht er neun Tage Gwd/Wo. – **Südwester** m., zweite Silbe betont, wasserabweisende Kopfbedeckung der Seeleute mit breiter Krempe, die über den Nacken reicht und vorne hochgeschlagen wird.

suer s. sur.

suern sw., auch *suren*. **1.** durch Gärung sauer werden. *De Melk suert* Reg/Kt. – **2.** mühsam sein, große Anstrengungen abverlangen. – Sprw.: *Wat nich suert, dat säut't uk nich* ohne Fleiß kein Preis Gri/Mi, ähnl. verbr. – **3.** trüb sein (vom Wetter) verstr. HPom. *Dat Wäder suert hüt* Neu/We. – **süern** sw., auch *süren*. **1.** Lebensmittel säuern. Spez.: Sauerteig ansetzen. *Deig süern un anrögen* Dem/Po. *Se will süre o' hett keen Häf* Fla/Wo. – **2.** durch Gärung ungenießbar werden vereinz. *Dat Middag is va' jistra, dat süert all* Pyr/Wi.

Sufarken n. 'Sauferkel' weibliches Ferkel Ran/Pe.

Suff m. Trunksucht vereinz. *Dei Kierl is ümmer in'n Suff* ist ständig betrunken Dem/Tp. – **Süffel** m., *Süwwel* Stral, Sch/Sd, Säufer, Trunkenbold verbr. VPom, sonst verstr. Ratschlag für junge Männer: *Kinnings, west kein'n Süffel, äwerst häud't jug uck vör'n Pantüffel* HUS 1901,11,43. → Supbütt. – **süffig** Adj. wie hd. vereinz. *Dat Beer / de Wien is süffig* Dra/Bu. – **Suffkopp** m. Säufer, Trunkenbold vereinz. → Supbütt.

Suffrin s. Zeffrien.

süftig s. süchtig.

Sugbuddel f. mit einem Gummisauger versehene Flasche für Säuglingsnahrung vereinz. VPom. *Dei lütten Kinner kriegen 'ne Sugbuddel* Fra/Zi.

Sugel m., selt. f., Pl. *-s*, Pfriem, Werkzeug, mit dem Löcher in Leder gestochen werden vereinz. VPom MPom, verbr. HPom, DÄHWB 474[b], HOMWB 199[b]. *De Suhl von 'n Schooster is got spitz* Ran/Pe. – Ral.: *mi 'm Süjel Jrütt äte* mit ungeeigneten Mitteln hantieren Neu/Lu, ähnl. vereinz. → Uurt[1]. – Mnd. *süle, sü(w)ele.*

Lautvar.: Hauptvar.: *Sujel* vereinz. MPom, Rum/Ru, Büt/Bt, *Suhl* Ran/Pe,Sr, *Süjel* verstr. SPom ZPom, *Süggel* selt. VPom, *Süjjel* verstr. HPom, *Süchel* Kol/Pr, Reg/Kw, *Suchel* vereinz. °Saa, *Süwwel, Süffel* verbr. nordwestl. ZPom, *Suwwel, Suffel* vereinz. °Sch, *Siwwel* Sto/Gl, Lau/GW, *Suga* südwestl. °DKr [3]TITA 13, *Süga, Sügel* verbr. °DKr, [3]TITA 13, *Süba* DKr/Kl. Zu weiteren Varianten s. DWA 12, Kt.9 u. PRI/TEU 147.

sugeln sw. (stümperhaft) stricken °Gri, °Gwd. *De Strump is jå sugelt* Gwald. Vgl. MWB 6,1063. – Zu Sugel.

sugen st. saugen. **1.** Flüssigkeit in sich hineinziehen. Spez.: an der Mutterbrust oder einer Zitze trinken. *Dei jungen Farken sugen* Fra/Zi; *an'e Titt suge* Sto/Kb. – Ral.: *Dei hett Hunn'melk sågen* ist sehr gerissen, clever verbr. Vgl. sögen. – **2.** mit saugenden Bewegungen an etwas lutschen. *Dei Lütt sücht up'n Dumen* Fra/Bn. *Vadding sücht an sien Piep* Gwald. – Ral.: *an'e / up'e Hungerpoten sugen* in großer Armut leben verbr.

Lautvar.: *suje, suge* verbr. HPom, *sûỵe* vereinz. HPom, [2]MIS 59, *sûche* LAUWB 346[b], *suỵe* [5]TITA 68.

Flex.: Präs.Sg.1.: *suuch* verbr., *sûỵ* vereinz. HPom, *suỵ* Rum/Km [5]TITA 68. – 3.: *sücht* verbr., *suucht* vereinz., LAUWB 346[b], *sicht* Rum/Km [5]TITA 86. – Prät.Sg.1. u. 3.: *sööch, sooch.* – Part.Prät.: *sågen* VPom, verbr. MPom, *såje, såge* vereinz. östl. MPom, verbr. HPom, *såỵe* vereinz. HPom, [2]MIS 59, [5]TITA 68, *såche* LAUWB 346[b], *soge* Sto/Gl, Lau/Ke.

Suger m., Pl. zumeist *-s*, vereinz. wie Sg., Gummisauger für Flaschen, aus denen Säuglinge trinken. *Up dei Lutschbuddel is ein Suger* Fra/Zi. Lautvar. s. DWA 18, Kt.6. – **Süger** m., Pl. *-s*. **1.** junges Nutztier, das noch gesäugt wird verstr. *Wat de lütt Süger för een neuslich* [niedliches] *Pierd is!* Rüg/Dm. – **2.** pejor., unerfahrenes Kind vereinz., SPI 51. *Du lütt Süger hest dor doch keine Åhnung von!* Gri/Gm.

Süggel s. Sugel.

Sugkalf n. junges Kalb, das noch beim Muttertier saugt vereinz. Vgl. Soggkalf. – **Sugklöten** Pl. derbe Bez. für die weiblichen Brüste vereinz. Abschätzig über eine flachbrüstige Frau: *Ehr Sugklöten sünd nich tau finnen, wenn dor nich twei Wratten wiern* Ank/Br. → Bussen. – **Suglamm** n. junges Lamm, das noch gesäugt wird vereinz. Vgl. Sogglamm. – **Sugnågel** m. Wünschelrutengänger Gri/Ab. – **Sugnücken** Pl., scherzh., Heimweh Fra/Bn, vereinz. ZPom. – **Sugproppen** m. Sauger, Flaschennuckel vereinz. – **Sugwratt** f. Brustwarze vereinz.

süh s. seihn.

Süjjel s. Sugel.

sük Adj., veralt., *süüch* Nau/Db, Sch/Sk, siech, krank. *Heww in dei Frömd keen Glück nich funnen, mien' Seel bleew ach so sük, so schwer* HUMGWD 13,25,8; *hei har gor tau väl afkrägen un was gänzlich süük* HUMGWD 14,10,5. Vgl. krank. – **Sük** f., *Siek* vereinz. NOPom, Pl. *-en*, Seuche, schwere, sich rasch ausbreitende Krankheit. *Dei Kierl hett 'ne böse Sük* Fra/Pe. *Dat is binah, as harren sei 'ne Sük* PAL 238. Unter den Tierseuchen ist bes. die Maul- und Klauenseuche gemeint. *Dei Kalwer hemm' dei Sük* Gwd/Ba. *Wi hewwe de Sük im Stall* Gbg/Gp. Auch: Staupe. *Dei Hund hett dei Sük* Gwd/Ze. – Ral.: *Dat is kein Sük taum Dod* das ist kein Beinbrch, ist halb so schlimm Gwd/Nu, ähnl. verstr. Vgl. Sucht. – **süken** sw. siechen, krank daniederliegen. *Hei süükt all lang doran* Dem/Tp. Vgl. dörchsüken, utsüken.

sülben indekl. Dempron. selber, selbst. *Wat du sülben måken kannst, dat dau uk sülben!* Gwd/Ba. *Wi wiern sülben dorbi* Fra/Br. *Hei räd't giern mit sik sülm* Gri/Mi. *Dat hett sei ut sich sülben* das verdankt sie allein der eigenen Veranlagung Gwald. Spruch: *Wat ik sülm denk un dau, trug ik uk dei annern tau* Dem/Kt, ähnl. verstr. – Sprw.: *Wo man nich sülben is, ward einen dei Puckel nich wascht* man muß sich schon selber um die eigenen Angelegenheiten kümmern Gri/Bo. Vgl. sülfst.

Laut- u. Formvar.: *sülwen* verstr., *sülm* verstr. VPom, *selwe* LAUWB 325[b], *sülwer* vereinz. HPom.

Suledder n., Schimpfw., 'Sauleder' unreinlicher, gemeiner Mensch Lau/GW, HOMWB 199[a]. Vgl. PRWB 5,58.

Sülf f., Pl. *Sülben, Sülwen*, Silbe. *Dor is kein Sülf von wohr* das ist alles gelogen Gwd/Ba. *Dor heww ik mit keene Sülf von språken* darüber habe ich kein Wort gesagt Ank/An.

sülfanner Adv., veraltd., selbander, zu zweit. *Sei kåmen sülfanner up'n Hoff tau rieden* Gwd/Ba. Ermahnung an die Tochter: *Kumm mi nich sülfannert nåh Hus!* laß dich bloß nicht schwängern! Gbg/Wo.

Laut- u. Formvar.: *süffanner, süftanner* selt. VPom, *sülftanner* Dem/Tp, Ran/Pe, Dra/Bu, *sülfannert* vereinz. ZPom, *sölfanner* Pyr/Wa,Wi, Saa/Te, Net/Hf.

sülfdrüdd Adv., veraltd., zu dritt. *Wi döscha* [dreschen] *sülfdrüdd* °Dra.

sülfst selbst. **1.** indekl. Dempron. selber. *Hei keem sülfst hen nåh mi* Fra/Pe. *Ik sülfst heff em gistern noch seihn* Gwd/Ba. *Dei Burmeister hüürt sik giern sülfst räden* Gwald. *Dat heww ik allens sülfst dån* Rüg/Ae. *Du möößt ehr dat Geschenk sülfst gäben* Fra/Br. Über einen mürrischen Menschen: *Dei is sik sülfst nich gaut* Dem/De, ähnl. verbr. – Sagw.: *Dees Not heff 'k mi sülfst andån, sär de Oss, da müßt hei sien eigen Mess up't Feld trecke* Cam/Bn, ähnl. verstr. Vgl. sülben. – **2.** Adv. sogar. *Sülfsten ik* *kann dat nich måken!* Ank/An. Litspr.: *Vull Ies is jerer Diek un Pütt / Un froren sülst de Sood!* [Brunnen] BERL 51.

Laut- u. Formvar.: *sülf* [2]HOEFA 384, *sülfsten* vereinz. VPom, *sülfste* HOMWB 199[b], *sülft* Dem/Tp, Kol/Pr, PFA 38, *süllst* vereinz. VPom, *sülwest* Reg/Kt, *sölfst* Cam/Br, Kol/Ke, *selfst* Ran/Pe, Gbg/Zr, Kös/Vr, *silfst* Sto/Gl.

Sülfstmüürder m. Selbstmörder. *Dei Liek von'n Sülfstmüürder wür ierst nåh Sünnenunnergang still-schwiegens inbuddelt* Gwald. – **Sülfstsük** f. Selbstsucht, Egoismus selt., [4]WORM 19. – **Sülfstvertrugen** Selbstvertrauen vereinz.

Süll m., vereinz. f., n. JOSTWB 98, HOMWB 187[a]. **1.** Türschwelle. *Hei föl œwer denn Süll in'e Stuf* Gwd/Ba. *Dei Kinner sitten giern up'n Süll un spälen* Fra/Zi. *Blief nich up'n Süll ståhn, dat blitzt!* Ank/An. – Ral.: *Du kümmst mi nich mihr œwern Süll!* du darfst mein Haus nicht mehr betreten! Dem/De, ähnl. allg. *Dor danzen dei Lüs' up'n Süll* dort herrscht große Armut Ank/An. – Sagw.: *Man ümmer räwer, sär dei Jung', dunn stört hei äwern Süll* Cam/Bn. – Volksgl.: *Nåh Sünnenunnergang sall man kein Mull œwern Süll fägen, dat bringt Unglück* Gri/Mi, ähnl. verstr. *Man möt Solt streugen, denn kåmen dei Hexen nich œwer denn Süll* Fra/Fr. Vgl. Schwell[1]. – **2.** seem., erhöhter Rand einer Schiffsluke vereinz. – **3.** fischerspr. – **3.1.** Stange oder Kette, die dazu dient, den Eingang von Reusen oder Zugnetzen offenzuhalten vereinz. VPom, RAS 113, [1]PEE 209. – **3.2.** durch die Brandung ausgespülter Bereich tieferen Wassers in Strandnähe vereinz. hpom. Küste. *Wi kåme nich ruter ut'm Süll* Kös/Ns.

Laut- u. Formvar.: *Söll* Pyr/Wi, Saa/Ja, vereinz. ZPom, verbr. °DKr, Net/Hf, *Sill* nordöstl. HPom, HOMWB 187[a], JOSTWB 98, [2]KNO 86, MAH 85, [5]TITA 47, *Sioll* südl. °DKr [3]TITA 11. – Pl.: zumeist *-en*, *-s* vereinz., LAUWB 347[a].

Süllenrieder m. Schimpfw. für eine Frau, die häufig an der Türschwelle steht und tratscht vereinz.

Sult s. Solt.

Sült f. Sülze vereinz.

sülwen s. sülben.

Sülwer n., *Sülber* selt., *Silwer* nordöstl. HPom, HOMWB 187[a], [5]TITA 45, Silber. *Dat ganz Geschirr is ut Sülwer* Gwd/Ba. *De Läpel is ut Sülwer* Saa/Le. – Ral.: *Dat Silwer schimmelt bi em ok nich* er verpraßt sein Geld °Lau. Wenn man die Echtheit von Wertgegenständen anzweifelt: *Dat hett woll bi Sülwer lägen!* Gwald. – Sprw.: *Sülwer in dei Schün' is bäter as Gold up'n Felln* HUMGWD 8,45,8. – **Sülwerblick** m. Silberblick vereinz. – **Sülwergeld** n. Silbergeld. – **Sülwergröschen** m., veralt., Silbergroschen. *'n Sülwergröschen wier früher väl Geld* Gwd/Ba. Im 20. Jahrhundert war das Wort noch für längere Zeit als Bez. für das Zehnpfennigstück gebräuchlich. *Dat kost't twee Sülwergröschen* zwanzig Pfennige Pyr/Lt. Vgl. Sülwersch. – **Sülwerhochtiet** f. Silberhochzeit. – **Sülwerkrankheit** f., scherzh., Geldmangel Nau/Fg,Rh, Rum/Tr, Lau/GW. – **Sülwerkrut** n., PflN, Silber-Fingerkraut (Potentilla argentea) vereinz., HOMWB 187[b]. – **Sülwerlass** m., TiN, Meerforelle selt. *Manchmål is uck 'n Sülwalaß in [de Netten], wenn wi Glück hebbm* Uec/At [3]MIS 20. – **sülwern** Adj., *sülbern* selt., *silwern* nordöstl. HPom, silbern. **1.** aus Silber. *Hei hett sülwern Knöp an'e Jack* Gwd/Nu; *sülwern Läpels* Gri/Go; *sülwern Lüchters* Gwd/Ba. In fester Vbdg.: *sülwern Sünndag* der dritte Adventssonntag verstr. VPom. – **2.** silberfarbig. *'n sülwern Halsdauk* °Gwd. – **Sülwerpöppel** f., PflN, Silberpappel vereinz. → Pöppel. – **Sülwerpo(p)pier** n. Stanniolpapier. *Dei Schockelor is mit Sülwerpoppier inwickelt* Gri/Mi. – **Sülwersch** m., veralt., *Süwwersch, Süffersch* vereinz. VPom, Silbermünze im Wert eines Groschens vereinz. Vgl. Sülwergröschen. – **Sülwertüg** n. Gegenstände aus Silber, bes. Silberbesteck vereinz., HOMWB 187[b]. *Min Mudder [...] rapt ehr Sülwertüg un ehr Geld tosamen* DLP 5,66.

sülwig s. datsülwig, deisülwig.

sümen sw., veraltd., säumen, sich (zu) lange verweilen vereinz., LAUWB 347[a]. *Wi dörben nich mihr sümen, ik heff dat hüt bannig ielig* Ank/An. Auch refl.: *Un as he dat seggt hedd, sümden se sick nich lang un gewen sick beid' up den Weg* ARN 87. – **sümig** Adj., veraltd., säumig, saumselig selt. *Hei betåhlt man sümig* Gwd/Ba.

Summ m. Trunkenheit Sch/Ar, Net/Hf.

Summborg s. Suborg.

Sümmel m. Dummkopf, Trottel Gbg/Ke,Vi. – **Sümmelie** f., *Sümeliej* Reg/Kw, Trödelei selt. ZPom. – **sümm(e)lig** Adj. zögerlich, unentschlossen selt. ZPom. *Hei is sümmlig o' nüsslig* [saumselig] Cam/Ca. – Zu sümen.

summen sw., lautm., wie hd. *Dei Fleigen un Müggen summen* Gwd/Ba. Übertr.: *Mi summen de Föt* meine Füße sind eingeschlafen Ran/Pe. – **summig** Adj. närrisch, verrückt Uec/Ge, Ghg/Li, Sto/Dö,Pf.

Sump m., Pl. *Sümp*. **1.** Sumpf, morastiges Gelände verstr. *Dor ünnen is allens natt, blot Sump un Mur* Gri/Mi. *In'n Sump quaken dei Poggen* Dem/De. – **2.** fachspr., veralt. – **2.1.** wie Sumpschöttel vereinz. VPom. – **2.2.** großes Behältnis, in dem man Lehm zur Ziegelherstellung mit Wasser vermischte Net/Hf,Ni. – **sumpig** Adj. sumpfig, morastig verstr. *In'e Grund* [Niederung] *is dat so sumpig* Gwd/Ba. *Dei Wisch hett 'ne sumpige Stell* Gri/Mi. – **Sumpschöttel** f., fachspr., veralt., großes Gefäß des Bäckers, in dem Kuchenteig angerührt wurde vereinz. VPom. Syn. Sump. – **Sumpvågel** m. in Sumpfgebieten lebender Vogel selt. *Dat gifft hier väl Sump- un Wåtervœgel* Ank/An.

Sums m. weitschweifiges Gerede, Gewese VPom, verstr. MPom HPom. *Måk doch nich so'n Sums von dei Geschicht!* Dem/Tp.

sumselig Adj., *sümselig* selt. VPom, saumselig vereinz. *Hei is sumselig, hei lött sich ümmer väl Tiet* Gwald. *In dien Arbeit büst du to sumselig* Uec/Ge.

sunappen sw., veraltd., schluchzen vereinz., [2]EBE 16. *Dei lütte Diern sunappt un gnirrikt* [wimmert] *ümmer för sich hen* Fra/Bn.

sund Adj., veralt., gesund, nicht krank. *Bist du noch gaud sund?* HOMWB 201[a]. Abschiedsgruß: *Blief sund!* Saa/Ja. Spruch: *Sund un satt, wo schön is dat!* Ghg/Wt. Vgl. gesund.

Sünd s. Sünn'.

sündborlich Adj., veralt., sündhaft, überaus viel RUT 5. – **Sündflaut** f. Sintflut. *Dat wier 'n Unwärer, as wenn't 'ne nieg Sündflaut gäben süll* Gwd/Ba. – Sprw.: *Gott lett dei Sünn lang Water trecken* [läßt es lange gewittern], *bevör hei 'ne Sündflaut schicken deit* HUMGWD 7,47,2. – Sagw.: *Nu is de Sündflôt vör de Döhr! saed' de Mügg un pisst bi't Regenwêder* [1]HOEFE 59.

Sünn f. Sonne. *Dei Sünn steiht all lang an'n Häben* Gri/Mi. *Dei Sünn schient all schön warm* Dem/De. *De Sünn steckt* [sticht] *hüt so, dat is nich uttohulle* Nau/Wn. *Dei Sünn hett in'n Såmer gaut Wiel* scheint im Sommer sehr lange Gri/Gm. *De Sünn steht in'n Merrag* steht im Süden Stral. *Dei Sünn is all früh upgåhn* Fra/Bn. *Dei Sünn geiht tau Nacht* geht unter Dem/Tp. *Dei Sünn geiht tau Rast* dass. Fra/Br. *Hei steiht mit'e Sünn up* er ist ein Frühaufsteher Gwd/Nu. *Ik gåh mit'e Sünn to Bedd* ich gehe früh zu Bett Pyr/Lt. *Wenn ik in de Sünn kiek, möt ik ümmer dull pruuschen* [niesen] Gwd/Ba; *in'e brennen Sünn sitte* in der prallen Sonne sitzen Reg/Pl. – Ral.: *De Sünn schient söss / sœben / acht / teigen Pund* die Sonne scheint sehr intensiv verstr. VPom. Über eine abgelegene Gegend: *Dor schient nich Sünn noch Månd hen* Rüg/Dm, ähnl. verstr. *Du büst nich wiert, dat di dei Sünn beschient!* du bist verabscheuenswürdig! Dem/Kt, ähnl. verbr. Über einen Langschläfer: *De schlöppt, bet em de Sünn in'n Hinnelsten schient* Rüg/Zi; *sik dei Sünn in'n Hals schienen låten* faulenzen Uec/Ue. *Di hett woll dei Sünn tau sehr up'n Kopp schient!* du bist wohl verrückt! Gbg/Ge. Stoßseufzer, wenn der Arbeitstag nicht zu Ende gehen will: *Wenn de Sunn man erst unner is!* Ran/Pe. Salopp: *in dei Sünn kieken* Schnaps trinken vereinz. – Spruch: *Heff Sünn in't Hart, verlier nich denn Maut, heff Sünn in't Hart, un allens ward gaut* Ank/Br.

Lautvar.: *Sunn* verstr. westl. MPom, Pyr/Lt, Arn/AK, *Sonn* vereinz. °Pyr, verstr. SPom, östl. °Lau STRI 46, *Sinn* selt. ZPom, verbr. NOPom, JOSTWB 98, [2]MIS 15, [5]TITA 56, *Sien* LAUWB 327[a], *Sönn* verbr. °DKr, [3]TITA 11, veralt.: *Song, Sjong* südl. °DKr [3]TITA 11.

Phras.: Wetterr.: *Wenn dei Sünn rot unnergeiht, gifft' gaut Wärer, geiht sei rot up, gifft' Rägen* Gwd/Ba, ähnl. verbr. *De Sünn geht so gäl unner, dat gifft noch väl Wind* Gwald. *Schient dei Sünn up'n natten Busch, gifft't bald werrer 'n Husch* gibt es bald wieder einen Regenschauer Gri/Gm, ähnl. vereinz. *Dei Sünn krüppt unnert Nest* [geht hinter einer Wolkenbank unter], *morgen rägent dat von West* Use/He, ähnl. vereinz., BLFPVK 4,63. *Geiht dei Sünn unnern Schwark* [dunkle Wolke] *unner, rägent dat denn annern Dag* Ank/Li, ähnl. vereinz. *Dei Sünn treckt Waute* ['zieht' Wasser, versinkt hinter einer Dunstschicht], *dat ward räjne* Gbg/Gp, ähnl. vereinz. – Rä., in denen nach der Sonne gefragt wird: *Wat füllt in't Wåter un plumpst nich?* Pyr/Lt. *Wat geiht üm alle Ecken un kiekt in alle Löcker?* °Gri. *Wat kiekt in all Fenster un kümmt doch nich rin?* Pyr/Lt. *Wat geht durch Hecke o raschelt nich?* Lau/Ne [2]BRUNK 55.

Sünn' f., Pl. *-en*, Sünde. **1.** Verstoß gegen ein göttliches Gebot. *Gott ward em siene Sünnen vergäwen* Gwd/Nu. – Ral.: *ful as dei Sünn' sin* sehr faul, untätig sein allg. – Sprw.: *De Herrgott mööt veel Sünnen vergeven, wenn de Himmel nich leddig bliven sall* HUMGWD 75,278f.,3. – **2.** (moralische) Verfehlung, schäbiges Handeln. *Dat's 'ne Sünn', so as hei mit dat Veih ümgeiht* Gwd/Ba. Formelhaft: *Dat is ein Sünn un Schann!* das ist beschämend! verbr. Ausruf, wenn man merkt, dass man etwas vergessen oder versäumt hat: *Nu fallen mi all mien Sünnen bi!* Fra/Bn, ähnl. verstr. – Scherzfr.: *Wat is Sünn'? = Wenn dei Oss in't Wårer schitt! Denn is de Mess verdorwe un dat Wårer uk* Sch/Ac.

Lautvar.: *Sünd* vereinz., *Süng* HOMWB 73[a], *Süün* Gbg/Vi, Reg/Me,Rg, Neu/We, *Sinn'* Sch/Sd, *Sing* verbr. °Rum u. °Büt, [2]MIS 36, *Sind* selt. nordöstl. HPom, *Siend* Sto/Dö.

Sünnåbend m. Sonnabend. *An'n Sünnåbend ward dat ganze Hus reigenmåkt* Gwd/Nu. *Hüt is Sünnåbend, dor ward de Stuf schrubbt* Rüg/Zi; *denn Sünnåbend rutarbeiden* während der Woche Überstunden machen, um am Sonnabend nicht arbeiten zu müssen Rüg/Pu. Scherzh.: *Wenn 't uck süs ümmer rägent, an'n Sünnabend möt 't schön Wäder sin, dat dei Stromers ehr' Wäsch' drögen känen* HUMGWD 13,39,11. – Rä.: *Wecker Åbend fängt all morgens an? = de Sünnåbend* Rüg/Dm, ähnl. verstr.

Lautvar.: s. DWA 16, Kt.11.

sünnåbends Adv. sonnabends. *Sünnåbends möt Vadding nich mihr ümmer arbeiden* Gwd/Ba.

Sünndag m. **1.** Sonntag. *Wi gåhn jeren Sünndag in'e Kirch* Gwd/Nu. *Sünndag ward Kinnelbier* [Tauffest] *fiert* Ran/Pe. *Sünndag gifft dat Schwiensbråden* Dem/Kt. *Sünndag gåhe wi danze* Sch/Sl. *Mien Nåwer is 'n flietigen Mann, de arbeid't uk an'n Sünndag* Rüg/Dm. *Hei is nu Rentjee un hett all Dåg Sünndag* Gwd/Ba. Wunsch eines Faulenzers: *Ik wull, dat all Dåg Sunndag weer* Pyr/Lt. *Ik* *bün up'n Sünndag buren* Gwd/Ba. In fester Vbdg.: *köppern Sünndag* zweiter Advent HuMGwd 13,49,1; *sülwern Sünndag* dritter Advent verstr. VPom; *gollen Sünndag* vierter Advent verstr. VPom. – Ral.: *De måkt denn Sünndag to'm Alldag* arbeitet auch am Sonntag Stett. Wenn etwas schon sehr abgenutzt ist: *Dor is uk all de Sünndag von af!* Kös/Dr, ähnl. verstr. *Dor föllt Sünndag un Måndag up einen Dag!* dort wird heftig gestritten! Gri/Ti, ähnl. vereinz. *Dorüm blifft dei Sünndag doch!* das ist nicht so schlimm, dennoch geht alles seinen gewohnten Gang! Ank/An. – Sprw.: *All Dåg is kein Sünndag* Gwald, ähnl. allg. *Wat de Sunndag erwarft, dat de Alldag verdarft* Sonntagsarbeit bringt nichts ein Ghg/Wt, ähnl. verstr. – Volksgl.: *An'n Sünndag sall man nich neigen, dat bringt Unglück* Dem/De, ähnl. verstr. – Wetterr.: *Wat Sinndag ward för Wärer sin, dat stellt sich Friedag Meddag in* Lau/Vl. – **2.** Feiertag. *Dit Johr hebbe wi Wihnachten dree Sunndåg* Pyr/Lt.

Phras. zu 1.: Sagw.: *Wenn't doch eiste werre Sünndag weer, sär dat Mäke o' treckt sich Måndag früh de Strümp a'* Cam/Kw. *De Woch fängt gaut an, säd dei Deif, don sull hei an'n Sünndag uphungen warden* Fra/Br. *Unsern Herrgott is nich to trugen, sär de Bur, dunn kihrt he sien Heu up'n Sünndag* Rüg/Sm.

sünndags Adv. sonntags. *Sünndags möt dei Arbeit raugen* Gwd/Ba. *Sünndags jifft't ümme gaut Middag* Saa/Le. Spruch: *Wat sin möt, möt sin, sünndags gifft't Fleisch!* Fra/Br, ähnl. verstr. – Sprw.: *Wat man sünndags upricht', dat stött man in'e Woch werrer üm* Sonntagsarbeit lohnt sich nicht Gri/Mi. – Wetterr.: *Rägent dat sünndags vör de Miss, so rägent dat de ganze Woch gewiß* Rüg/Zi, ähnl. verstr. – **Sünndagsarbeit** f. Sonntagsarbeit. *Bi Sünndagsarbeit krichst du mihr Geld* Gwd/Ba. – Sprw.: *Sünndagsarbeit bringt keinen Sägen* Dem/De. – **Sünndagsbäternis** f. sonntags eintretende Besserung einer Krankheit. Im Volksgl. sah man darin die Anzeichen eines baldigen Rückschlags: *Sünndagsbäternis sall nich dœgen* Gri/Mi.

sünndågsch Adj., *-dagsch* vereinz., sonntäglich. **1.** dem Sonntag entsprechend. *Mien sünndågsch Bücks is bi'n Snierer, man mien alldågsch Bücks is gaut naug för dei Kirch* Rüg/Ae. *Wi möten uns hüt 'n bäten sünndågsch antrecken* Fra/Zi. Subst.: *Sei hüürt tau dei Sünndågschen* sie gehört zu den vornehmen Leuten Gri/Ti. – Ral.: *wat in'n sünndågschen Hals kriegen* sich verschlucken verbr.; auch: etwas übelnehmen verbr. Vgl. a l l d å g s c h. – **2.** jeden Sonntag wiederkehrend. *de sunndågsch Semmel* °Pyr.

Sünndagsjäger m. ungeübter, schlechter Jäger. – Sagw.: *Is doch wat! säd de Sünndagsjäger, don har hei up 'n Hasen schaten un en Driewer drapen* HuMGwd 14,34,12. – **Sünndagskind** n. Sonntagskind. – Im Volksgl. galten Sonntagskinder als vom Glück begünstigt. Gelegentlich wurden ihnen auch hellseherische Fähigkeiten zugesprochen: [*Dei olle Scheper*] *was en richtiges Sünndagskind un künn dörch sinen linken Rockärmel, wenn hei em ümkrempeln ded, des Sünndags twischen twölw un Middag de Taukunft lesen* [1]Mass 27. Vgl. G l ü c k s k i n d. – **Sünndagskleed** n. Kleid, das nur sonntags und zu feierlichen Anlässen getragen wird. – **Sünndagsrock** m. Männerrock für Sonntage und besondere Gelegenheiten. *Mudder, hål mi denn Sünndagsrock rut, ik will tau Stadt!* Use/Sw. – **Sünndagsschaul** f. Kindergottesdienst vereinz. – **Sünndagsståt** m. Kleidung, die man nur sonn- und feiertags anzieht. – **Sünndagstüg** n. dass.

sünnen sw., *sunnen* verstr. westl. MPom, Pyr/Lt, *sinne* verbr. NOPom, *sonne* vereinz. °Pyr, verstr. SPom, sonnen. **1.** Bettwäsche, Kleidungsstücke o. ä. von der Sonne bescheinen lassen, um sie zu lüften. *Wi willen hüt dei Berren sünnen* Gri/Mi; *dei Küssens sünnen* Gwd/Nu. – **2.** refl., sich sonnen, ein Sonnenbad nehmen. *Hei seet vör'e Dör un sünnt sich* Gwd/Ba. – **Sünnen-ål** m., fischerspr., unbeweglich auf dem Grund liegender Aal, der bei Sonnenschein und Windstille von der Wasseroberfläche aus zu erkennen ist verstr. vpom. Küste, [1]Pee 160. *De Fischer will hüt Sünn'ål stäken* Rüg/Ga. – **Sünnenblaum** f. **1.** PflN. – **1.1.** Sonnenblume (Helianthus annuus). *Dei Sünnenblaumen dreigen denn Kopp ümmer nåh're Sünn* Gwd/Ba. – **1.2.** Klatschmohn (Papaver rhoeas) Ank/Ru, Sto/Wd. – **2.** runder, flacher Strohhut für Männer verstr. Syn. B o t t e r b l a u m, K r e i s s å g. – **Sünnenbrand** m. Sonnenbrand. – **Sünnenbrauder** m. Müßiggänger, der sich von der Sonne bescheinen läßt vereinz., Pop 28.

Sünnenbuck m. **1.** Sündenbock. *Sei hemm' woll 'n Sünnenbuck funnen, man nich denn, dei schüllig is* Gwd/Ba. – **2.** jmd., der eine schwere Sünde begangen hat verstr. *Dit wier noch schöner, ick süll mi von son'n oll'n Sünnbuck hier noch Gesetze vörschriewen lat'n* Geb 14.

Sünnendau m., PflN, Rundblättriger Sonnentau (Drosera rotundifolia) [4]Gil 1,90, HomWb 199[b]. Syn. B u l l e n k r u t. – **sünnendrög** Adj. von der Sonne vollständig getrocknet vereinz. *Dat Land is sünn'drög* Uec/Ge. – **Sünnenfinsternis** f. Sonnenfinsternis. – Volksgl.: *Bi 'ne Sinnefinsternis fillt Fier* [fällt Feuer] *vom Himmel* Sto/Wd. – **Sünnenfleiger** m., TiN. **1.** Marienkäfer Use/Mo, [7]Kai 94. → S ü n n e n k ä w e r. – **2.** Libelle vereinz. °Sto. → W å t e r p i e r d.

Sünnengeld n. 'Sündengeld'. **1.** auf unlautere Weise erworbenes Geld vereinz. – **2.** hohe Geldsumme vereinz. *Dat Hus hett 'n Sünnengeld kost'* Pyr/Lt.

Sünnenjumfer f., TiN, Libelle Ank/An, Ghg/Li. → W å t e r p i e r d. – **Sünnenkalf** n., TiN, Marienkäfer selt. VPom, [3]Hols 30. → S ü n n e n k ä w e r. – **Sünnenkauh**

f., TiN. **1.** Marienkäfer vereinz. VPom, [7]KAI 94. → Sünnenkäwer. – **2.** Glühwürmchen Gwd/Gü, vgl. DWA 3, Kt.4. Rsyn. s. Gläuhworm.

Sünnenkäwer m., TiN. **1.** Marienkäfer VPom, vereinz. MPom HPom. Eine Karte zur Wortgeographie bietet [6]KAI 219. Vgl. zudem [7]KAI. Von Kindern wurde der Marienkäfer als Bote für schönes Wetter angerufen: *Sünnenkäwer, fleig œwer mien Hus, bring mi morgen schön Wäder tau Hus!* Fra/Po. *Sünnenkäwer, fleig œwer dat Dack, dat morgen uk gaut Wäder ward!* Dem/Jr. Zu weiteren Versen s. UP 22,147ff. – **2.** Glühwürmchen selt. VPom, vgl. DWA 3, Kt.4. → Gläuhworm.

Rsyn. zu 1.: *Abbakreschka, Baukweitsworm, Bråkkäwer, Bråkworm, Glückskäwer, Glücksworm, Gottskauh, Gottspierd, Grüttworm, Hiescherföllen, Hiescherpierd, Jesuskauh, Kruschke, Leifgottke, Loferin, Mariekenkäwer, Mariekenpierd, Mariekenworm, Pa(m)panischke, Pannetoffke, Pelodoffke, Rieterpeerd, Rieterwörmken, Schöltschke, Sœbenpunkt, Sünnenfleiger, Sünnenkalf, Sünnenkauh, Sünnenkind, Sünnenknicker, Sünnenschiener, Sünnenschieter, Sünnenworm, Sünning.*

Sünnenkind n., Dim. *-kinning*, TiN, Marienkäfer vereinz. VPom. → Sünnenkäwer. – **Sünnenklüt** Pl. Schlacken aus dem Schmiedefeuer vereinz. HPom. – **Sünnenknicker** m. **1.** kleiner Sonnenschirm mit einknickbarem Stock verstr. *Mien Mudder hett 'n Sünnenknicker ut schwarte Sied, de is nich mihr Mod un steiht ümmer in't Schapp* Gwald. Vgl. Knicker. – **2.** TiN, Marienkäfer vereinz. VPom, [7]KAI 92. → Sünnenkäwer. – **Sünnenkringel** m. kleine, kreisförmige Fläche, die vom Sonnenlicht erzeugt wird, wenn es z.B. durch ein Blätterdach fällt vereinz. – Rä.: *Wat danzt dörch 'n Busch un perrt doch keen' drögen Telgen kaputt? = dei Sünnenkringel* Gwald. – **Sünnenkrink** m. Dunstkreis um die Sonne. – Wetterr.: *Sünnenkrink is 'n bös Ding* deutet auf schlechtes Wetter hin Fra/Bn. – **Sünnenlien** f., seem., Äquator. Vgl. Lien[2]. – **Sünnenplacken** m., meistens im Pl., Sommersprosse vereinz. Rsyn. s. Såmersprott. – **Sünnenpruust** m. **1.** durch grelles Sonnenlicht hervorgerufenes Niesen verstr. *Kiek ik in'e Sünn, krieg ik ümmer denn Sünnenpruust* Ank/An. – Ral.: *ut 'n Sünnenpruust 'n Dunnerschlag måken* eine Nichtigkeit unnötig aufbauschen Gwald, ähnl. vereinz. – **2.** kurzer Regenschauer, dem Sonnenschein folgt vereinz. VPom, Saa/Ja. – **Sünnenrägen** m. (leichter) Regen, während gleichzeitig die Sonne scheint. *Sunnenrägen möckt nich natt* dauert nicht lange Pyr/Lt. Scherzh.: *Bi Sünnenrägen schleit de Düwel sin Fru, hei lacht un sei rohrt* HUMGWD 9,35,5. Kindern redete man früher ein: *Wecker sich denn Sünnenrägen up denn bloten Kopp fallen lett, dei ward grot* Gwd/Ba, ähnl. verstr. – **Sünnenschien** m. Sonnenschein. *Dei Lüd gåhn in'n hellen Sünnenschien spazieren* Gwd/Nu. – Sagw.: *Up Rägen kümmt Sünnenschien, säd dei Jung', dunn stellt hei sich unner dei Dackrönn* Dem/Kt. – Rä., die nach dem Sonnenschein fragen: *Dat licht up't Dack un hunnert Däuker decken dat nich tau* Ank/Br; *'t kümmt rin dörch dei Ruten un stött s' nich in Schörn, is liekers noch buten, wat is dat, ji Jöhrn?* HUMGWD 8,11,2. – **Sünnenschiener** m., TiN, Marienkäfer verstr. VPom, °Uec, [6]KAI 219. – Wetterr.: *Wenn Sünnenschieners in'e Luft schwirren, ward dat Wäder gaut* Ank/An. → Sünnenkäwer. – **Sünnenschieter** m., TiN, Marienkäfer Ank/Sp, [7]KAI 94. → Sünnenkäwer. – **Sünnenschirm** m. Sonnenschirm. – **Sünnenschmitt** m. SpottN für den Klempner vereinz. Vgl. MWB 6,1102.

Sünnenschuld f. 'Sündenschuld' Strafe für ein (schweres) Vergehen verstr. *Dat is de Sünnenschuld för dat, wat du mi don hest* Ran/Ro; *dei Sünneschuld afsitte* eine Haftstrafe verbüßen Gbg/Gp.

Sünnensiet f. Sonnenseite. **1.** die zur Sonne hin, nach Süden gelegene Seite. *De Wind kimmt ut'e Sinnesiet* Sto/Pf. – **2.** angenehme, heitere Seite des Lebens. *Dat giwwt Minschen, dei up de Sünnensid von't Lewen burn sünd* SPI 9. – **Sünnensprut** f., meistens im Pl., Sommersprosse verstr. VPom. *Sei hett rode Hor un dat Gesicht vull Sünnenspruten* Rüg/Ae. Rsyn. s. Såmersprott. – **sünnensprutig** Adj. sommersprossig vereinz. VPom. *sin sünnensprutige Näs'* [1]KAL 118. – **Sünnenstich** m. Sonnenstich. – Ral.: *Du hest woll 'n Sünnenstich!* du bist wohl verrückt! Gri/Mi. – **Sünnenstråhl** m., vereinz. f., Sonnenstrahl. – Rä.: *Wat krüppt in'n Struk un raschelt nich? = dei Sünnestråhle* °Bel. – **Sünnenunnergang** m. Sonnenuntergang. *Wi willen vör Sünnenunnergang werrer tau Hus sin* Gwd/Nu. – Volksgl.: *Nåh Sünnenunnergang sall man kein Wåder utgeiten un kein Asch utschüdden, dat gifft Unglück* Gri/Go. – **Sünnenupgang** m. Sonnenaufgang. *Wi möten ümmer tiedig upståhn, in'n Winter lang vör Sünnenupgang* Dem/Tp.

Sünnenvergäben n. Vergebung der Sünden. – Ral.: *Dat is all ein Sünnenvergäben* das läßt sich alles zusammen erledigen verstr. VPom.

Sünnenwieser m., veraltd., Sonnenuhr vereinz., HOMWB 201[a]. – **Sünnenworm** m., TiN, Dim. *-wörming* verstr. VPom, Marienkäfer verbr. VPom, sonst selt. Vgl. [6]KAI 219. – Volksgl.: *'n Sünnenworm dörfst nich dotmåken, dat bringt Unglück* Rüg/Ae. → Sünnenkäwer.

sünner Präp., veralt., ohne. *Hei deit sien Arbeit sünner Werrerräd* Gwd/Ba. Gebräuchlich ist nur noch das Syn. *åhn.*

Sünner m., Pl. zumeist *-s*, wie Sg. vereinz., Sünder. *Wi sünd alltausam grote Sünner, ick seih dat recht gaud in!* [2]BAND 11. *Wat steihst du dor as 'n Sünner?* warum stehst du so verlegen herum? Gwd/Ba. Im Ortsspott, der sich auf die Bewohner Stralsunds (*Strålsunner*) bezieht: *Dat gifft*

Sünner, dat gifft arge Sünner, un denn gifft dat noch Strålsünner Gwald, ähnl. verstr. VPom.

sünnerlich veraltd., auch *sonnerlich, sunnerlich,* sonderlich. **1.** Adj. sonderbar, komisch vereinz. *De Mensch is so sunnerlich* Pyr/Sh. – **2.** Adv. besonders, sehr vereinz. *Sei geföhl mi nich sonnerlich* Gwd/Ba.

sünnig Adj. sonnig, von der Sonne beschienen vereinz.

sünnigen sw., *sünnje, süünje* verstr. HPom, *sinnje* NOPom, sündigen. *Bi dei äkligen Lüd ward väl sünnigt, lågen un ståhlen* Gwd/Nu. – Sprw.: *Nåhdem einer sünnigt, nåhdem ward hei stråft* jeder bekommt die Strafe, die er verdient Rüg/Ae.

Sünning m., kindspr., TiN, *Sünnke* selt. ZPom, Marienkäfer verstr. VPom, [7]KAI 92. → Sünnenkäwer.

sünst s. süss.

Sup f./m. hochprozentiges Getränk selt. VPom. *'ne sture Sup* ein großer Schnaps Fra/Le, [4]GÜL 6, FRE 96. – **Supborg** m. Gewohnheitstrinker vereinz. → Supbütt. – Das Grundwort zu Borg[2]. – **Supbrauder** m. **1.** Saufbruder, Zechgenosse. *Dei Möller is sien Supbraurer, sei sitten ümmertau in'n Kraug un supen Schnaps* Gwd/Ba. Syn. Supfründ, Supkumpan. – **2.** Säufer vereinz. → Supbütt.

Supbütt f. Trinker, Säufer verbr. *Du büst 'ne richtige Supbütt, sär de Fru to ehren Mann, as de wedder besåpen ut'n Krog keem* Rüg/Pu.

Rsyn.: *Schnapsbrauder, Söffel, Sprietkopp, Süffel, Suffkopp, Supborg, Supbrauder, Süper, Supknuust, Supkopp, Supnäs, Suprott, Supsack, Supsœg, Suptäk, Sup-ut.*

Supels n., *Supsel* Uec/Ge, Ghg/Li, *Suppsel* Lau/Ke, Pl. wie Sg., (alkoholisches) Getränk verstr. VPom, sonst selt., NDKBL 50,55.

supen st., *suppe* Rum/Km [5]TITA 50, östl. °Lau STRI 45, °Büt [2]MIS 26, saufen. **1.** Flüssigkeit zu sich nehmen (bes. von größeren Tieren). *Dat Veeh süppt Wåter* Uec/To. *Wi låten dei Käuh an'e Börning* [Viehtränke] *supen* Gwd/Nu. *Dat Kalf süppt nehrig* säuft begierig Dra/Bu. *Dei Häuhner supen ut'e Gœt* aus dem Rinnstein Gri/Bo. *Dei Hund süppt ut't Napp* Gwd/Da. – **2.** Alkohol trinken; sich betrinken. *Mien Kierl sitt ümmer in'n Kraug un süppt* Dem/De. *Früher hett hei denn ganzen Dag Bier un Schnaps drunken, œwer nu hett hei sich dat Supen begäwen* Dem/Tp. *Hei lett dat Supen nich, bet hei unnern Disch licht* Gri/Gm. – In Vergleichen, die übermäßigen Alkoholkonsum ausdrücken: *Hei süppt as 'ne Täk* [Zecke] verbr. *Dei süppt as 'ne Rott* vereinz. *Dei süppt as 'n Lock* Dem/Tp. – Sprüche: *Supen måkt lustig, äwer swack up'e Beinen* Rüg/Ae. Scherzh.: *Ji räden all œwer mien Supen, äwer keiner räd't von mienen Döst!* Gwald, ähnl. verstr. VPom. Spöttisch: *Wecker gaut süppt, is gaut tau'n Upbören* einem Trinker muß man oft aufhelfen Stral. Vgl. süpern. → besupen.

Flex.: Präs.Sg.1.: *suup* verbr., *supp* Rum/Km, verstr. NOPom. – 3.: *süppt* verbr., *sippt* Rum/Km, NOPom, *suppt* selt. HPom, LAUWB 347[a], *seppt* Lau/Ke. – Prät.Sg.1. u. 3.: *sööp* verbr., *soop* verstr. östl. HPom, sonst selt., MAH 56, JOSTWB 99, LAUWB 347[a]. – Part.Prät.: *såpen* VPom MPom, *såpe* verbr. HPom, *saupa* südl. SPom, DKr/La, KÜHL 7, *sōupe* °Büt [2]MIS 23.

Supent n. Getränk vereinz. MPom HPom. *Uns Zicken kriegen 'n bäten Supent mit Schrot* Uec/Pa. Vgl. Drinkent. – **Süper** m., *Sieper* selt. NOPom, *Super* Stolp, HOMWB 201[a], Pl. *-s*, Säufer, Trinker verstr. *De Süper hett so'n Jieper nåh Brammwien* Ank/An; *wecke von de Süpers wiren nich mihr wid von'n Beddelstaw* DLP 5,204. → Supbütt.

Superdent m. Superintendent. *Dei Kinner möten bi'n Superdenten in'e Pasterstunn* [Konfirmationsunterricht] *gåhn* Gwd/Ba.

Lautvar.: *Supperdent, Supperdint* vereinz., *Zippedent* selt., DLP 4,33, *Su(s)pedeent* LAUWB 347[b]. Verballhornt: *Suppendent* vereinz.

Superie f. **1.** Sauferei, Trinkerei. *Dei Superie is bi dei Kierls schlimmer as dei Jieper nåh dei Frugenslüd, dei Superie höllt länger an un nimmt mihr tau as af* Rüg/Wi. – **2.** alkoholisches Getränk Stral, Ran/Pe. – **süpern** sw. süffeln, trinken vereinz. VPom. *Dei Lütt süpert düchtig* der Säugling trinkt gierig Rüg/Ae. Vgl. supen. – **Supfründ** m. Saufkumpan vereinz., [2]WEN 99. Syn. s. Supbrauder. – **Supgröschen** m. **1.** Geld(stück), das für Alkohol ausgegeben wird vereinz. – **2.** kleines Trinkgeld vereinz. Syn. Schnapsgröschen. – **supig** Adj. versoffen, alkoholsüchtig Ghg/Wt. – **Supknuppen** m. derbe Bez. für den Adamsapfel verstr., LAUWB 348. – Ral.: *He hett sich de Supknuppe natt måkt* er hat sich betrunken Pyr/Py. – **Supknurren** m. dass. verstr. – Ral.: *Em jœkt dei Supknurren* ihn lechzt nach Alkohol Gwald. – **Supknuust** m. Säufer Fra/Bn, Stral, Rüg/Pu. → Supbütt. – **Supkoller** m. periodisch aufretende Phase starker Trunksucht vereinz. Syn. Supnücken. – **Supkopp** m. Säufer. – Sagw.: *Ik scha' ümme mit Mauta* [maßvoll] *drinka, säd de Supkopp u' drünk Schnaps ut'm Bleckmaut* [Blechgefäß zum Wasserschöpfen] Dra/Dr. → Supbütt. – **Supkumpan** m. Saufkumpan, Zechgenosse vereinz. Syn. s. Supbrauder. – **Suplist** f., veralt., amtliches Verzeichnis notorischer Trinker, denen kein Alkohol ausgeschenkt werden durfte vereinz. – **Supnäs** f. **1.** Säufernase. Syn. Schnapsnäs. – **2.** Trinker vereinz. → Supbütt. – **Supnücken** Pl. wie Supkoller Ran/Pe, Gbg/Gp,Gz.

Supp f., *Süpp* vereinz. °Dra, Sch/Gu, DKr/La, *Sopp* Büt/Bt, Pl. *-en.* **1.** Suppe. *De Supp is 'n bäten dick kåkt* Rüg/Be. *Dei Supp is so plüddrig* dünnflüssig Gwd/Nu; *dei*

Supp splissen verdünnen Fra/Bn. *Dei Supp schmeckt nich, dei Kæksch möt sei bäter solten* °Gwd. *Dei Supp stieft nich* wird nicht sämig genug Rüg/Bi; *'ne Schöttel mit Supp updischen* Stral. – Ral.: *nicks in'e Supp tau brocken hebben* sehr arm sein Dem/De, ähnl. verstr. *In dei Supp kieken mihr Ogen rin as rut* die Suppe weist keine Fettaugen auf, ist nicht gehaltvoll genug Fra/Zi, ähnl. verstr. Wenn eine Suppe sehr dickflüssig ist, sagt man: *Dei Supp is so dick, dor kann 'n Schnieder up danzen!* Fra/Br. Ironischer Kommentar: *Dat ward dei Supp woll fett måken!* dadurch wird es nicht besser! Gwd/Ba. Wenn eine Uhr falsch geht: *Dei Klock geiht nåh dei Supp* Dem/Kt, ähnl. verstr. – Sprw.: *Dei Supp ward nich so heit äten, as sei upfüllt ward* Ank/Br, ähnl. verstr. – **2.** ohne Pl., Morast, Straßenschlamm vereinz. *Dei Kor is in'e Supp stäkenblieben* Gwd/Ba.

Phras. zu 1.: Sagw.: *Dei irst Not möt kihrt warden, säd dei Fru un füllt dei Supp in'n Fingerhot* HuMGwd 11,39,11. *Finnt sik allens wedder an, säd de oll Fru, dunn fünn se ehren Schlarpen in'e Supp* Ank/An. *Wenn ik dat nu wäst wier, denn gääf't werrer Larm, säd dei Jung', as dei Fleig in dei Supp follen wier* Ank/An. *Dei Klüten hemm Ogen, säd de Knecht, don fünn hei 'ne Pogg in dei Supp* HuMGwd 8,15,8.

Supp-äten n. zusammengekochtes, dünnflüssiges Essen verstr., LauWb 347[b]. – **suppen** sw. **1.** Suppe essen vereinz. *Sei suppt giern, dor is sei uk so dick von* Gwd/Ba. – **2.** *süppa* Dra/Dr, Flüssigkeit absondern. Spez.: eitern. *De Wunn suppt so dull* Use/Sw. – **3.** verkochen, wäßrig werden vereinz. *Dei Tüften suppen all* Gwald. – **4.** platschende, schwappende Geräusche hervorbringen vereinz., LauWb 347[b]. *Ik heff de Schauh vull Wåter, dat suppt so* Saa/Le. – **Suppengräun** n. Suppengrün vereinz. – **Suppenkrut** n. dass. *Ik möt noch 'n bäten Suppenkrut ut'n Gor(d)en hålen* Gwd/Ba. – **Suppenschmitt** m., SpottN, 'Suppenschmied' Koch, Köchin verstr. VPom, Cam/He, Lucia 77.

Supperdent, Supperdint s. Superdent.

Suppes Pl., *Süppes* Reg/Me, vereinz. °Saa, (dünnflüssige) Kartoffelsuppe verstr. ZPom SPom. – **suppig** Adj., *süppig* selt. °Dra. **1.** dünnflüssig, wäßrig verstr., LauWb 347[b]. *Dat Äten is so suppig, dat hüllt nich lang vör* Stett. *Dat Schwienfaurer is väl tau suppig* Gri/Mi. – **2.** sumpfig, morastig verstr., JostWb 99. *Treck di Stäwel an, dei Wech is so suppig!* Rüg/Ae. – **3.** eitrig Uec/Pa, Dra/Dr. – **Suppkatüffel** Pl. Kartoffelsuppe vereinz. VPom. – **Suppnudeln** Pl. dass. verstr. °Ran. – **Supppatüffel** Pl. dass. selt. VPom, verstr. HPom. – **suppsch** Adj. begierig nach Suppe [3]Gil 22. – **Suppschlarben** Pl., scherzh., Kartoffelsuppe verstr. VPom. – **Supptüffel** Pl. Kartoffelsuppe nördl. VPom, verstr. HPom. *Hüt gifft dat Supptüffel mit Klüt* Stral. Das einfache Gericht in verschiedenen Variationen wurde früher zwar oft aufgetischt, aber wenig geschätzt. Deswegen konnte es über eine mürrische Person heißen: *Hei sieht so ût, as wenn hei suer Supptuffle taum Frihstick gaete hett* Sto/Ku [1]Kno 56. – **Supptüften** Pl. dass. südl. VPom, vereinz. HPom. *Hüt äten wi Supptüften mit bråden Speck* Ank/An.

Suprott f. 'Saufratte' Säufer Nau/Fg,Rh, Bel/Gl. → Supbütt. – **Supsack** m. dass. verstr. → Supbütt. – **Supsœg** f. **1.** säugendes Mutterschwein selt., LauWb 348. – **2.** Trinker verstr. → Supbütt. – **Supstell** f. Viehtränke auf der Weide Uec/Mn. – **Suptäk** f. 'Saufzecke' Säufer verstr. HPom, sonst selt. → Supbütt. – **Sup-ut** m. dass. verstr., HomWb 201[a], [4]HoefE 257. Im Tanzlied: *mag hei seihn, wur hei bliwt un schämen sick, so'n Suput nee, denn nähm ik nich* Nib 196. → Supbütt.

sur Adj. sauer. **1.** nach Essig oder Zitronensaft schmeckend. *Dat Äten is sur as Etzig* Gwd/Nu. *Dei Äppel sünd mi noch tau sur* Fra/Bn. *Ik mag denn suren Hiering nich* Fra/Ln; *sur kåkt Klüt* Rüg/Ae. *Dat Äten is so fett, dat stött mi sur up* Gwald; *sure Bungs* saure Bonbons Bel/Kw. – Ral.: *Dat kannst du di sur inkåken!* das kannst du behalten, das ist völlig unbrauchbar! Stral, ähnl. verbr. Wenn etwas übermäßig sauer schmeckt: *Dat is so sur, dat treckt einen dei Seel in'n Lief tausåmen* Gri/Ti, ähnl. verstr. – Sagw.: *Suer makt lustig, säd Kasper, don schlög hei siene Fru den Essigpott up'n Kopp kaputt* HuMGwd 14,9,11. *Sur, sur, Herr Kaptein, secht dei Voss un schleit mit'n Start an'n Appelbom* Gwald. Vgl. surig, sürlich. – **2.** durch Gärung geronnen, verdorben. *De Arften sünd sur, wech dormit!* Ank/An. *De Melk is all sur, de schmeckt nich mehr* Saa/Le. Scherzh. Rechtfertigung einer Völlerei: *Wat wi upäten hemm', kann nich mihr sur warden!* Gri/Go, ähnl. verstr. – **3.** säurehaltig, kalkarm (vom Erdreich). *Tau dat Land hüürt noch 'ne sur Wisch* Gri/Mi; *sur Bodden* Pyr/Sh. *Up demm sure Brink wasst nich eier Halm* Lau/Lg. – **4.** mühsam, schwierig, anstrengend. *Dei Arbeit is mi tau sur worden* Fra/Pe. *Ik bün nich mihr jung, mi ward dat Lopen all sur* Gwd/Ba. *Se möckt em dat Läwen sur* Pyr/Lt. – Ral.: *sich wat sur warden låten* sich sehr anstrengen, quälen verstr. *Dat geiht mi sur af* es fällt mir sehr schwer Rüg/Ae. – Sprw.: *Sur verdeend, söt vertehrt* UP 3,268. *Wat een don kann, ward twee nich sur* Rüg/Dm, ähnl. verbr. – **5.** verdrießlich, mißmutig. *Du möckst so'n sur Gesicht. Wat is mit di?* Dra/Ga; *'n sur Mul måken* mürrisch dreinschauen Gwald. – Sprw.: *De Buer kickt suer, wenn hei wat gäwen sall* HuMGwd 14,48,11.

Lautvar.: *suer, suər* verstr. Zur Realisierung des Stammvokals s. zudem PWb 1,1,LXIX, Kt.17.

Sur n. **1.** etwas Saures, bes. etwas sauer Eingekochtes. *He süht ut as so'n Pott mit Sur* er sieht verdrießlich aus Stral. Vgl. Schwartsur. – **2.** Essigsud vereinz. *Fleisch in Sur kåken* Gwd/Wo. – **3.** selt. m., Sauerteig. *Sur ansetten* Gri/Sv. *Sur för't Brot ward jeden Åbend måkt* Gwd/Ba.

Syn. Surdeig. – **Sür** m., PflN, oft in der attr. Vbdg. *roden Sür*, Sauerampfer (Rumex acetosa) VPom, vereinz. ZPom. *Up uns Wisch wasst väl roden Sür* Dem/Tp. *Up'm Lann steht väl Sür, daue fählt Kalk* Gbg/Gp. → Surblatt.

Suramper m. **1.** PflN. – **1.1.** Sauerampfer (Rumex acetosa) verbr. → Surblatt. – **1.2.** Sauerklee (Oxalis acetosella) vereinz. Vgl. DWA 17, Kt.10. → Surkleewer. – **2.** Sauerkraut selt. Vgl. DWA 17, Kt.11. → Surkrut.

Laut- u. Formvar.: *Suramp* vereinz., HOMWB 199[a], *-amm* vereinz., *-ampel* Fra/Ne, Kös/Gu, *-rump* vereinz. NOPom.

surbäätsch Adj. bärbeißig, griesgrämig vereinz. Syn. s. surpöttsch. – **Sürbarm** m./f. Hefe, mit der Sauerteig angesetzt wird vereinz.

Surblatt n., häufig als Pltant. **1.** PflN. – **1.1.** Sauerampfer (Rumex acetosa) verbr. MPom SPom, sonst verstr. – **1.2.** Sauerklee (Oxalis acetosella) verstr. südöstl. MPom, sonst selt. Vgl. DWA 17, Kt.10. → Surkleewer. – **2.** eingesäuerte Rübenblätter, die als Viehfutter dienen verstr. *Hest du dat Veih Surblatt gäben?* Dem/De. Syn. Surbrink. – **3.** Sauerkraut selt. Vgl. DWA 17, Kt.11. → Surkrut.

Rsyn. zu 1.1.: *Amper, Ribbensåt, Rotriepskrut, Sægenkohl, Ströp[2], Ströplöddick, Sür, Suramper, Süring, Surkohl, Surkrut, Sürling.*

Surbråden m. Sauerbraten. – **Surbrink** m., Sgtant., eingesäuerte Rübenblätter, die als Viehfutter Verwendung finden Ghg/Gr, vereinz. SPom. *Surbrink is in'n Winter een gaut Fauder för de Käuh* Saa/Ja. Syn. Surblatt. – **Surdeig** m. Sauerteig. *Surdeig möt vier bet fief Stunnen ståhn, bet hei gaut is* Gwd/Ba. *Surdeig ansette* Fla/Wo. Im Vergleich: *Hei jeht up as Surdeig* er wird immer dicker Gbg/Gp. Syn. Sur. – **Surduurn** m., PflN, Sauerdorn, Berberitze (Berberis vulgaris) Pyr/Sa, HOM 1,246.

suren, süren s. suern, süern.

Surfleisch n. sauer eingekochtes Geflügel- oder Schweinefleisch. *Surfleisch mit Bråttüften, dat schmeckt gaut* Gwd/Ba. – **Surgras** n., PflN, Sauergras, Riedgras (Cyperaceae) vereinz. *Dei natten Wischen hemm' väl Surgras* Gri/Mi. – **surig** Adj. sauer, nach Essig oder Zitronensaft schmeckend Sch/Pu, Lau/GW. Vgl. sur, sürlich. – **Süring** m., PflN, Sauerampfer (Rumex acetosa) Gwd/Li, °Dem, APHDEM 1930,13,2. → Surblatt. – **Surkirsch** f. Sauerkirsche. *Dei Surkirschen lohnen nich œwer Johr* bringen in diesem Jahr nur geringen Ertrag Gwd/Ba.

Surkleewer m., PflN, Sauerklee (Oxalis acetosella) verbr. Vgl. DWA 17, Kt.10.

Rsyn.: *Håsenkleewer, Håsenkohl, Håsenkrut, Kuckucksbläder, Kuckuckskleewer, Kuckuckskohl, Kuckuckskrut, Muskleewer, Suramper, Surblatt, Surkohl, Surkrut.*

Surkohl m. **1.** PflN. – **1.1.** Sauerampfer (Rumex acetosa) verstr. → Surblatt. – **1.2.** Sauerklee (Oxalis acetosella) Fra/Zi, vereinz. HPom. Vgl. DWA 17, Kt.10. → Surkleewer. – **2.** Sauerkraut vereinz. Vgl. DWA 17, Kt.11. → Surkrut. – **3.** scherzh., (grauer) Vollbart vereinz. *Schnie' di man denn Surkohl af!* Dem/Tp.

Surkrut n. **1.** Sauerkraut. Vgl. DWA 17, Kt.11. *Dat Surkrut schmeckt nich scharp naug* Gwd/Ba. Im Tanzlied: *Surkrûd un Dill Dill Dill / Kåkt mîn Mutté, wenn se will; Wer dat Surkrûd nich will / Kriggt uck keinen Dill Dill Dill* [3]GIL 111. – **2.** PflN. – **2.1.** Sauerampfer (Rumex acetosa) verstr. → Surblatt. – **2.2.** Sauerklee (Oxalis acetosella) vereinz. Vgl. DWA 17, Kt.10. → Surkleewer. – **3.** scherzh., (grauer) Vollbart vereinz.

Rsyn. zu 1.: *Kumst, Suramper, Surblatt, Surkohl.*

sürlich Adj. säuerlich. **1.** leicht sauer im Geschmack vereinz. *Dat schmeckt schön sürlich* Dem/Tp; *sürlich kauke* Gbg/Gp. Vgl. sur, surig. – **2.** durch Gärung verdorben vereinz. – **Sürling** m., PflN, Sauerampfer (Rumex acetosa) vereinz. °Fra. → Surblatt. – **Surmelk** f. Dickmilch verstr. *Wi setten hüt 'n por Satten Surmelk up* Gwd/Ba. → Dickmelk. – **Surmul** n. **1.** mürrisches Gesicht vereinz. – **2.** griesgrämiger Mensch vereinz. Syn. Surschnut. – **surmuulsch** Adj. sauertöpfisch vereinz. *Winterdags schleek hei mit 'n surmuulsch Gesicht rümmer* Gwald. Syn. s. surpöttsch. – **Surpott** m. mürrischer Mensch, Griesgram. *Keene(r) hett 'n ulle Surpott jern* Dra/Bu. – **surpöttig** Adj. wie surpöttsch vereinz. – **surpöttsch** Adj. sauertöpfisch verstr. *Se möckt hüt so 'n surpöttsch Jesicht* Stett. Syn. surbäätsch, surmuulsch, surpöttig.

surren sw. wie hd. vereinz. *Dat Spinnrad surrt* Dem/Tp.

surricken sw. langsam vor sich hin köcheln verstr. VPom. *De Tüffel surricken hüt so, se kåmen gor nich ut'e Stell* Gwd/Ks. Vgl. suddeln u. MWB 6,1051: *suddicken.*

Surrump s. Suramper.

sursäut Adj. **1.** süßsauer vereinz. Gebräuchlicher ist säutsur. – **2.** katzenfreundlich vereinz. – **Surschnut** f. Griesgram selt. Syn. Surmul. – **Surseihn** n. neidvoller, unzufriedener Gesichtsausdruck. *Wenn dei ein wat hett, un dei anner nich, is dat so'n Surseihn* Gri/Mi, ähnl. verbr. – **Sürstang'** f., PflN, Rhabarber °Ghg. – **Surstipp** f. süßsaure Tunke Ran/Ro, Nau/Wn. – **Sürtrog** m. Backtrog verstr. Vgl. DWA 12, Kt.1. Gebräuchlicher ist das Syn. Back(el)trog. – **Sürwåter** n. warmes Wasser zum Säuern des Brotteigs. – Sagw.: *Dei ierst Not möt kihrt warn, säd dei oll Fru, don schlög sei denn Backtrog* *intwei un måkt dor dat Sürwårer mit heit* Gwd/Ba, ähnl. verbr. – **Surwust** f. säuerliche Räucherwurst aus Grütze, Schweineblut und Backobst Nau/Zi, Kol/Pr, Saa/Ja.

Sus m., ohne Pl., das Sausen, sehr schnelle Bewegung vereinz. *Dat Pierd keem in'n wohren Sus an* Gwald. *Dat geiht ümmer in'n vullen Sus* in größter Eile Gwd/Ba. – Ral.: *in Sus un Brus läben* ein Leben im Überfluß führen vereinz.

Sus' f., auch *Suse*. **1.** RN Kurzf. von Susanne. Einleitend in zahllosen Wiegenliedern und Kinderreimen: *Suse, leiwe Suse, wat raschelt in't Stroh? Dat sünd dei lütten Gäusings, dei hebben kein Schoh* Rüg/Be. *Suse, leiwe Bruse, wur weiget de Wind. Kumm her, mien lütt gries Farken un weig mi mien Kind* Gwald. *Suse, Kindke, sing ik di. Äppel un Beere bring ik di* Sto/Rw. Weitere Beispiele s. BlfPVk 5,41f. u. 7,122f., HuMGwd 11,10,10. – **2.** Transuse. *He sitt dor as 'ne Sus'* er sitzt schlafmützig herum Ran/Sr. Vgl. Sus'michel. – **Susekind** n. "ein kleines Kind in der Wiege, welches man einzuschläfern sucht" HomWb 201ᵃ.

suseln sw. säuseln (vom Wind) selt. *De Wind, dei suselt, swaul un schwer* ²Mül-Grä 18. – **susen¹** sw., *siuse* Neu/Pn, *söuse* Gbg/De, sausen. **1.** ein brausendes, zischendes Geräusch hervorbringen. *Dei Wind suust o' raschelt in'e Böm* Cam/Kw. *Dat fängt buten an to susen un to brusen, dat mi ganz bang' ward* Rüg/Be. *Dat Wåter suust* [brodelt] *in'n Pott* Ran/Sr. – **2.** sich mit hoher Geschwindigkeit fortbewegen. *Dei Vågel suust dörch dei Luft* Gwd/Ba. *De Jungs susen de Stråt lang* Pyr/Lt. – Ral.: *Låt em susen!* laß ihn laufen, sei froh, daß er fort ist! Fra/Fr, ähnl. verbr. – **3.** hist., ein Kind in den Schlaf singen HomWb 201ᵃ.

susen² sw. schlafmützig sein, trödeln vereinz. – Zu Sus'.

susengen sw., veraltd., Erstsilbe betont, *susingen* selt., liederlich, verschwenderisch leben vereinz. Vgl. versusengen. – **Susenger** m., veraltd., Erstsilbe betont, *Susinger* selt., leichtsinniger Mensch, Verschwender verstr. VPom, sonst selt. *Denn Gold künn hei ümme schön bruken. Hei was en groten Susenger* ²Adam 24. Vgl. DWb 14,1935: Sausenger (plündernder Soldat).

Suser m. Sause, übermütige Feierei vereinz., HuMGwd 7,3,3.

susig Adj. nachlässig, phlegmatisch vereinz. – **Sus'michel** m. schläfriger Mensch vereinz. HPom, BlfPVk 3,153. Vgl. Sus'.

süss Adv. sonst. **1.** bei anderer Gelegenheit, in anderen Fällen. *Hei hett mi 'n bäten mihr Geld gäben as süss* Gwd/Nu. *Wat is mit di, du büst doch süst nich so wääst!* Pyr/Lt; *denn süssen is uns Vader ok wat eklig, son gauden Mann as hei süss ok is* Päch 62. – **2.** vom Genannten abgesehen, außerdem. *Gåhn deit mi dat süssen noch ganz gaut* Rüg/Ae. *Hei hett woll sien Nücken, is äwer süss 'n origen Kierl* Gwd/Ba. *Is süss noch wat?* Ank/Br; *åwer siste haite's* [heißen sie] *alle Friedrich* Kös/Bb ³Mis 46; *süster narnich* sonst nirgends ¹Nere 12. *Dat hest du em secht, wovon süll he dat süss weeten!* Uec/Pa. – **3.** andernfalls. *Wäs ümmer flietig, süss verdeinst du nicks!* Fra/Zi. *Wohr di, süss stöt ik di!* Gwd/Ba. *Ji mete juch spaude, sost ward dat nischt* Sto/Gl. Floskelhaft, um den Wahrheitsgehalt einer Aussage zu bekräftigen: *Süss sall mi dei Düwel hålen!* Gri/Bo. – Sagw.: *Ik mutt denn Buer(n) to sien Ruh helpe, sär de Voss, süst rohren* [schnattern] *de Gäus de janze Nacht* Uec/Ge.

Laut- u. Formvar.: *süst* vereinz. VPom MPom, *süste* verbr. ZPom SPom, HomWb 201ᵃ, LauWb 347ᵇ, *süster* selt. ZPom, ¹Nere 12, *süssen* vereinz. VPom, Ghg/Wo, Päch 62, *sünst* selt. VPom, Ghg/Gr, *sünsten* Fra/Ln, Gwd/Ba, Ghg/Li, *siss* °Rum, vereinz. NOPom, ²Mis 31, ⁵Tita 47, ²Kno 86, JostWb 98, *sist(e)* Kös/Bb, verstr. NOPom, Stri 54, JostWb 98, *sust, sunst* verstr. °Lau, Stri 54, *sost* Sto/Gl, *sonst(e)* östl. °Lau, vereinz. °Büt.

süssjohrs Adv. in den vergangenen Jahren. *Uk süssjohrs hett dat in'n Aust* [Ernte] *rägent, äwer dit Johr is dat doch reinweg tau dull!* Rüg/Ae. *Süssjohrs hemm' dei Böm väl mihr Åft drågen* Gri/Mi. *Süstjohrs hebben wi so tiedig nich so 'ne grote Küll hatt* Ran/Ro.

Sussnik f., PflN, Fichte Sto/Rw, ⁵Kno 2,16, ¹⁰Win 110. Syn. Ficht, Grän. – Nach ⁴Bie 175 zu pomor. *suosna*, poln. *sosna* Kiefer.

süsswat Indefpron. sonstwas, irgend etwas anderes. *Hest du mi noch süsswat tau seggen?* Dem/Kt. – Ral.: *Ik war di süsswat daun!* den Gefallen werde ich dir auf gar keinen Fall tun! Fra/Br, ähnl. verbr.

Süster f., mit stl. Anlaut, Pl. *-n*. **1.** veraltd., *Sister* HomWb 187ᵇ, *Sustra* JostWb 99, Schwester. Das nd. Lexem wird in dieser Bedeutung zunehmend vom hd. Lehnwort Schwester verdrängt, aber bereits in mnd. Zeit stand *süster* neben *swester*. *De Gaus flücht nåh'n Diek, wo ehr Süstern se willkåmen heiten* Gwald. – **2.** veralt., vor allem mit nachgestelltem RN als respektvolle Anrede für die Tante vereinz., DähWb 474ᵇ. – **3.** liederliches Frauenzimmer verstr. *Dat is so'n Süste, dei kast di ni' frieje* die kannst du nicht heiraten Kol/Pr. Vgl. Kaffesüster, Schnacksüster.

sustern sw. **1.** flüstern Rüg/Zi. Syn. swistern. – **2.** unentwegt reden Dem/Tp.

sutjes Adv., seem., gemächlich, sacht Darß. *Dat Schipp föllt vör denn Wind sutjes af* Fra/Wi. *De Olle geiht sutjes achteran* ²Seg 96. – Nl. *zoetjes*.

süüfzen sw., *süffzen* selt., seufzen verstr. *He süfzte deip un güng den Weg torügg, den he kamen wir* [2]TIB 125. *O, wur süfzte nu de arme Michel* HTKLGWGRI 1,41. Vgl. besüüfzen. – **Süüfzer** m., *Süffzer* selt., *Süffter* Neu/We, Pl. *-s*, Seufzer vereinz. *Mit einen deipen Süfzer leit sei ehr Geschenk* [...] *in de Tasch glieden* GEB 54.

süüpsch Adj. trunksüchtig vereinz. VPom.

süwern sw., veralt., säubern, reinigen selt., DÄHWB 474[b], [3]GIL 34. Gebräuchlich ist heute das Syn. reinmåken.

Süwwel s. Sugel.

Swichel s. Zwichel[1].

Swirs s. Zwiss'.

swistern sw. flüstern, leise sprechen Dem/Tp, verstr. °Rüg, Büt/Bt. *Wenn du so swisterst, kann ik nicks hüren!* Rüg/Dm. *Hei swistert em wat in't Uhr* Rüg/Ae. Syn. sustern. Vgl. MWB 6,1201: *swiestern.*

T

T Konsonant und 20. Buchstabe des Alphabets. Im Anlaut ist mnd. *t* grundsätzlich als stl. Verschlußlaut bewahrt worden (z. B. *Tiet* Zeit, *trecken* ziehen, *Tun* Zaun). Die mnd. Verhältnisse gelten nahezu immer auch im Auslaut (z. B. *kort* kurz, *Katt* Katze). Lediglich nach *ch* kann *t* in wenigen Fällen schwinden (z. B. *Dach*, *Doch* < mnd. *dâcht* Docht; *nich* < mnd. *nicht*). Die Lautverbindung *st* wird im Auslaut gelegentlich assimiliert (z. B. *Boss*, *Buss* < mnd. *borst* Sprung, Riß). Im Inlaut zwischen Vokalen sind Lenisierungen zu verzeichnen, die sich besonders vor *-er* bemerkbar machen, niemals aber vor der Infinitivendung *-en*. Das Ergebnis dieser Schwächungen ist zumeist der stimmhafte Verschlusslaut *d* (z. B. *Bodder* Butter, *Wåder* Wasser) daneben zeigt sich aber in VPom auch Rhotazismus zu *r* (*Borrer*, *Wårer*).

Taabs s. Toobs.

Tääms n., vereinz. m., *Theems*, *Theims* HOMWB 207[a], Pl. *-en*, veralt., feines Sieb, Haarsieb verstr. VPom, sonst selt. *Man möt Kaffe dörch dat Tääms geten, süss kümmt de Grund in de Tassen* Rüg/Dm. *De Deinstdiern hett dat Tääms un de Pött utspäult* Ank/An.

Tabak s. Toback.

Tåbel f., *Taubel* vereinz. °Pyr, Pl. *-s*, geflochtener Deckelkorb mit Tragriemen, in dem früher Proviant für die Feldarbeit mitgenommen wurde verbr. °Pyr, verstr. °Ghg, vereinz. °Saa, BLFPVK 5,122, NACK 28. *Nimm dat Brot in'e Taubel mit nåh'm Fill!* Pyr/Wa. Syn. Kaliet, Kober, Lisch. Vgl. BBWB 4,371. – Poln. *tobołа* Korb.

Tåbeldo(t) f., Endsilbe betont, gemeinsamer Festschmaus vereinz. VPom MPom. – Ral.: *Tåbeldot schlåpen* gemeinsam auf Streu schlafen Rüg/Pu,Zi, Dem/Tp. – Frz. *table d'hôte*. – **tåbeldoten** sw., *tafeldoten* HUS 1900,71, gemeinsam schmausen selt. VPom. *Hest du Hunger? Sett di uk mit ran, wi tåbeldoten hier nich slicht!* Rüg/Ae.

Tachel m., vereinz. f., Pl. zumeist *-n*, *-s* vereinz. **1.** Stachel, bes. der von Tieren VPom, sonst selt. *Mi hett 'ne Imm stäken, dei Tachel sitt noch in* Gwd/Ba. *Dei Schwienägel hett bannig väl Tacheln* Gwd/Nu. Vgl. Stachel. Weniger gebräuchlich ist das Wort als Bez. für die Dornen von Pflanzen: *Rosen hebben väl Tacheln* Fra/Zi. Üblich ist in dieser Bed. das Syn. Duurn. – **2.** Granne selt. VPom, Uec/Ge. Rsyn. s. Achel. – **Tachelbeer** f. Stachelbeere Gri/So, Uec/Ge, Sto/Wz, Lau/Zw. → Stickelbeer. – **Tacheldråht** m. Stacheldraht vereinz. *Ik bleef in'n Tacheldråht hingen* Gwd/Ba. – **tach(e)lig** Adj. stachelig vereinz. VPom. *Dei Strük sünd so tachlig, dor ritt man sich dei Hänn' bi intwei* Rüg/Ae. – **Tachelkrut** n., PflN, Nickender Zweizahn (Bidens cernua) Sto/Dö, Lau/GW. – **Tachelschwien** n., TiN, Igel verbr. VPom, selt. MPom HPom. *Tachelschwien fräten väl Müs'* Fra/Fr; *ick will jo leiwer en Tachelswien in min Bedd, as so vel Schulden hewwen* [2]BAND 22. Vgl. Schwienegel, Stachelschwien.

tachentig Num., veralt., *tachtentig* vereinz. VPom, achtzig verstr. VPom, DÄHWB 481[b]. *De hett vör mihr as tachentig Johren lääft* Rüg/Gr. Gebräuchlich ist heute nur noch achtig.

Tachtel f., veraltd., Pl. *-n*, Ohrfeige, Maulschelle verstr., DÄHWB 481[b], HOMWB 201[b]. *Mudder hett 'ne lose Hand, dat gifft ümmer fix 'ne Tachtel* Fra/Zi. *Nu holl dat Mul, süss gifft't 'ne Tachtel!* Rüg/Ae. Rsyn. s. Backs[1]. Vgl. DWB NB 6,43: *[1]Dachtel.* – **tachteln** sw., veraltd., *tacheln* selt., jmd. ohrfeigen verstr.

tachten sw. **1.** in best. Weise beschaffen, veranlagt sein vereinz. VPom. *Véschieden is de* [*Schnut*] *tacht* [5]GIL 30. Vgl. getacht. – **2.** refl., sich ähneln vereinz. VPom. *Dei beiden Dierns tachten sich sihr* Dem/Tp.

Tack[1] m. (leichter) Schlag mit der Hand vereinz., HOEFAMSC 483[a]. *De Köster süll sich blots unnerstahn un daun min Kinner ein'n Tack! Dat süll em schlicht bekam'n!* [2]GAHL 49. Vgl. Tick[1].

Tack[2] s. Takt.

tacken sw. jmd. einen Schlag versetzen vereinz. *Ik war di glieks ein'n tacken, wenn du nich hüürst!* Rüg/Ae. Refl.: sich heftig zanken, handgreiflich werden. *Kinnings, ji mö-*

ten juch nich ümmer tacken! Gwald. Vgl. ticken, ticktacken.

Tacken m., *Taggen* selt., *Tach* JOSTWB 99, Pl. zumeist wie Sg., *Taje* JOSTWB 99. **1.** Zacken, aus etwas herausragendes, spitz zulaufendes Gebilde. *De Såg hett väl Tacken* Sägezähne Gwald. *De Tacken* [Zinken] *an'e Hark sind los* Uec/Ue. *Am Dack hänge Tacke* Eiszapfen Sch/Sd. *Dor sitt noch eie Tacke* [Zahnwurzel] *im Mund* Lau/GW. – Ral.: *'n gauden / schönen Tacken weghebben* ziemlich betrunken sein Dem/Kt, ähnl. vereinz. – **2.** kurzer, dürrer Zweig, Ast verstr. *De Bom hett väl dröge Tacken* Ran/Pe. – **3.** von einem Ganzen abgeschnittenes, größeres Stück vereinz. *Schnied di man 'n Tacken Brot af!* Use/Ah; *un broad di 'n orndlichen Tacken* [Stück Fleisch] *tom Oabendbrod* LEH–SCH 94. – **Tackenbräker** m. Waldarbeiter, Holzfäller Ghg/Li, [10]ROSF 147. – **Tackenknecht** m., SpottN, Förster Ghg/Wt. Vgl. BBWB 4,896: *Zackenknecht.*

tackfast s. taktfast.

tackig Adj., *taggig* DÄHWB 483[a], (viele) Zacken aufweisend, schartig vereinz. *Dei Telgen von denn Bom sünd so tackig* Rüg/Ae. *De Schnied von 'n Metz is tackig* Gwald.

tacko Adv. **1.** in Ordnung, akzeptabel selt. VPom, vereinz. MPom HPom. *Dat Kleed is noch ganz tacko* Gwald. – **2.** in aller Eile, rasch Dra/Bu, Sto/Wd, Lau/GW. – Poln. *tako* einigermaßen, leidlich.

Tacks s. Dachs.

Tackspieker m. großer Nagel mit Rillen an der Spitze Rüg/Sn.

Tadde s. Tatte.

Tadder m., *Tarrer* Gri/Go, vereinz. MPom. **1.** ohne Pl., weiche, wabbelige Masse (bes. auf Fleisch bezogen) selt. VPom, verbr. MPom, verstr. HPom. Vgl. Dadder, Todder. – **2.** Pl. *Taddre*, klumpiges, faseriges Gebilde in der Milch von Kühen, bes. kurz vor und nach dem Kalben vereinz. HPom.

tadderig Adj., *tattrig* vereinz., *dadderig, dattrig* selt. **1.** zittrig. *Mi is so tadderig, ik kann nicks mihr mit dei Hänn' fasthollen* Dem/De. *Hei is all ult un tadderig* Gwd/Ba. Auch: unruhig, nervös. *Herrje mien Diern, wat büst du tattrig!* Fra/Zi. – **2.** sehnig, lappig vereinz. VPom, verbr. MPom, verstr. HPom. *Dat Fleesch is tadderig un rüükt muffig* Ghg/Wt. – **3.** mit schleimigen Klumpen durchsetzt (von Kuhmilch, bes. kurz vor und nach dem Kalben) vereinz. HPom. *De Melk is so tattrig* Cam/Al.

Rsyn. zu 2.: *sähnig, strählig, strähnig, streddig, striemig, todderig.*

Taddermümm n. sehniges, sehr fettes Fleisch Nau/Db, Lau/Vl. Syn. Tadderwark. – Das Grundwort zu mümmeln. – **taddern** sw., *tattre* selt. HPom, zittern, zittrig sein vereinz. *Dei taddert all bannig, nu ward hei ult* Gwd/Ba. *Wat tadderst du mit dien Fingers?* Uec/Ge. – **Tadderwark** n. wie Taddermümm vereinz.

Tådel s. Ådel[3].

Täf f. **1.** Hündin verbr. VPom, Saa/Ma, Reg/Kt, DÄHWB 482[b]. Zur Wortgeographie s. Kt. *Täf.* Zumeist pejor. konnotiert: *De olle Täf is hellschen bäätsch* Rüg/Pu. *Du büst jo as 'ne schulsche* [hinterhältige] *Täw* [1]TIB 188. *Hund, Köter, Räkel* [Kettenhund] *un Tewe* ARN 15. – Ral. über eine sehr gerissene Person: *Dei is mit alle Hunn' hitzt, mit Schulten sien Täw' tweimål* Ank/An. Vgl. Täwenschiet. – **2.** altes, ausgemergeltes Mutterschaf Uec/Ge, Ghg/Wt, Kol/Mö. – **3.** Schimpfw. für eine liederliche Frau vereinz. VPom. – Mnd. *tēve* Hündin.

Laut- u. Formvar.: *Täw'* selt. VPom, jünger auch *Tiff* vereinz. nördl. VPom, Ran/Pe,Sr, HOMWB 207[b], *Tiffe* DÄHWB 483[a]. – Pl.: *Täben, Täwen, Tiffen.*

Tåfel f., *Taufel* Pyr/Wi, Dra/Bu, Gbg/Gp, *Tōufel* °Büt [2]MIS 33, Pl. *-n*, Tafel. **1.** Schreibtafel, Schultafel. *Wat hett dei Schaulmeister an'e Tåfel schräben?* Gwd/Nu. Weil Schüler früher in den ersten Schuljahren kleine Schiefertafeln benutzten, hieß es spöttisch über einen Dummkopf: *Dei kamm mit de Tåfel ut* Sto/Pf. – **2.** Festtafel. *Up'e Hochtiet hemm' sei orig Blaumen up'e Tåfel stellt* Gwd/Ba. – **3.** kleineres, wie eine Platte geformtes Stück. *'ne Tåfel Schockelor* Gwald. – **Tåfelie** f. Festessen vereinz. – **tåfelieren** sw. ausgedehnt schmausen, zu Tisch sitzen vereinz. Syn. tåfeln. – **Tåfellåken** n., veraltd., Tischtuch selt. – **tåfeln** sw., *taufle* Pyr/Wi, Dra/Bu, Gbg/Gp, tafeln, ausgedehnt schmausen. *Sei tåfeln all drei Stunnen in'n Kraug* Gwd/Ba. Syn. tåfelieren. – **Tåfelwand** f. Vorrichtung, die die Plätze am Futtertrog im Kuhstall voneinander abtrennt vereinz. nordöstl. HPom.

Taft m., *Taff* Fra/Ln, wie hd. vereinz. *'ne Blus ut Taft* Gwd/Ba. Syn. Taftsied. – **Taftlappen** m. Schwächling, Feigling Gri/Ge, Ank/An. – **Taftsied** f. wie Taft vereinz.

tåg Adj., gesprochen *tåch*, Komp. *tåger, tåje(r)*, zäh. **1.** von zwar biegsamer, aber in sich fester, kaum dehnbarer Konsistenz. *Dat Rindfleisch is so tåg, dat will gor nich mör warden* Fra/Pe. *Dat Äten is tåg as Karbatschenledder* ist sehr zäh Gri/Ti. *Dat Ledder is so tåg worden* Fra/Bn. *Eschenholt is sihr tåg* Gri/Mi. *Täăch Hult kann man böje, dat breckt nich* Nau/Lt; *tåg Wull* verklumpte Wolle Cam/Si. – **2.** widerstandsfähig, robust. *Stralsunner Preisters hebben von jeher en tages Leben hatt* [2]TIB 13. *Hei is so tåg, hei kann de Kill* [Kälte] *verdråje* Lau/Lt. *Dei is tåg as 'ne Katt* ist sehr zählebig Fra/Zi. – **3.** unbeirrbar, hartnäckig, willensstark verstr. *Tru un taag bet in den Dood*

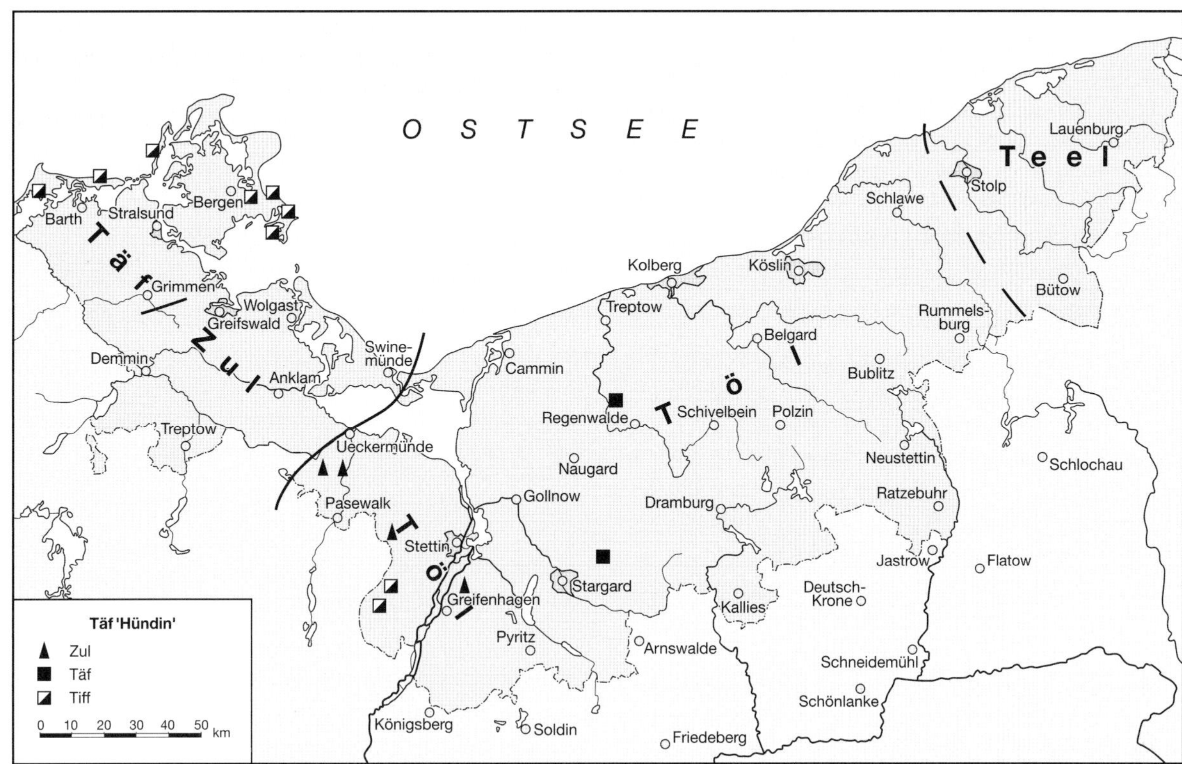

[3]SCHWA 23. *Denn tag un duerhaft is de Oellernleiw* PAL 159. – **4.** träge, lethargisch, faul verbr. MPom, sonst vereinz. *Du büst so tääch, hest nie nich Lust, wat to don* Ran/Pe. – **5.** geizig vereinz. *Ehr Mann was sehr tääch, wenn't an't Schenken güng* Pyr/Py. – Mnd. *tâ, tâge, têge.*

Lautvar.: *tooch* Stolp, Sto/Gl, *toch* LAUWB 353[b], *tauch* Gbg/Gp, Slo/La,Sl, *tauɣ* Gbg/Vi, *tōuch* °Büt [2]MIS 16, *tau* Gbg/Ze. Auf mnd. *têge* geht die Var. *tääch* (Komp. *täger, täjer, täje*) zurück, die in MPom, SPom und im westl. ZPom vorherrscht.

Tåg(e) f., selt. n., schweres Querholz am Zuggeschirr für zwei oder drei Pferde selt. VPom MPom, verbr. HPom, HOMWB 201[b]. *Anner Taach sind twei Schwingels* JOSTWB 99. Selten bezeichnet das Wort in HPom auch die gesamte Zugvorrichtung. Vgl. DWA 9, Kt.10. – Sagw.: *Nu sind wi båwen up, seggt dei Ulespegel o satt ungre Tåg'* Sto/Ku [4]KNO 17. – Mnd. *tōge.*

Lautvar.: *Taach* JOSTWB 99, *Toj(e)* Nau/Gä, *Tåɣ* Neu/Ns, *Tå"ɣ* Lau/Sl [2]PIRK 40, *Tauch* Kol/De, Neu/Pn, *Tōuch* Sch/Sn, °Büt [2]MIS 16, *Tade* Lau/Lz.

Tägel[1] s. Dägel.

Tägel[2] s. Tœgel.

Tågel m., *Tåkel* Sto/Kr [2]KNO 86, Pl. zumeist wie Sg., *-s* selt. VPom. **1.** kurzes Stück von einem dickeren Strick oder Tau VPom, verstr. MPom HPom. Heute zumeist in der jüngeren Bed.: Gerät zum Prügeln, Züchtigungsinstrument. *Dei driesten Bengels müssten all Ogenblick wat mit'n Tågel kriegen* Ank/An. – **2.** Pl. Schläge, Prügel VPom, verstr. MPom HPom. *Dei Racker will nie nich hüren, hei müsst man öfter Tågel kriegen* Rüg/Ae. *Un wo't Tagel gift, dor verwannelt sik de Ehstand gor tau licht in Wehstand* [3]NERE 1,46. – Mnd. *tågel* ein Stück Strick, Tauende. – **Tågelie** f. das Prügeln mit einem Züchtigungsinstrument vereinz., HUMGWD 7,29,7. – **tågeln** sw., *tåkle* selt. NOPom, jmd. (mit einem Stock o.Ä.) verprügeln VPom, verstr. MPom HPom. *Ik war di noch mit'n Krückstock tågeln!* Gri/El; *un doch was mi hellschen falsch tau Maud, ick här den Kirl tageln künnt!* HUMGWD 7,34,8. Auch refl.: *De Jungs hewwe sich schön tågelt* haben sich ausgiebig geprügelt Saa/Ja. → nüschen[1].

tågen s. teihn[1].

Tåg-esch f., PflN, Gemeine Esche verstr. VPom, selt. MPom HPom. *An'e Stråt steiht 'ne Tågesch, 'n schieren Bom* Gri/Ti. Gebräuchlicher ist das Simplex Esch. – Das Erstglied zu tåg. – **tågfäutsch** Adj. gut zu Fuß Fra/Bn, Uec/Ge,Pa, Ran/Ro.

Tagge s. Tai.

Taggen s. Tacken.

tågläwig Adj. zählebig, robust vereinz. *Dei Kierl is tågläwig, hei höllt väl ut* Fra/Zi. – **tågleddern** Adj. 'aus zähem Leder' widerstandsfähig selt., [4]SEG 150. – **tågmüülsch** Adj. widerspenstig, schwer zu lenken (von Pferden) selt. VPom. – **tågsåm** Adj. träge, schwerfällig vereinz. HPom, HOMWB 201[b].

Tåhl s. Tall.

tåhlen sw. zahlen. *Ik möt de Schulden hüt noch tåhlen* Ank/An. *De Bur süll hunnert Dåler tåhlen* Ghg/Kh. *Dei Kopmann tohlt mehr o' kricht dat Hus* Lau/Sl. Scherzh. Aufforderung zum Essen: *Ät man, tåhlen möötst du liekers!* Fra/Fr, ähnl. vereinz. Vgl. betåhlen.

Lautvar.: Zur Realisierung des Stammvokals s. PWB 1,1, LXI, Kt.5.

Tåhlk f., TiN, Dohle vereinz. VPom MPom, selt. HPom. *De Tåhlken buen ehre Nester gern in'n Torm* Ran/Pe. – Wetterr.: *Wenn de Tåhlkes schrieja, hewwa se Dreck im Kopp* wenn Dohlen kreischen, gibt es regnerisches Wetter Pyr/Wa. Syn. Dohl, Kafk, Preisterduf. – Zu mnd. *tâle*.

Laut- u. Formvar.: *Tohlk* selt. ZPom, *Toulk* Sch/Ng, *Taalke* DÄHWB 481[a]. – Pl.: zumeist *-en*, *-es* selt.

tåhm s. tamm.

tähmen sw. **1.** zähmen, bändigen. *Dat Pierd is all wedder dörchgåhn, dat is gor nich tau tähmen* Gwd/Ba. – **2.** refl. – **2.1.** sich beherrschen, mäßigen. *Ik heff hüt so'n Döst, ik kann mi gor nich tähmen* Gri/Gm. – **2.2.** sich etwas gönnen. *Ik heff all Dåg arbeid't, nu kann ik mi wat tähmen* Gri/Go. *Hei tämt sick nich oft dat Vergnäugen* UP 10,123; *sik 'n lütten Schnaps tähmen* Fra/Zi. – **2.3.** veralt., sich ziemen vereinz. *Wat deit hei dor? Dat tähmt sich doch nich!* Gwd/Ba.

Rsyn. zu 1.: *bännigen, bremsen, tähmsen, törnen*[1].

tähmsen sw., *temsen* selt. VPom. **1.** zähmen, bändigen VPom. *Dat Fåhlen möt tähmst warn* Gwd/Nu. *De Bull is so wild, dei lett sich nich tähmsen* Gri/Ge. *Un nu hür tau, wo Du Din Fru tämsen mößt!* UP 10,171. → tähmen. – **2.** refl., sich zügeln, sich zurückhalten VPom. *Du mööst di in't Drinken 'n bäten tähmsen* Gri/Mi.

Tähn m., vereinz. f., Zahn. **1.** Teil des Gebisses von Mensch und Tier. *Dei Tähnen rieten mi bannig* tun mir heftig weh Gri/Mi. *Dei Lütt sabbelt so väl, dei kricht woll Tähnen* Gwd/Ba. *Dei oll Mann steiht slicht up'e Tähnen* hat schlechte Zähne Gri/Ge. *Dei Dokter möt em dei olmigen* [verfaulten] *Tähnen uttrecken* Gwald. *Wat polkst du ümmer in'e Tähnen?* Dem/Kt; *mit'e Tähnen gnurschen* knirschen Gwd/Nu. *Tähne scha' ma' öfte ees mit Sult putze* Pyr/Wi. – Ral.: *einen dei Tähnen wiesen* sich gegen jmd. zur Wehr setzen Gri/Bo, ähnl. allg.; *einen dörch dei Tähnen trecken* schlecht über jmd. reden Rüg/Dm, ähnl. verstr.; *lange Tähnen måken* mit Widerwillen essen verbr. *Denn Tähn låt di man trecken!* nimm Abstand von deinem Vorhaben, daraus wird ohnehin nichts! Ank/An, ähnl. verbr. Anpreisung eines schmackhaften Essens: *Dat blifft di nich in'e Tähnen hacken!* Rüg/Dm. Über eine zu kleine Portion beschwert man sich mit den Worten: *Dat's 'n bäten wat för'n hollen Tähn!* Fra/Fr, ähnl. verbr. Über einen Verstorbenen heißt es salopp: *Em deet keen Tähn mehr weh* Uec/Ue, ähnl. verstr. Prügelandrohung: *Du hest woll lang kein Tähnen mihr spuckt!* Gwald, ähnl. verstr. – **2.** übertr. – **2.1.** Zinke, bes. an landw. Geräten. *An de Hark sitten so korte Tähn* Ran/Pe. – Sagw.: *Bäten lange Tähnen, säd de Buer, don kämmt hei sick mit dei Meßfork* HUMGWD 8,35,5. – **2.2.** Zahn des Sägeblatts. *Wi richten dei Tähnen von'e Såg* Dem/De. – **2.3.** schadhafte Stelle in einer Schneide. *Dat Metz hett all väl Tähne* Rum/Pr.

Laut- u. Formvar.: Zur Realisierung des Stammvokals s. PWB 1,1, LXII, Kt.7. – Pl.: *Tähnen* verbr., *Tähner* selt., BLFPVK 6,53, wie Sg. selt. MPom HPom, [5]TITA 43.

Volksgl. u. Volksbr. zu 1.: *Dei iersten Tähnen möten unnen kåmen. Kåmen sei båben tauierst, möt dat Kind starben* Gri/Ti. *Schlimm is dat, wenn dei Tänen baben tauierst ruterkamen, dat bedüüd't ümmer nicks gauds, un een kann door doch nicks gegen daun* HUMGWD 75,8f.,1. *Ståhn de vöddelsten Tähnen wiet uteenanner, so kümmt de Minsch noch ees wiet in sienen Läben. Ståhn se dicht tausåmen, so blifft he, wo he is* Gwald. Kindern redete man früher ein, daß ausgefallene Milchzähne (vgl. Mustähn) von Mäusen in bleibende eingetauscht werden könnten. Deshalb sollte man diese Zähne über den Kopf oder hinter den Ofen werfen und dabei sprechen: *Mus, ik gäf di 'n ollen Tähn, giff mi 'n niegen Tähn werrer!* Rüg/Pu, ähnl. verstr.

tähnen sw. zahnen, Zähne bekommen. *Dei Lütt tähnt, em löppt ümmer dei Sabbel ut'm Mund* Fra/Br. – **Tähn(en)band** n./m. Samtband, das Kleinkindern früher zur Erleichterung des Zahnens um den Hals gelegt wurde. Zumeist waren darin Gegenstände eingenäht, auf die das Kind beißen konnte. – **Tähn(en)böst** f. Zahnbürste. – **tähn(en)brääksch** Adj. rabiat, niederträchtig Rüg/Zi, vereinz. NOPom. – **Tähn(en)bräker** m., zumeist pejor., Zahnarzt verstr. – **Tähn(en)dokter** m. Zahnarzt verstr. *Dei Tähndokter hett mi twei Tähnen uttreckt* Gri/El. – **Tähn(en)fleisch** n. Zahnfleisch. Syn. Gågel. – **Tähn(en)hilg** f./n. Zahngeschwür vereinz. VPom. – **Tähn(en)jœken** n., scherzh., Hunger vereinz. *Dat is noch gor nich lang nåh Meddag, un ik heff all werrer Tähnjœken* Rüg/Pu. – **Tähn(en)klempner** m., SpottN, Zahnarzt vereinz. – **Tähn(en)pien** f. Zahnschmerzen vereinz. – **Tähn(en)pötter** m., SpottN, Zahnarzt vereinz. VPom. – **Tähn(en)püker** m. dass. verstr. VPom. – **Tähn(en)purrer** m. **1.** Zahnstocher. *misern* [verkümmert] *un dünn as en Tähnenpurrer* [5]BAND 226. – **2.** SpottN, Zahnarzt vereinz. VPom. – **Tähn(en)rieten** n. Zahnschmerzen verstr. – **Tähn(en)ring** m. Beißring, der Kleinkindern das Zahnen erleichtert. Syn. Bietring. – **Tähn(en)schlœtel** m. Instrument des Zahnarztes, mit dem Zähne gezogen werden. *Hei müggt den Dokter un sinen Tähnslötel nich trugen* LUCIA 23. – **Tähn(en)trecker** m. Zahnarzt vereinz. – **Tähn(en)weih** n. Zahnschmerzen verstr. – **Tähn(en)weihdåg** f. Zahnschmerzen. *Hei hett so 'ne dicke Back, as wenn hei Tähnweihdåg hett* Gwald. *Tähnweihdåg is 'ne grote Plåg* Use/Sw. *Dei Tähnerweihdåg were nich taum uthullen* [2]KRAM 85. – Sagw.: *Dat sünd uk Täänweidaag, seed de*

Foß, doon harn dei Hunnen em beten HUMGWD 76,186f.,2. – Volksmed.: *Gägen Tähnweihdåg lecht man ein Päperkuurn orrer 'ne Nelk up'n Tähn* Dem/De. *Bi Tähnweihdåg sall man denn Mund vull Solt stäken* Gri/Ti. Zu weiteren volkstümlichen Mitteln gegen Zahnschmerzen s. BLFPVK 5,13ff. u. 9,159f.

Tai f., veralt., Pl. *Taijen*, (älteres) weibliches Schaf vereinz. VPom, verstr. MPom HPom. *De oll Tai hett düchtig Wull up'n Lief* Ran/Pe; *dat de ollen Taggen* [...] *Süken krigen, woran sei so licht to Grun'n gån. Denn sall de Schêpé doran Schuld sin* [4]GIL 1,58. – Mnd. *taye* Ziege.

Laut- u. Formvar.: *Tach, Tagge* selt. VPom (Pl. *Taggen*), *Taj'* Ghg/Wt, vereinz. °Pyr, verstr. SPom, Net/Sl, *Tajj'* Dra/Bu, DKr/Ro, *Täj'* Ghg/Gr, Pyr/Sh,We, *Taij'* Pyr/Kl, vereinz. °Saa, Neu/Gc, *Taasch* Sch/Sd, *Tadj* Neu/Pn, Fla/Ta.

Täk f., TiN, Pl. *-en*, Zecke. *Dei Täken sugen sik vull Blaut* Fra/Zi. *Dat Schåp sitt ganz vull Täke* Cam/Kw. – In Vergleichen: *supen as 'ne Täk* unmäßig Alkohol trinken Gri/Bo, ähnl. allg. Wenn jmd. Sitzfleisch hat: *De sitt dor as 'ne oll Täk* Ghg/Li. *Un, äwrigens schient mi dat, ji holln as Kliben* [Kletten] *un Täken so fast tausam* [2]SEG 101. Vgl. Schåptäk.

Lautvar.: Zur lautlichen Realisierung des Stammvokals s. PWB 1,1, LXII, Kt.7. Palatalisierung des auslautenden *k* mit den Hauptvar. *Täätsch, Täätch* ist im südöstl. HPom belegt. Vgl. hierzu die Lautkarte im ersten Band (Sp. 1299f.) zur Palatalisierung von *k* in der Umgebung heller Vokale.

Tåkel[1] n., bis auf Bed. 1.2. ohne Pl. **1.** seem. – **1.1.** das gesamte Tauwerk eines Schiffs. Oft in formelhafter Vbdg. mit *Topp*: *Dat Schipp drifft vör Topp un Tåkel* treibt (im Sturm) ohne Segel Gwald. Syn. Tåkelie, Tåkelwark. – **1.2.** Pl. *-s*, schwerer Flaschenzug vereinz. – **2.** Gegenstände des Hausrats, bes. das Geschirr selt. VPom MPom, verstr. HPom, [2]KNO 86. *Dråg dat Tåkel rut!* räum das Geschirr vom Tisch! Nau/Fg. – **3.** Gesindel, Pack verbr. VPom, verstr. MPom HPom. *Dat Tåkel sall mi nich up'n Hoff kåmen* Rüg/Dm. Übertr. auch als verächtliche Bez. für Tiere. *Dat Takel* [Raubtiere] *rowt mit grote Gir* BUL 20. Syn. s. Tåkeltüg.

Lautvar.: Zur lautlichen Realisierung des Stammvokals s. PWB 1,1, LXI, Kt.5.

Tåkel[2] s. Tågel.

Tåkelåsch f. **1.** seem., Takelage. *Dei ganze Tåkelåsch an Buurd hett dei Storm afräten* Gwd/Fr. – **2.** saloppe Bez. für die Habseligkeiten vereinz. Spez.: Kleidungsstücke. *Schmiet dien Tåkelåsch ma' eeste af!* leg doch erst Mantel und Hut ab! Pyr/Wi. Hist.: „Wirtschaftsgerät im Hause" HOMWB 201[b]. – **Tåkelbücks** f., seem., Arbeitshose für Seeleute aus festem Gewebe Gwald. Vgl. Tåkeltüg. – **Tåkelgoorn** n., seem., festes Segelgarn vereinz. – **Tåkelie** f. **1.** seem., das gesamte Tauwerk eines Schiffs vereinz. Syn. s. Tåkel[1]. – **2.** salopp, Habseligkeiten, Siebensachen vereinz. *Nachts is ehr ganz Tåkelie verbrinnt* Sto/Gl. – **tåkeln** sw., seem., ein Schiff mit Takelage versehen. *Dat Schipp licht in'n Håben un is farig tåkelt* Fra/Bn. Vgl. aftåkeln, uptåkeln. – **Tåkelpack** n. Gesindel, Pack vereinz. Syn. s. Tåkeltüg. – **Tåkeltüg** n., *Tåkeltüügs* vereinz. **1.** verkommene Menschen, Gesindel. *Du geihst nich nåh'n Kraug, dor sitt luter Tåkeltüügs!* Dem/Tp. *Giff di doch nich mit so'n Tåkeltüg af!* Stett. Auch: unartige Kinder. *Wat hett dat Tåkeltüg nu all wedder in'e Schaul anstellt?* Gwald. Syn. Tåkel[1], Tåkelpack, Tåkelwark. – **2.** Gerümpel, unbrauchbares Zeug verstr. – **3.** seem., robuste Arbeitskleidung für Seeleute vereinz. Vgl. Tåkelbücks. – **Tåkelwark** n. **1.** seem., das gesamte Tauwerk eines Schiffs vereinz. Syn. s. Tåkel[1]. – **2.** Gesindel, Pack vereinz. Syn. s. Tåkeltüg. – **3.** Gerümpel, unnützes Zeug vereinz. *Schaff mi dat oll Tåkelwark ut'e Kåmer!* Rüg/Dm.

Täkenknacker m., SpottN, 'Zeckenknacker' Tuchmacher selt. VPom, Dra/Bu. – **Täkenveih** n. 'Zeckenvieh' abfällige Bez. für Schafe vereinz. – **Täkepunker** m., SpottN, Tuchmacher (bes. aus Rummelsburg) verstr. nordöstl. HPom, [6]KNO 161. – Das Grundwort zu punke.

Tåkler m., Pl. *-s*, seem., Handwerker, der im Hafen oder auf der Werft an der Takelage arbeitet. – **Tåkling** f., seem., *Tågeling* Hidd., am Ende eines Taus zum Schutz gegen Ausfransen angebrachte Umwicklung aus Segelgarn vereinz. vpom. Küste.

Takt m., *Tack* vereinz., rhythmisch gegliederter Ablauf. *Bi't Döschen mutt dat ümmer im Takt gåhn* Pyr/Lt. – Ral.: *Takt hollen* durchhalten, in seinen Bemühungen nicht nachlassen vereinz. *Dat steiht schlicht mit em. Wenn hei man Tack höllt!* Gri/Ti. – **taktfast** Adj., *tackfast* vereinz. **1.** zuverlässig, vertrauenswürdig verstr. *Hei is taktfast, up em kast di verlåte* Reg/Rg. – **2.** von robuster Gesundheit, widerstandsfähig verstr. *He is nich ganz taktfast mit de Lung'* Gwald.

tald(e)rig s. talt(e)rig.

täle sw., veralt. **1.** mit einer Waffe auf etwas zielen Sch/Pu: *Ik täl up dat Dack.* – **2.** nach etwas trachten Sch/Wa, Lau/GW,Vl. – Mnd. *tēlen.*

Talg m./n., gesprochen *Talch*, festes tierisches Fett, das bes. aus dem Fettgewebe von Rindern und Schafen gewonnen wird. *Talg utlåten* ausbraten Gwd/Ba; *een Bodden Talg* ein großes Stück Talg Saa/Zd. *Lichter ut Talg brennen lang* Ank/An. *Mit Talg warden Reimen* [Treibriemen] *infett't* Gwd/Nu. – Ral., um Zweifel am Wahrheitsgehalt von etwas auszudrücken: *Wenn dat man reinen Talg is!* Gri/Ti. – **talgen** sw. **1.** zu Talg gerinnen selt., DÄHWB 483[b]. – **2.** mit Talg bestreichen selt. Vgl. intalgen. – **3.** jmd. ohrfeigen, schlagen selt. VPom MPom. –

Talgfunzel f. (schlechte) Talgkerze Rüg/Dm. Vgl. Talglümmel. – **talgig** Adj., auch *taljig.* **1.** wie hd. *Dat Håmelfleisch is mi tau talgig* Gwd/Ba. – **2.** unmanierlich selt. *Befåt di man nich so talgig bi Disch!* Ghg/Li. – **Talgkopp** m. Dummkopf vereinz., KÜHL 41. – **Talglicht** n. **1.** Kerze aus Talg. *Dat is so düüster in'e Stuf, wi möten Talglichter anstäken* Fra/Br. – Ral.: *Nu geiht mi 'n Talglicht up!* jetzt wird mir alles klar! Gri/Mi, ähnl. verbr. – **2.** scherzh., herabhängender Nasenschleim vereinz. – **Talglümmel** m. **1.** (kümmerliche) Talgkerze vereinz., [2]BRE 74. *Ik heff Licht mitbröcht, äwer blot twei Talglümmels* Gri/Bt. Vgl. Talgfunzel. – **2.** grober, flegelhafter Mensch vereinz. Rsyn. s. Flaps.

Talj[1] f., vorwiegend seem., Pl. *-en*, Talje, Flaschenzug. *Dei Talj hett drei orer vier Schieben* Rüg/Sn. *De Påhl ward mit 'ne Talj hieft* Gwd/Fr. Scherzh. Drohung: *Låt di man nich an'e Talj bummeln!* Fra/Zi. Vgl. Tallreep.

Talj[2] f. **1.** Taille. *Se hett 'ne Talj as 'n Twiernsfåden* sie ist sehr schlank Gwald. – **2.** Oberbekleidungsstück für Frauen, das eng an der Taille anliegt verstr. *Sei dröcht 'ne Talj* [Bluse] *ut Sied* Gri/Go. – **Taljendauk** n./m. langes Umhängetuch für Frauen verstr. MPom HPom. *Nimm di man dat Taljendok œwer de Schullern!* Ran/Pe.

Tålk f. Schimpfw. für eine einfältige, alberne Frau vereinz. VPom MPom. – Zu mnd. *Tâleke* (< *sünte Âleke*) Adelheid.

Talks m. ungeschickter Bengel, Lümmel vereinz. VPom, sonst selt. – **talksen** sw. **1.** jmd. grob, ungeschickt berühren verstr. VPom MPom. *Du hest mi bi't Danzen up'e Been' talkst* Ran/Pe. – **2.** im Schmutz wühlen vereinz. VPom MPom. *He talkst mit de Finger mank denn Lehm* Ghg/Li.

Tall f., vereinz. m., Pl. zumeist *Tallen*, *Tallre* vereinz. HPom, Zahl. Das Wort wird bes. in der ersten Bed. unter hd. Einfluß zunehmend von *Tåhl* verdrängt. Östlich der Oder ist an einigen Orten schon zu Beginn des vergangenen Jahrhunderts die Var. *Zåhl* belegt. **1.** Ziffer. *Dei Lütt is recht plietsch, hei kennt nu all dei Tåhlen bet twintig* Gwd/Nu. – Ral., wenn etwas spurlos verschwunden ist: *Dor is nich Tall orrer Teiken von bläben* Rüg/Ae, ähnl. vereinz. VPom, [2]WORM 2. – **2.** Anzahl, Menge. *Dor wier 'ne grote Tall Minschen* Fra/Bn. Auf eine best. Anzahl bezogen: *Dat is miene Tall Köh, de möt ik melken* Rüg/Dm. *Dei hett sien Tall noch nich vull* hat die vorgegebene Stückzahl noch nicht geschafft Gwd/Ba. Fachspr.: Zählmaß für eine best. Menge Garn vereinz., [4]ROSF 487. – **3.** veralt., Register, Inhaltsverzeichnis (bes. im Gesangbuch) vereinz. ZPom, UP 9,54. *Säuk doch im Tall nåh!* Kol/Zw. – **Tallhaspel** m./f., veralt., Garnwinde mit einer mechanischen Vorrichtung, die eine best. Anzahl von Umdrehungen anzeigt selt., DÄHWB 484[a]. Vgl. Knackhaspel.

Talli f., seem., auch *Talje*, Stückzahl einer Schiffsladung selt. vpom. Küste, [3]SEG 119. *De Talli ward anschriewen* Gwald. – Engl. *tally* Strichliste, Warenliste. – **Tallimann** m., seem., Kontrolleur beim Verladen und Löschen von Seefracht.

Tallreip m., vereinz. n., seem., dünnes Tau, das durch zwei durchlöcherte Holzscheiben (Jumfer) läuft und zum Spannen der Wanten dient verstr. vpom. Küste, [3]SEG 105. – Das Erstglied zu Talj[1].

talpern sw. sich ungeschickt, tolpatschig bewegen vereinz. – **talprig** Adj. ungeschickt, unbeholfen selt. Vgl. talpsig. – **Talps** m., *Dalps* selt. VPom, Pl. *-e.* **1.** Flegel, Grobian VPom, verstr. MPom HPom. *Mit so'n driesten Talps möt ik mich gor nich inlåten* Dem/De. → Flaps. – **2.** Tölpel, Dummkopf verstr., BRU 4,12. – **3.** pejor., Mütze, Hut selt. VPom. *Sall ik di ierst denn Talps von'n Kopp schlågen?* Gri/Gm. – **Talpsch** f., Pl. *-en*, unförmige Hand oder Fuß vereinz. westl. MPom. Vgl. BBWB 4,378f.: *Talpsche.* – **talpschen** sw., auch *talpsen*, sich ungeschickt, plump verhalten vereinz. – **talpsig** Adj. **1.** flegelhaft, ungezogen verstr. – **2.** ungeschickt, tölpelhaft verstr. Vgl. talprig.

Talter m., Pl. *Taltern*, *Taltere* °Neu, Fetzen, bes. an zerrissener Kleidung vereinz. VPom, °Neu. *Dei Taltern hängen ehr an'n Rocksom* Gwald. – **talt(e)rig** Adj., *tald(e)rig* vereinz. VPom, *tall(e)rig* Dem/Tp. **1.** in Fetzen zerrissen vereinz. VPom. – **2.** zu fett, unangenehm weich (von Fleisch) vereinz. VPom. *Dat Fleisch is mi tau taltrig* Gri/Ge. Vgl. MWB 7,22.

Tambur m. **1.** Tambour, Trommler. Über eine Schwangere spottete man früher: *Sei hett mit'n Tambur pussiert un dei Trummel verschluckt* Gwald, ähnl. vereinz. – **2.** abknöpfbarer, die Beine bedeckender Lederschutz auf dem Kutschbock vereinz. Vgl. Kneischlag.

tåmeln sw. taumeln, schwanken vereinz. MPom HPom. *He tåmelt so, he hett wo' Schnaps drunka* Dra/Dr.

tämlich veralt. auch *tämlik* selt., ziemlich. **1.** Adj. – **1.1.** recht groß, beträchtlich. *Dei hett all 'n tämlichen Sœhn* hat schon einen fast erwachsenen Sohn Gwd/Ba. – **1.2.** hist., geziemend, schicklich DÄHWB 482[a]. – **2.** Adv. – **2.1.** in verhältnismäßig hohem Grad. Auch: einigermaßen. *Mien Grotvadder is all tämlich olt* Dem/Tp. *Hier up'n Lann' is dat tämlich ruhig* Use/We. – **2.2.** fast, beinahe, ungefähr. *Dat sünn tämlich twei Morgen Land* Gri/Mi. *Dat is tämlich Klock söss* Dem/Pl. *Denn deilt* [aufgeteilt] *is allens tämlich glick* [3]SEG 67.

tamm Adj., *tåhm* vereinz., *tauhm* Pyr/Wa,Wi, verstr. SPom, Gbg/Gp, zahm. **1.** gezähmt, nicht mehr als Wildtier

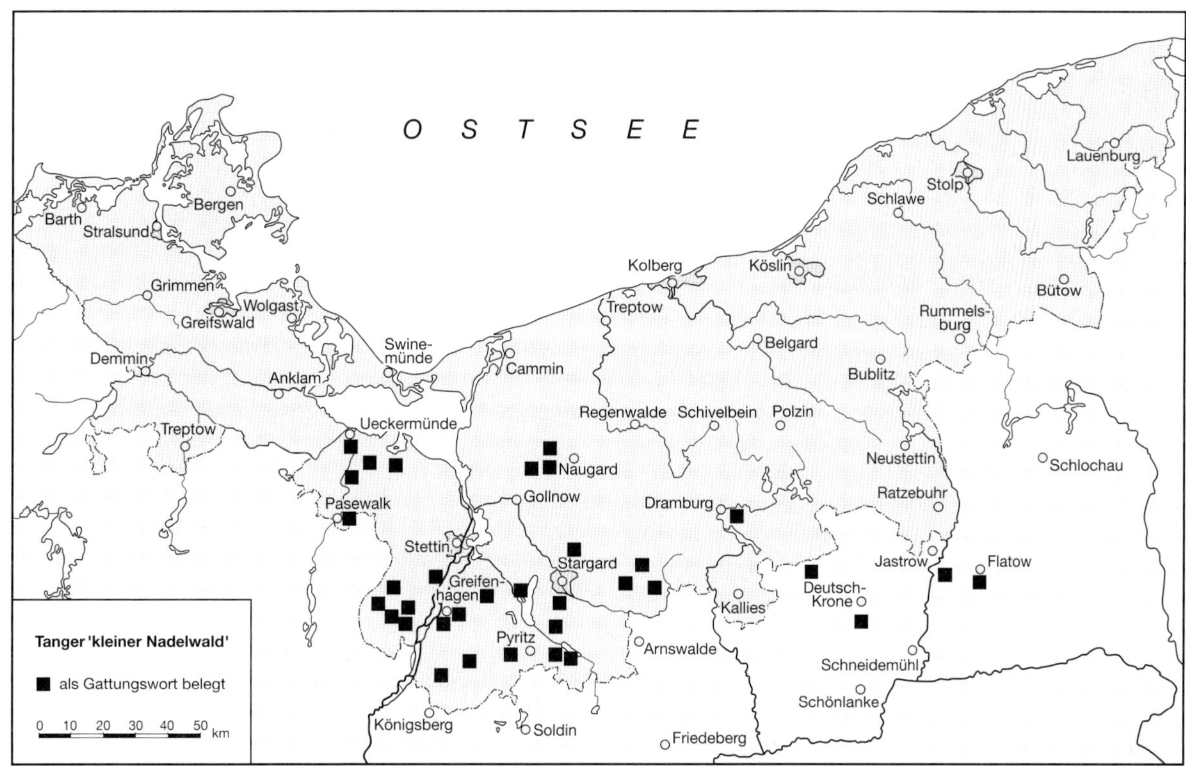

lebend. *Dei Wulf ward nie nich tamm* Gwd/Nu. *He is lang to See fohrt un hett 'n tammen Papagei mitbröcht* Rüg/Sn. – **2.** gefügig, leicht lenkbar, brav. *De Oss is hüt jå tamm as 'n Lamm* Ank/An. *Dat is nich so licht, 'n bäätschen Köter tamm to kriegen* Rüg/Wi. Auf die strenge Disziplin an Bord von Schiffen bezogen: *An Burd dor ward man tamm'r* [3]SEG 51. – Sprw.: *Lustige Dierns gäben tamme Husfrugens* Dem/Kt. – Mnd. *tam, tām.*

Tampen m., seem., *Tamp* verstr. VPom, Pl. *Tampen.* **1.** das Ende eines Taus oder einer Leine. *De Schippsjung' kricht mit 'n Tampen denn Puckel vull* Rüg/Go. – **2.** Stück Kautabak vereinz. VPom. *Hei müßte sick vier Wochen lang mit den letzten Tampen bignäugen* HUMGWD 4,37,12.

Tån m., fischerspr., rotbraune Lauge zum Imprägnieren von Segeln vereinz. pom. Küste. Vgl. tånen. – Nl. *taan.*

Tand m. wertloses Zeug vereinz. *Dat's uk so 'n billigen Tand, wech dormit!* Fra/Pu.

tånen sw., fischerspr., Segel mit einer rotbraunen Lauge imprägnieren verstr. pom. Küste. *Dei Fischer tånt sien Sägel, dat't de brun Farf kricht* Rüg/Sn. Vgl. Tån.

Tang' f., Pl. *-en*, Zange. *Giff mi dei Tang' mit dat grode Mul!* Gwald; *mit de grot Tang Nœgel uttrecke* Saa/Le. – Ral.: *in'e Tang' sitten* sich in einer mißlichen Lage befinden Gwald, ähnl. vereinz. Scherzh.: *Dei is so dreckig, man kann em bloots mit'e Tang' anfåten* Gri/Zf. Wenn jmd. sehr lange auf der Toilette bleibt, fragt man ironisch: *Sall ik mit de Tang' kåmen?* Fra/Fr, ähnl. vereinz. – **tangen** sw. **1.** mit einer Zange greifen. *Dei Stein ward tangt* der Findling wird mit einer großen Zange vom Meeresgrund gehoben Fra/Zi. – **2.** jmd. erwischen, zu fassen bekommen VPom, sonst vereinz. *De Jungens sünd nachts ümmer up miene Kirschenböm, eenen heww ik (mi) all tangt* Rüg/Pu. – **3.** heimlich an sich nehmen, stehlen verstr. VPom. *Mien Metz bün ik gistern verlustig gåhn, dat hebben se mi woll tangt* Rüg/Zi. → klauen. – **4.** jmd. schlagen, ohrfeigen selt. *Ik war di gliek 'n Ding tangen!* Dem/Tp. – **tanger** Adj., veraltd. **1.** munter, lebhaft vereinz. VPom, verstr. ZPom SPom. *Grotvader is noch recht tanger* Kol/Go. *Ene tangre Deern* DÄHWB 484[b]. – **2.** energisch, forsch, beharrlich vereinz. VPom, verstr. ZPom SPom. *Hei höllt tanger wiss, wur't üm Geld geiht* er hält sein Geld fest zusammen Rüg/Ae. *Sei höllt sich tanger bi dei Arbeit* sie hält sich wacker bei der Arbeit Kol/Pr. Vgl. tangig, tangrig.

Tanger m., selt. f., Pl. *-s.* **1.** kleiner, zumeist mit Kiefern bestandener Nadelwald. Zur räumlichen Verbreitung s. Kt. *Tanger.* Zum Vorkommen des Wortes in Flurnamen s. [14]HOLS 25. *Wi gåhn in'n Tanger Holt hålen* Uec/Eg. *Wi harke Poss* [Moos] *im Tanger* DKr/La. – Ral. über einen einfältigen Menschen: *De hett woll an'n Tanger hött* [gehütet] Uec/Ue. Andere Waldnamen in Pom. sind Busch, Fier[2], Heid[1], Holt[1], Woold. – **2.** Nadelholzreisig mit den Nadeln vereinz. MPom SPom. *Ik wi' ut'm Busch Tan-*

ger håla Dra/Bu. – Das Wort ist über die Mark Brandenburg nach Pommern vorgedrungen, vgl. [6]TEU 126 u. BBWB 4,379f.

tangerdwatsch Adj. einfältig, dumm Uec/Ue, Ghg/Gr, Pyr/Wa,Wi. Rsyn. s. dœmlich.

Tangernådel f. Tannennadel, Kiefernnadel verstr. °Uec u. °Ghg, Nau/Fg,Rh, Saa/Jk.

tangig Adj. eifrig, rührig verstr. °Dra, Neu/Gc. *He is tangig bi de Arbeet* Dra/Bu. Vgl. tanger. – **tangrig** Adj. dass. Kol/Zw, Sch/Sd.

tänneln sw., *tinnle* Gbg/Gp, Reg/Za, *tindeln* HOMWB 207[b], *tint(e)le* selt. NOPom. **1.** tändeln, schäkern selt. – **2.** schwatzen, unablässig reden Sto/Kr [2]KNO 86. – **Tännelschört** f., veralt., *Tintel-* JOSTWB 102, weiße, bestickte Schürze, die Frauen und Mädchen früher zur Zierde an Sonn- und Feiertagen trugen vereinz. *Se hett ehr Tännelschört rutsöökt to 't Fest* Uec/Pa.

Tanten f., *Tant* verbr. MPom HPom, *Tannen* selt., Pl. *Tanten, Tantens,* Tante. **1.** Schwester oder Schwägerin der Mutter oder des Vaters. *Vatter un Großvatter un Unkel un Tanten* [...] *dat was allens von dese Ort west* [4]HOEFE 29. *Wenn doch uns Tanten Fieken nich so väl prasseln* [schwatzen] *wull, dat is nich uttauhollen* Dem/Tp. *Tanten Lite les 't ehre ollen Schmökers un kümmert sik üm nix* [2]TIB 41. *Dat is mien richtig Tant* meine nicht angeheiratete Tante Reg/Rg. In fester Vbdg.: *Tanten Meier* Toilette, Abtritt verbr. – **2.** kindspr., erwachsene weibliche Person. – **3.** älteres weibliches Nutztier verstr. *Dei (ull) Tant* [Kuh] *gifft nich mehr väl Melk* Nau/De.

Tanterlatant f. Bez. für die Egge im Rätsel. *Tanterlatant geiht œwer dat Land. Wat hett mihr Beinen as Tanterlatant?* Dem/De, ähnl. vereinz.

Tapeet[1] f. Tapete. *De Tapeten sünn los* haben sich von der Wand gelöst Dem/De.

Tapeet[2] n., *Tapee, Tapeez* selt., Tapet. Nur in den Fügungen: *wat up 't Tapeet bringen* etwas zur Sprache bringen verstr.; *wat up 't Tapeet hebben* ein best. Anliegen vorbringen wollen vereinz.; *up 't Tapeet kåmen* zur Sprache kommen, thematisiert werden vereinz.

Tapetenflunner f., selt. m., TiN, Wanze vereinz. Vgl. DWA 13, Kt.10. – **Tapetenkliester** m. Tapetenkleister. Im Vergleich über eine zu dick geratene Mehlsuppe: *Dat is 'n Pamp as Tapetenkliester* Uec/Pa. – **Tapetenkliesterer** m., SpottN, Maler, Anstreicher vereinz. – **tap(e)zieren** sw. tapezieren. *Dei Måler möt dei Stuf tapzieren* Gwd/Ba. Vgl. tapeten. – **Tap(e)zierer** m., Pl. *-s*, Handwerker, der Tapezierarbeiten ausführt.

Tapp f., Pl. *–en*. **1.** auch *Tappen* m., Fußstapfen, Fußabdruck. *In 'n Schnei wieren sien Tappen tau seihn* Gwd/Ba. – **2.** Tatze, Pfote LAUWB 349[b].

Rsyn. zu 1.: *Taps[1], Trapp[1], Traps.*

Tappbier n. gezapftes Bier vereinz.

tappeln sw. gut hörbar mit kleinen, schnellen Schritten gehen vereinz. *Dei Lütt tappelt dörch dei Stuf* Gwd/Ba. Vgl. trappeln.

tappen[1] sw., *tabben* selt. **1.** Flüssigkeiten zapfen. *Bier un Wien warden tappt* Fra/Zi. – Ral., wenn jmd. nicht beachtet wird: *De ward nich tappt noch buddelt* Rüg/Dm, ähnl. verbr. VPom. *Dat is nich tappt noch buddelt* das taugt nichts Dem/De. – **2.** heraustropfen vereinz. *Dat Blot tappt ut 'e Näs* Uec/Ue.

tappen[2] sw., *tabben* selt. **1.** mit unsicheren, vorsichtigen Schritten gehen. [*De Dokter*] *güng ut de Stuw, de Kahnschipper tappt achter em her* UP 10,135. – Ral.: *in 'n Düüstern tappen* ahnungslos sein Dem/Tp. – **2.** jmd. ertappen, erwischen vereinz. *Låt di nich dorbi tappen!* Gri/Gm.

Tappen[1] m., *Tabben* selt., *Tapp* selt. HPom, Pl. zumeist *Tappen*, vereinz. *-s*, Zapfen. **1.** konisch zulaufender Pflock zum Verschließen eines Spundlochs. *'n Tappen in 't Fatt schlågen* Dem/Kt; *de dicke Tappen ut Pockholt* aus Hartholz HUMGWD 14,43,8. *Ick treck dä Tappe rute, do keim dat Beir rute* Cam/La HÜP 179. – Ral.: *Dat geht as Tappen ut 'e Tunn* das geht rasend schnell Gwald. *Bi di leckt woll dei Tappen!* du bist wohl verrückt! Rüg/Ae. – **2.** Bez. für vorspringende Geräteteile, die bes. zur Verbindung zweier Werkstücke dienen. – Ral.: *Nu is dei Tappen af!* jetzt ist es aus und vorbei! Fra/Bn, ähnl. vereinz. – **3.** Aststumpf vereinz. *Dei Stamm hett väl Tappen* Reg/Rg. – **4.** Gaumenzäpfchen verbr. *Üm denn Tappen rüm is alls dick rot* Dem/De. *De Tappen is mi dålsackt* ist angeschwollen Rüg/Be. Scherzh.: *De hett sich de Tappe natt maukt* hat sich betrunken Pyr/Pe. Vgl. Huk[3], Schlucktappen.

Tappen[2] m. Strafe, Zurechtweisung vereinz., [3]SAN 57. *So 'n infåmigen Bengel ward dor sienen Tappen noch för kriegen* Gwald. – Etym. strittig. Nach MWB zu frz. *étape* tägliche Ration. Anders dagegen DWB 15,264.

Tappen[3] s. Tapp.

tappendüüster Adj. **1.** stockdunkel. *Dat is buten all tappendüüster, man kann nicks nich mihr seihn* Gwd/Ba. → stick(en)düüster. – **2.** aussichtslos, ohne jede Hoffnung. *Nu is 't mit em tappendüüster, hei is bankrott* Gri/Gm. – **Tapphåhn** m. Zapfhahn. – **Tapplock** n. Spundloch. *Dit Tapplock sitt in en Utschnitt von den Fattbodden* HUMGWD 14,43,8.

tåprig Adj. unbeholfen auf den Beinen, zittrig selt. VPom MPom.

Taps¹ m. **1.** ungeschickter, täppischer Mensch vereinz. – **2.** Fußstapfen, -abdruck vereinz. → Tapp.

Taps² f., fischerspr., Pl. *-en*, kurze, mit einem Haken versehene Schnur, die zusammen mit anderen in regelmäßigen Abständen an der Hauptschnur der Aalangel befestigt ist Gri/Lo. Vgl. Töppel. – Nach RAS 149 zu mnd. *top* Spitze.

tapsen sw. mit schwerfälligen Schritten gehen, stapfen verstr. *Hei tapst dörch 'n hogen Schnei* Gri/Ti. – **tapsig** Adj. ungeschickt, unbeholfen verstr. *Dei Hund is noch jung, hei geiht sihr tapsig* Dem/Tp.

Tar f., Pl. *Taren.* **1.** Schimpfw. für das Schaf vereinz. VPom. *Dei ollen Taren sünn all werrer up'e Såt un fräten* Gri/Mi. Vgl. MWB 6,29: *Tarr.* – **2.** behäbige, nachlässige Frau vereinz. VPom, Ghg/Wt, Pyr/Wa,Wi.

taren sw., *tarren* vereinz. VPom. **1.** necken, reizen VPom, selt. MPom. *Dei Bengel tarrt un brüd't denn Hund so lang, bet hei taubitt* Dem/Tp. *Låt dat Taren, nåhst ward't noch Iernst!* Gri/Mi. Vgl. tarje. – **2.** an jmd. oder etwas zerren, heftig ziehen vereinz. *De Hund taart an'n Knåken* Ank/An. Auch: betatschen, grob anfassen. *As dei Kierl ehr taren wull, haugt' sei em up'e Finger* Gwd/Ba. – Mnd. *tarren* streiten, zanken. – **Tarerie** f. Neckerei vereinz. VPom. *Dei Tarerie mit juuch beiden is gar tau dull* Dem/Tp. – **tarig** Adj., *tarrig* selt. VPom. **1.** langsam, zögerlich verstr. VPom, vereinz. MPom HPom. *Dat geiht alls so tarig un kümmt nich von'e Stell* Fra/Zi. *Nu man nich so tarig. Måkt, dat ji farig warden!* Rüg/Dm. – **2.** neckisch, schelmisch, albern vereinz. VPom. → dwallig.

tarje sw., *targen* HOMWB 203ª, *ta(r)ye* vereinz. °Sto, necken, foppen verbr. nordöstl. HPom. *Ji mäte de Hund nich tarje, he kann ju bite* JOSTWB 100. Vgl. taren. – Mnd. *targen, tergen* zerren, reizen, necken.

Tarpentin m., *Tarrentin* HUMGWD 7,7,5, Terpentin.

tarren s. taren.

Tartsche f. Regenschauer, Schneeschauer JOSTWB 100. – Zu pomor. *táča* Platzregen.

Tasch f., *Täsch* Uec/Pa, *Tåsch* Lau/Ke, *Task* Gbg/Gz, Pl. *-en*, Tasche. **1.** ein- oder aufgenähter Teil eines Kleidungsstücks zum Hineinstecken kleinerer Gegenstände. – Ral.: *deip in'e Tasch griepen* viel Geld bezahlen verbr.; *denn Dumen up'e Tasch hebben* sparsam, geizig sein Ank/An; *ut anner Lüd ehr Tasch läwen* auf Kosten anderer Leute leben Gri/Ti. Derbe Abweisung: *Lick mi an'e Tasch!* Saa/Ja. – Sagw.: *Ik bün glieks farig, secht dei Schnieder, don sett hei dei Tasch in't Ärmellock* Fra/Br. – Rä.: *Ik heff wat in'e Tasch un heff doch nicks in'e Tasch?* = Loch Ank/An. – **2.** Tragetasche, Umhängetasche. *Ik pack mien Tasch* Gwd/Nu; *'ne hannige Tasch* Fra/Bn. *Reik mi eis mien Tasch ruter, ik war(d) Brot hole!* Sto/Gl.
Rsyn. zu 1.: *Fick, Fob, Fuck², Fuddik, Fumm², Fupp¹, Futsche.*

Taschendauk n./m. Taschentuch. *Dat is nich väl, dat kann ik in'n Taschendauk nåh Hus drägen* Rüg/Ae. *Måk di man 'n Knuppen in'n Taschendauk, denn warst du dat nich vergäten* Fra/Pu. – Scherzfr.: *Wecker hett dat gröttst Taschendauk?* = *Dei Häuhner. Dei wischen ehren Schnåbel an'e Ierd af* Ank/Br, ähnl. vereinz. Syn. Näsdauk, Schnufdauk, Schnuppdauk. – **Taschenklock** f. Taschenuhr. – **Taschenkrääft** m. **1.** TiN, Taschenkrebs vereinz. Syn. Dwasslöper. – **2.** Taschendieb, Gauner vereinz., HILL 115. – **3.** kleingewachsener Mensch vereinz., BLFPVK 6,107. – **Taschenlock** n. zum Anbringen einer Tasche vorgesehene Öffnung in einem Kleidungsstück. – Sagw.: *Dat treckt sik alls nåh'n Lief, sär de Schnieder, då har he denn Ärmel in't Taschenloch neejt* Pyr/Lt. – **Taschenmetz** n. Taschenmesser. *Dat Taschenmetz schnitt got* Ran/Pe. Vgl. Klappmetz. – **Taschenschilling** m. Geldmünze von geringem Wert selt. VPom.

tåschk(e)re sw. schäkern, flirten, sich necken verstr. NOPom, JOSTWB 99. *Dei Jung' will mit demm Mäke tåschkre* Sto/Pf. Refl.: *Ut dei beid ward noch wat, dei tåschkre sich immerto* Lau/GW. Vgl. MWB 7,3: *taaschen* verwöhnen, verzärteln.

tåsen sw. **1.** zerren, zausen, rütteln vereinz. *Dei Wind tåst an't Strohdack* Ank/An. Vgl. tossen. – **2.** schwerfällig gehen, sich mit einer Last abmühen vereinz. *Sei tåst mit de Wäsch hen u' her* Cam/He. – **3.** ein enges Liebesverhältnis mit jmd. haben, unzertrennlich sein vereinz. *Hei tåst all lang mit dei Diern* Dem/Tp. Auch refl.: *Sei tåse sech all lang* Reg/Kt. – **tåsig** Adj. langsam, behäbig vereinz. VPom. *De Diern is reigen so tåsig, de kümmt nich ut'e Stell* Gri/Ge. → sacht.

Tass¹ m./n., *Tast* selt., Pl. *Täss, Tasse* LAUWB 350ª, Fach in der Scheune, bes. zur Lagerung von Getreidegarben MPom, verbr. südl. HPom. *Wi hemm' dat Tass vull Weiten packt* Ghg/Wt. *De Knecht hett all eenen Tass utdöscht* Ran/Sr. *Rogg liggt im Taß krüzwies un twas* ¹NERE 73. Syn. Banse(n), Fack¹. – Nl. Siedlungswort, vgl. ⁶TEU 281ff. mit Kt.

Tass² f., *Tåss* Lau/Ke, Pl. *-en*, Tasse, Obertasse. *Sei hett dei Tass ut Porzlån intweischmäten* Dem/Kt. *Dei Tass is schwibbenvull* randvoll Gri/Gm. *Geit mi noch 'ne Tass Kaffe in!* Gwd/Ba. *De Kleene drinkt all ut'e Tass* Pyr/Wa. – Ral.: *nich alle Tassen in't Schapp hebben* nicht recht bei Verstand sein Gri/Bo, ähnl. verbr. Syn. Tassenkopp.

tassen sw. Getreidegarben in das Scheunenfach packen verstr. MPom u. südl. HPom. *Du kast man denn Weiten tassen* Ran/Pe. *Grotvodde mutt dat Korn tasse* Nau/De. *Wi wille denn Rogge tasse* Kol/Pr. Syn. bansen, facken[1].

Tassenkopp m., veralt. **1.** Tasse, Obertasse. *Geit man denn lütten Rest Melk in'n Tassenkopp!* Gwd/Nu. Als grobe Maßangabe im Haushalt: *Wi bruken twei Tassenköpp vull Mähl* Gwald. Syn. Tass[2]. – **2.** Becher mit Henkel selt. → Bäker.

Tasslüd Pl., veralt., Arbeiter, die Getreidegarben in das Scheunenfach packten °Reg, °Dra. Syn. Facklüd.

tasten sw. Hühner abtasten, um zu prüfen, ob sich ein Ei gebildet hat. Schroffe Abweisung: *Gåh hen un tast de Höhner!* Rüg/Dm, ähnl. verstr. Vgl. fäuhlen.

tastrig Adj. faserig, zäh, voller Sehnen selt. MPom ZPom.

Tåtak m. alter Mann vereinz. °Lau. – Zur vermutlich pomor. Herkunft s. [10]WIN 112.

Tåter m., zumeist pejor., Zigeuner. In den meisten Belegen spiegeln sich hartnäckige, dumpfe Vorurteile gegenüber Sinti und Roma. *Lütte Kerls* [...] *brun von de Sünn brennt, noch düller as Taters* DLP 5,66. *Dei süht ut as 'n Tåter* sieht zerlumpt aus Rüg/Ae. *Hei stählt as 'n Tåter* er ist ein notorischer Dieb Gwd/Ba. Kinder warnte man sogar: *Lop vör dei Taters weg, sei stählen lütt Kinner!* HUMGWD 9,3,12.

Laut- u. Formvar.: *Tåder* vereinz. VPom, *Tårer* vereinz. – Pl.: *-s* verbr., *-n* vereinz.

Tåtergloben m. abergläubische Vorstellung verstr. VPom. – **tåterglööfsch** Adj. abergläubisch selt. VPom. – **tåtern** sw. ununterbrochen schwatzen Gri/Bo, Sch/Pk,Wa, Büt/Bt. – **Tåtersch** f., zumeist pejor., Zigeunerin. *Dei Tåtersch hett ehr wohrseggt* Gwd/Ba. – **Tåterwief** n. dass.

Tatsch f., kindspr., Hand, Händchen. – **tåtscheln** sw. streicheln, liebkosen HOMWB 201[b].

Tatte m., kindspr., auch *Tadde, Tatt* HOMWB 203[a], Vater selt. VPom, Rum/Pr, HOEFAMSC 482[b]. – **Tattimömm** n., auch *Taddimömm*, verzärteltes, hilfloses Kind (das nach dem Vater ruft) selt. VPom. Vgl. MWB 7,39: *tattermömmern.*

tau zu. **1.** Präp. – **1.1.** lokal. – **1.1.1.** zur Kennzeichnung der Richtung oder des Ziels einer Bewegung. *Wi gåhn to Markt* Ank/An. *Hei führt tau Holt* fährt in den Wald Rüg/Ae. *Dei Mannslüd gåhn tau Kraug* die Männer gehen in das Wirtshaus Gwd/Nu. *Dei Käuh gåhn tau Stall* Fra/Zi. *Hei ward tau Graff bröcht* er wird zu Grabe getragen Dem/Tp; *tau Bœn stiegen* auf den Dachboden steigen Gri/Gm. *De Jung' löppt to Hus* läuft nach Hause Rüg/Dm. Vgl. nåh[2]. – **1.1.2.** um einen Ort oder ein Lageverhältnis anzugeben. *Nu bün ik wedder tau Hus* Fra/Ln; *tau Pierd sitten* Gri/Bo; *tau Bedd liggen* bettlägerig sein Dem/Kt. – **1.2.** zur Kennzeichnung eines Zeitpunkts oder einer Zeitspanne. *Hei kümmt tau Ostern orrer tau Pingsten* Gri/Mi; *tau Åbend* am Abend Gwd/Da; *tau dei Tiet* zu dieser Zeit Dem/Kt; *to glieker Tiet* zur gleichen Zeit Rüg/Pu; *to rechtern Tiet* zur rechten Zeit Pyr/Lt; *tau Klock twölben* um zwölf Uhr Gwd/Nu. – **1.3.** zur Kennzeichnung der Art und Weise. *Wi lopen tau Faut* Dem/De; *to Schipp führen* eine Schiffsreise machen Rüg/Sn; *nich mihr tau best sin* kaum noch brauchbar sein Gwd/Da; *to glieken Deelen* Pyr/Lt. In Vbdg. mit Zahlwörtern: *twee to twee* paarweise Stral; *tau drüdd* zu dritt Gwd/Nu. – **1.4.** um eine Absicht, einen Zweck oder einen Anlass zu kennzeichnen. *Tau wat bruukst du dat Tüg?* Gri/Go. *Dat is em nich to Sinn* das beabsichtigt er nicht Uec/Pa. *Dees Stein is bäter tau Schrot* dieser Mahlstein eignet sich besser, um Schrot herzustellen Gri/Mi; *'n Goorn to Ies* ein Netz für die Eisfischerei Use/We. *Tau Wihnachten war ik di wat schenken* Fra/Bn. *Ik heff mi Tiet laute to em* habe mir Zeit für ihn gelassen Gbg/Vi. Nachgestellt: *Dat is narens tau* eignet sich für gar nichts Fra/Bn. – **1.5.** zur Kennzeichnung des Resultats, der Folge von etwas. *Vadding is tau Johren kåmen* ist gealtert Gwd/Ba. *Sei is tau Dod kåmen* ist gestorben Dem/Kt. – **1.6.** um ein Verhältnis zu jmd. oder etwas auszudrücken. *Is hei dei Vadder tau dat Kind?* ist er der Kindsvater? Gwd/Nu. *He is to mi Schwåger* ist mein Schwager Uec/Pa. *Wat meinst du tau dat Stück?* was hältst du davon? Gwd/Ba. – **2.** Adv. – **2.1.** weiter, los, vorwärts! Nur im Imperativ: *Jungs, nu man to!* beeilt euch! Rüg/Pu. Aufmunterung zur Arbeit: *Nu man tau, dat't Åbend ward!* Gwd/Ze. – **2.2.** dazu, zusätzlich, obendrein. *Hest du 'n Stück Brot tau?* Gwald. *Hei will noch mihr tau* Gwd/Ba. *Sei lachen em noch tau ut* Dem/Tp. *Dat Gild is he noch to los* Pyr/Lt. – **2.3.** um auszudrücken, daß ein angemessenes Maß über- oder unterschritten ist. *Dei Beddstell is tau kort* Gri/Ge. *Dat is för mi tau schwor* Pyr/Py. *Hei is tau un tau dœsig* er ist überaus dumm Gwd/Nu. – **2.4.** in Vbdg. mit einer Präp. *nåh Nuurden tau* in Richtung Norden Gwd/Ba; *nåh de Stadt to* hin zur Stadt Pyr/Lt. *Dat geiht up Meddag tau* es ist fast schon Mittag Fra/Ln; *von Lann' tau* vom Land aus Fra/Zi; *von Morgen to* seit dem Morgen Uec/Pa. – **3.** Adj. geschlossen, nicht offen. *Hei licht dor mit taue Ogen* Rüg/Ae. *Wi schlåpen bi taue Finster* Gri/Mi; *taue Dören* Gwd/Ba. Syn. tauig. – **4.** Konjunk. Nur in Vbdg. mit Infinitiven und zumeist in Abhängigkeit bestimmter Verben. *Hier gifft dat nicks tau kieken* Gwd/Wc. *Dei kümmt an tau lopen* kommt angelaufen Ank/Km. *Sei kümmt bald tau liggen* sie bekommt bald ein Kind Fra/Ln. *Sei kümmt to backen* um zu backen Fra/Fr. *Ik heff nicks mihr tau drinken* Gri/Mi. *Dat Peerd hett schwor to lasten* Ghg/Li. *Wat hest du hier tau lure?*

worauf wartest du hier? Lau/GW. *Dat is licht tau måken* Dem/Kt. *Hei is noch tau bruken worden* er hat schließlich doch noch brauchbare Leistungen gezeigt Gri/Go. *Wur is hei tau wåhnen?* wo wohnt er? Gwd/Nu. *He is bi to plöje* er pflügt Pyr/Lt. *Hei måkt ehr tau lachen* bringt sie zum Lachen Gwd/Ba. *Hei hett verspråken, em tau besäuken* Fra/Zi. *De wett sich ümme to helpe* Pyr/Wi. Ohne ein Bezugsverb: *So'n groten Jung' un to roren!* so ein großer Junge weint doch nicht! Gwald.

Lautvar.: Zur Realisierung des Stammvokals mit den Hauptvar. *tau* und *to* s. PWB 1,1,LXVII, Kt.14.

Tau n., vereinz. m., selt. f. **1.** bes. seem., dickes Seil. *Dei Taugen warden an'n Poller fastmåkt* Gwd/Wc. *Wi möten dat Tau reppen* reffen Gwald; *dat Tau nåhlåten* weniger stark spannen Stral. – **2.** Webstuhl verbr. HPom, sonst selt. *Wi sette nu de Tau up, wi wille wäwe* Stolp; *dat Tau upschlån* den Webstuhl aufstellen Ghg/Wt; *dat Töw' afbräke* abbauen, aus der Stube entfernen Reg/Rg. → Wäfstauhl. – **3.** gebogenes Querholz am Zuggeschirr vereinz. VPom. Auch: die gesamte Zugvorrichtung ebda. Vgl. DWA 9, Kt.10. – **4.** fischerspr., Angelschnur vereinz. im Belbucker Abteibezirk. – Mnd. *touwe.*

Laut- u. Formvar.: Hauptvar.: *Taug* selt. °Rüg, Neu/Pn, *Töff* verbr. im Belbucker Abteibezirk, *Töw'* Reg/Rg, [2]EBE 17, *Töu* vereinz. im Belbucker Abteibezirk, *Töj'* vereinz. ZPom, *Tœch* Saa/Ja, *Töch* Reg/Kt, *Tüff* östl. °Gbg, westl. °Kol, *Tüjj*, *Tüch* Pyr/Pe, verbr. SPom, KÜHL 52, *Tüədsch* Neu/Rt [10]TEU 246, *Tüətch* Neu/Th, *Tüüdj* Neu/Pn. Zu weiteren Einzel- und Seltenheitsbelegen östlich der Oder vgl. PRI/TEU 227. – Pl.: *Taugen* verbr. VPom, sonst *-e*, selt. *-s*.

tauackern sw., landw., die Feldbestellung zum Abschluß bringen vereinz. Vgl. tauseigen. – **tauäten** st. **1.** beim Essen kräftig zulangen, schnell essen. *Ät man 'n bäten tau, dat du farig warst!* Gwald. – **2.** als Beilage, zusätzlich zu etwas essen. *Du mööst uk Tüften tauäten!* Gwd/Ba. Vgl. taubieten.

taubacken sw. **1.** zukleben, verkleben. *Hest du denn Breif all taubackt?* Gwd/Ba; *een Loch in'e Wand tobacke* mit Spachtelmasse zuschmieren Pyr/Py. Übertr.: *Dei See backt tau* auf der Ostsee bildet sich eine Eisdecke Gbg/Rw. – **2.** Geld zusetzen, draufzahlen. *Bi dat Geschäft hett hei väl Geld taubackt* Fra/Fr. *Bi denn Bu* [Hausbau] *heff ik düchdig tobackt* Uec/Ue.

Rsyn. zu 2.: *ranbacken, taubicke, taubottern, tauschaustern, tauscheiten, tausetten.* Veralt.: *taubäuten.*

tauballern sw. zuknallen, geräuschvoll ins Schloß werfen. *He ballert mi de Dör vör de Näs to* Pyr/Lt. – **taubäuten** sw. **1.** zusätzlich heizen. *Dat is kolt in'e Stuf. Sall ik noch wat taubäuten?* Gwd/Ba. – **2.** jmd. hart zusetzen, peinigen. *Ik heff em so taubött, hei wür tauletzt ganz lütt un sär gor nicks mihr* Rüg/Ae. Vgl. taubögen. – **3.** veralt., Geld zusetzen, einbüßen. [...] *so het dei Stadt doch 128727 Rieksdalers boor taubeuten müßt* [2]ADAM 62. → taubacken. – **Taubehür** n. Zubehör vereinz., HOMWB 203[a]. *Hei verköfft dat Schipp mit allen Taubehür* Gwd/Ba.

täuben sw. **1.** auf jmd. oder etwas warten; sich gedulden. *Ik war hier noch 'ne lütt Wiel täuben* Ank/Br. *Täuf 'n Ogenblick up mi, ik bün glieks farig!* Fra/Br. *Ik ka' nech töwe, bet hei werrekümmt* Gbg/Gp. Auch transitiv: *Täuf mi!* warte auf mich! Gri/Ge. Pragmatischer Ratschlag: *Man ümmer gedüllig täuben!* Rüg/Wi. – Ral.: *Dor kannst du up täuben, bet du olt un kolt warst!* darauf kannst du lange warten! Rüg/Ae. Floskelhaft, wenn man lange warten muß: *Wenn 't noch lang duert, täuben wi noch 'n bäten* Gwd/Ba, ähnl. verstr. – Sagw.: *Wecker töwen kann, kriggt uck woll en Mann, säd dat Mäken, don was sei dörtig* HUMGWD 12,13,5. Syn. luern, wachten. – **2.** bleiben, ausharren. *De tööft up keene Stell* hält es an keinem Arbeitsplatz lange aus Rüg/Zi. Über jmd., der sein Geld verschwendet: *Bi denn tööft dat Geld nich* Gwald. Wenn sich jmd. erbricht: *Dat Äten will nich bi em täuben* Gri/Gm. – **3.** zögern, unentschlossen sein. *Täuf nich tau langen!* Ank/Br. *Wat tööfst du bloß?* warum entscheidest du dich nicht? Saa/Ja. – **4.** sich vorsehen, sich hüten. Nur in Drohungen und Warnungen: *Täuf, di bring ik gliek up 'n Draff!* Dem/Tp. *Töf, du Bengel, di war ik krieje!* Gbg/Gp.

Lautvar.: Zur Realisierung des Stammvokals s. PWB 1,1, LXVIII, Kt.15. Hauptvar.: *täuwen* verstr. VPom, *töben, töwen* verbr. °Rüg, MPom, *töwe* verbr. ZPom, *töwa* verbr. SPom, *taiwe* nordöstl. HPom.

taubereiden sw. etwas zubereiten, vorbereiten vereinz., HOMWB 203[a]. *Deig taubereiden* Gwd/Ba. Gebräuchlicher ist bereiden. – **taubicke** sw. Geld zuschießen, draufzahlen vereinz. ZPom, LAUWB 350[b]. *Bi denn Kop müßt hei taubicke* Kol/Pr. → taubacken. – **taubieten** st. **1.** zubeißen. *Dei Hund bitt fuurts tau* Gwd/Nu. Übertr.: *Biet mi nich so tau!* sprich nicht so grob mit mir! Gri/Mi. – **2.** als Beilage essen, dazu essen. *Ik will fix Kaffe kåken, hål du 'n bäten tau'n Taubieten von'n Bäcker!* Gwald. – Sagw.: *Dat is eie kleie bitz tau'm Taubieten, secht dei Bur u' nimmt sich de ganz Wust* Dra/La. Vgl. tauäten. – **taubinnen** st. zubinden. *Dei Möller hett denn Sack taubunnen* Gwd/Ba; *dei Schauh taubinnen* Dem/Kt. – Ral.: *Nu binn di man dei Bücksen tau!* sieh dich vor, jetzt wird es gefährlich! Rüg/Ae. – **Taubinnerlock** n., fischerspr., kleine Öffnung am Ende des Zeesnetzes, die beim Fischen zugebunden wird Fra/Bo,Pu, RAS 86. Syn. s. Schietlock. – **taubögen** sw. **1.** hart zusetzen, schikanieren vereinz. VPom, verbr. MPom HPom. *De Kutscher böögt ehr* [den Pferden] *väl to* Ghg/Gr. Vgl. taubäuten. – **2.** jmd. etwas zukommen lassen vereinz. ZPom. – **taubottern** sw. **1.** zubuttern. *Mit dat Geld bün ik nich utkåmen, ik müßt noch düchtig tauboddern* Fra/Zi. → taubacken. – **2.** refl., sich finanziell ruinieren vereinz. *Hei ward sich noch tauboddern, hei hett all väl*

Schullen Gri/Go. – **taubringen** unr. zubringen. **1.** verbringen. *Hei hett drei Johr in'e Frömd taubröcht* Gwd/Ba. *Dees Nacht heww ik bös taubröcht* in dieser Nacht habe ich keinen Schlaf gefunden Gri/Mi. – **2.** etwas in eine Gemeinschaft (bes. in die Ehe) einbringen. *Sien Fru hett em väl Geld taubröcht* Dem/De; *taubröcht Kinner* angeheiratete Kinder Fra/Pe. Vgl. tauhopbringen. – **3.** herbeibringen vereinz. – **Taubrot** n. Brotaufstrich, Zukost zum Brot. *Dor kümmt Besäuk. Bring noch 'n bäten Taubrot up'n Disch!* Fra/Zi. *Wi krieje as Taubrot Wust u' Schinken tau'm tweite Frühstück* Nau/De. Syn. Taukost. – **taubugen** sw. zubauen, durch Bauen ausfüllen. – Ral.: *sich denn Hinnelsten taubugen* sich bei einem Bauprojekt finanziell übernehmen Dem/De, ähnl. vereinz. – **taubünzeln** sw. zubinden, zuschnüren vereinz. – **taudämmen** sw. zupflastern.

taudån Adj., nur präd., zugetan, zugeneigt. *Dei Lütt is mi so taudån, hei will mi ümmer pussen* Fra/Zi. Vgl. taudaulich.

Laut- u. Formvar.: *taugedån* vereinz., *tau(ge)dånig* vereinz. VPom, sonst selt., *taudånsch* selt.

Taudåt f. Zutat. *Hest du all dei Taudåten tau'n Kauken?* Gwd/Ba. *De Schnieder hett alle Todåten för dat Kleed* Gwald. Spöttisch über einen Dummkopf: *Bi em hemm' dei Taudåten nich reikt* Gri/Bo, ähnl. vereinz. – **taudaulich** Adj., *-daunlich* vereinz. VPom, zutraulich, anhänglich, wohlwollend vereinz. *Ik bün gistern ierst kåmen, äwer dien Kind is all ganz todolich to mi* Rüg/Dm. Vgl. taudån. – **taudaun** st. **1.** etwas dazutun, hinzufügen. *Hei möt noch teigen Mark taudaun* Gwd/Ba. *Sei hett tau denn Ring noch Sülwer taudån* Fra/Br. – **2.** jmd. etwas zureichen, anreichen. *He mutt demm Murer de Steener todon* Pyr/Lt. – **3.** für jmd. vorgesehen, bestimmt sein. *Wat di todån is, kannst du ruhig annähmen* Rüg/Pu. – **4.** zumachen, schließen. *Ik heff dei ganze Nacht kein Og taudån* Fra/Pe. Syn. taumåken. – **Taudeck** f. **1.** Zudecke, Oberbett. – **2.** Abdeckung LauWb 351[a]. – **taudecken** sw. **1.** zudecken, bedecken. *Hest du di nachts nich orig taudeckt? Du hest jo so'n Schnuppen* Gwd/Ba. *Dei Sod möt taudeckt warn* Fra/Pe; *de Glaut mit Asch taudecke* Cam/Kw. – **2.** jmd. verprügeln. *As he dat Mul werrer so upreet, hebben se em düchdig todeckt* Rüg/Zi. *Ik war em mit 'n däägten Schacht* [Knüppel] *taudecken* Gri/Ge. – **taudeigen** sw. **1.** durch eine teigartige, zähe Masse verstopft oder verklebt sein. *Dat Rokloch von'n Åben is taudeigt von'n Rautz* Ank/Br. *Dei Näs is mi reigen taudeigt von'n Snuppen* Gri/Ge. – **2.** in Schmutz und Unordnung verkommen. *Wur süht dat bi di ut? Du deigst noch ganz tau!* Fra/Pe. – **taudeilen** sw. zuteilen. *Dei Buern kriegen all 'n bäten Land taudeilt* Gwd/Ba; *de Arbeet taudeile* Cam/Kw. – **taudenken** unr. zudenken, für jmd. vorsehen. *Mihr Geld hest du mi nich todacht?* Ank/An. *Wecker weit, wat mi taudacht is?* wer weiß, was mir die Zukunft bringt? Gwald. – **taudicken** sw. sich mit dunklen Wolken beziehen vereinz. *Dat dickt so tau, dat gifft Räje(n)* Reg/Rg. → betrecken. – **taudrägen** st. zutragen. **1.** zu jmd. hinbringen. *Dei Handlanger möt Sand un Stein taudrägen* Gwd/Nu. – **2.** hinterbringen. *Sei hett em dat Vertelles* [Gerücht] *uk all taudrågen* Gwd/Ba. – **3.** refl., sich ereignen, geschehen. *Dat Unglück hett sich gistern taudrågen* Gri/Mi. – **4.** Ertrag bringen. *Dei niegen Pantüffeln* [Kartoffeln] *drägen bäter tau un smecken uk gaut* Rüg/Ae. – **Taudräger** m. Zuträger. **1.** Handlanger vereinz. *Hei wier Taudräger bi dei Handwarkers* Gwd/Ba. – **2.** jmd., der best. Personen heimlich über etwas Mitteilung macht vereinz. – **taudräglich** Adj. zuträglich verstr. *Dat Supen is sienen Geldbüdel nich taudräglich* Use/Us. – **taudreigen** sw. zudrehen, durch Drehen verschließen. – **taudrieben** st. **1.** Tiere auf ein best. Ziel zutreiben. *Hei leet sich dat Veih taudrieben* Gwd/Ba. – **2.** (von einer Strömung) in Richtung auf etw. oder jmd. getrieben werden. – **3.** jmd. hart zusetzen vereinz., HomWb 203[a]. Stoßseufzer: *De Jung drifft mi wat to!* Dra/Dr. – **4.** zuwehen vereinz. *De Stråt is all ganz todräwen* Pyr/Lt. – **taudrinken** st. **1.** jmd. zutrinken, zuprosten. *Hei drinkt em so oft tau, bet hei dun is* Gwd/Ba. Wechselrede beim Zuprosten: *Ik drink di tau! Dat dau! Ik heff di taudrunken! Du hest 'n rechten Mann dråpen!* Gri/Ti, ähnl. verstr. Vgl. tausupen. – **2.** zu etw. dazutrinken. *Bi dei Måhltiet möt man 'n por Schluck taudrinken un nåhspäulen* Gwald. – **taudrücken** sw. zudrücken. *Hei drückt em dei Kähl tau* Dem/Kt. – **taueg(g)en** sw. die Saat beim Eggen mit Erde bedecken.

Täuf m., *Töf* Uec/Ge, Ghg/Li, *Taif* vereinz. NOPom, zeitlicher Spielraum vereinz. *Ik heff keen Täuf mehr, måk fix!* Cam/Sp. – Zu täuben.

Taufall m. **1.** Zufall. *Dat sall 'n Taufall sin? Dat glööft kein Minsch!* Gwd/Ba. – **2.** (epileptischer) Anfall vereinz. In fester Vbdg.: *'n schläägschen Taufall* Schlaganfall vereinz. – **taufallen** st. zufallen. **1.** sich von selbst schließen. *He is so möd, de Ojen fallen em all to* Stett. – **2.** (durch glückliche Umstände) in den Besitz von etw. kommen. *Hei bruukt sich nich anstrengen, em föllt alls licht tau* Gwd/Ba. – **taufällig** Adj. zufällig. *Ik heff em gistern taufällig bi'n Bäcker dråpen* Gri/Ti. – **taufåten** sw./st. zufassen, zupacken. *Hei föt 'n bäten hart tau, un bauz wier dat Ding bråken* Gwd/Ba. Scherzh. Aufforderung zum Essen: *Nu fåt man tau, œwer nich in'e Hor!* Gwald, ähnl. verstr. – Sagw.: *Kumm sett di, Vœjelke, sär de Voss, dunn föt he to* Ghg/Hi. – **taufaudern** sw. zufüttern, zusätzlich verfüttern verstr. *Dei Schwien warden nich fett naug, ik möt Schrot un Melk taufaudern* Gwd/Nu. – **taufeddern** sw. ein vollständiges Federkleid ausbilden. *Dei Küken sünd all taufeddert* Gwd/Ze. Syn. tauflüchten, tauwassen. – **taufleigen** st. zufliegen, zu jmd. geflogen kommen. *De Duf is mi toflåje* Pyr/Py. Übertr.: *Väl lihren* [lernen] *bruukt hei nich, dat flücht em so tau* Gwd/Ba. – **taufleiten** st. **1.** sich fließend auf etw. zubewegen. – **2.** übermitteln vereinz., [1]TIB 181. *Sei leet em denn Breif taufleiten* Ank/An. – **Tauflucht** f. Zuflucht vereinz., GEB 56. – **tauflüchten** sw. ein vollständiges Federkleid entwickeln verstr. HPom, sonst selt. *Dei Jäus* [Gänse] *flüchte tau* Kol/Go. Syn. s. taufeddern. – **tauflüstern** sw. zuflüstern. – **taufohren** sw./st. zufahren. **1.** sich ungestüm auf jmd. zubewegen. *Dei Hund fohrte mit eis up em tau un beet em* Gwd/Ba. Syn. losfohren. – **2.** schneller fahren, zügig weiterfahren vereinz. Gebräuchlicher ist tauführen.

taufräden Adj. zufrieden. *Dat hest du gaut måkt, ik bün taufräden* Ank/Br. *Hei kann mit sien Läben woll taufräden sin* Gri/Mi. *Dei Oll is nie nich taufräden, hei schimpt denn ganzen Dag* Fra/Fr. *Dei Jung' is taufräre mit'm Stück Brot* Dra/La.

Lautvar.: *taufräre* verbr. ZPom, *tofräje* vereinz. °Pyr. Verkürzt: *fräden* selt., *fräre* selt. ZPom.

taufreisen st. zufrieren. Bei strenger Kälte heißt es: *Dat is so kult, dat einen dei Noors taufriert* Dem/Tp, ähnl. verstr. Zu jmd., der keine Antwort gibt: *Is di dat Mul taufroren?* Fra/Br. – **tauführen** sw. schneller fahren, zügig weiterfahren. *Nu führ man 'n bäten tau, süss kåmen wi tau låt!* Gwd/Ba. Vgl. taufohren.

Taug s. Tau.

taugäben st./unr. **1.** dazugeben, hinzufügen. *Dei Kopmann gifft 'ne Tüt Böngers tau* Gwd/Ba. *Hei möt noch 'n bäten Geld taugäben* Dem/Kt. Einen Nichtskönner verspottet man mit den Worten: *Du bist gaut tum Taugaewen, wenn dat Dutz vull is* [5]KNO 1,12, ähnl. verstr. – **2.** als zutreffend anerkennen. *He gifft dat nich to, dat he mit dat Mäke wat to don hett* Pyr/Lt. *De will dat mit Willen nich* [absolut nicht] *togäben* Ran/Ro. – **3.** refl., sich mit etwas abfinden, sich fügen vereinz. – **Taugåf** f. Zugabe bei einem Kauf verstr. *Dat Stück Seip heww ik as Taugåf krägen* Rüg/Ae. Syn. Taugäfsel, Taugift. – **Taugäfsel** n. dass. vereinz.

taugägen Adv., zweite Silbe betont. **1.** zugegen, anwesend vereinz. Nur in Vbdg. mit *sin*: *Hei wier nich taugägen, as dat bespråken wür* Gwd/Ba. – **2.** zuwider, verhaßt vereinz. *Dat is mi so taugägen, dat kann ik nich daun* Gwd/Nu. Vgl. dorgägen.

taugåhn st. zugehen. **1.** zügig weitergehen, sich beim Gehen beeilen. *Nu gåh 'n bäten tau, holl di nich up!* Fra/Zi. – **2.** in best. Weise vor sich gehen. *Ik weit nich, wur dat taugeiht, dat't in'e Stuf ümmer so kolt is* Gwd/Ba. – Sagw.: *Dat geiht nich mit rechten Dingen tau, säd dei Jung', don har hei dat lüttst Stück von'e Wust krägen* Gwald. – **3.** sich schließen. *Dei Dör un dei Puurt* [Pforte] *gåhn nich tau* Fra/Br. – **4.** sich auf jmd. oder etwas zubewegen, sich nähern verstr. *Dat jeht up söss to* es ist gleich sechs Uhr Stett. – **5.** veralt., einen neuen Gesindedienst antreten verstr. *All half Johr güngen de Deenstmäkens to* Uec/Ue.

taugangen Adv., zweite Silbe betont, zugange. **1.** mit etwas beschäftigt. *Dei Bur is mit dei Käuh taugangen* Gwd/Ze. – **2.** auf den Beinen, wohlauf. *Dat geiht mi gaut, ik bün wedder taugangen!* Fra/Zi.

Taugaut n., seem., Tauwerk vereinz., [3]SEG 82. Syn. Tauwark.

taugeiten st. zugießen. *Sall ik di noch 'n Schluck Kaffe taugeiten?* Gwd/Nu. *Ik möt noch Wårer taugeiten, süss brennt dat Fleisch an* Gwd/Ba. – Volksgl.: *Wenn einen Kaffe orer Tee in'e Tass taugåten ward, kricht man 'ne bös Schwiegermurrer* Gwd/Ba, ähnl. verstr. – **Taugift** f., veraltd., Zugabe bei einem Kauf vereinz. [...] *en por Rosinen ore en Stücking Zuckerkant as Taugiwwt* LUCIA 53. Syn. s. Taugåf.

taugliek Adv., Endsilbe betont, zugleich, zur gleichen Zeit. *Sei wieren beid taugliek in'e Schaul* Gwd/Ba. *De Lüd singen nu all taugliek* Dem/Kt. *De twee wasche sich togliek in een Schöttel* Pyr/Py. – Sagw.: *Nu man all togliek! säd de Bur, don har hei man een' Mähr' vör 'n Wagen* HUMGWD 7,22,11.

tauglöben sw., veraltd., (jmd.) etwas glauben vereinz. VPom MPom. *Du kannst mi dat toglöben, dat is wiss un wohr!* Rüg/Pu. – **taugnappen** sw. zubeißen (bes. von Tieren) verstr. – **taugrapsen** sw. hastig nach etwas greifen verstr. *Hei grapst mit beiden Hännen tau* Ank/An. – **taugräunen** sw. **1.** verunkrauten vereinz. – **2.** sich dicht belauben Gwd/Ba. – **taugriepen** st. zugreifen. **1.** nach etwas greifen, zulangen. – **2.** tatkräftig arbeiten. – **tauhåken** sw. mit einem Haken verschließen. *Wenn't düüster ward, håkt dei Bur dei Dör tau* Gri/Lo. – **tauhappsen** sw. zubeißen, (gierig) zuschnappen. *Dei Hund happste tau un weg wier dei Wust* Gwd/Ba. – **tauhaugen** sw., selt. st., zuhauen. **1.** zuschlagen, einen oder mehrere Schläge ausführen. *Du mööst düller tauhaugen, wenn wi döschen* Gri/Mi. – **2.** etwas mit Axt oder Beil zurechthauen, in die gewünschte Form bringen. *Dei Schlächter haugt dat Schwien tau* zerlegt das Schwein fachgerecht nach dem Schlachten Fra/Zi. – Sprw.: *Wat tau'n Schwienstrog tohaugt is, dor ward keen Vigelin mihr ut* HUMGWD 6,18,12. – **tauhollen** st. zuhalten, geschlossen halten. *Hei höllt dei Dör tau* Gwd/Ba. Scherzh.: *Hull eis dei Ogen tau! Alls, wat du denn sühst, war ik di schinken* Ank/Br.

tauhop Adv. zusammen, gemeinsam. *Wi packen dat Tüg tohop in einen Sack* Gri/Vl. *Sei gåhn tauhop nåh Schaul* Dem/De. *Dit Bauk schriewe wi top* Bel/Kw. –

Ral.: *De hett se nich all tohop* der ist verrückt, nicht ganz normal Ghg/Gr, ähnl. verbr. *Wat tauhop sall, dat kümmt tauhop, un wenn't dei Düwel up'e Schufkor koort* Gwd/Nu, ähnl. verstr. Syn. tausåmen.

Laut- u. Formvar.: Das Wort wird in den pom. Mundarten häufig zu *tôp* verkürzt. In VPom sind zudem vereinzelt die Varianten *tauhopen, tohopen* belegt.

tauhoparbeiden sw. zusammenarbeiten. – **tauhopbacken** sw. zusammenkleben. *Dat is mit kollen Liem tauhopbackt* ist schlecht verleimt Gri/Gm. – **tauhopbinnen** st. zusammenbinden, verschnüren. *Stroh topbinne* DKr/La. – **tauhopbören** sw. schwer heben, harte körperliche Arbeit verrichten verstr. – **tauhopbräken** st. zusammenbrechen, einstürzen. – **tauhopbringen** unr. zusammenbringen, Zusammengehöriges vereinen. *Dat sünd tauhopbröcht Kinner* von beiden Partnern in die Ehe eingebrachte Kinder Gri/Ti. Vgl. taubringen. – **tauhopbrugen** sw. etwas zusammenbrauen, zusammenkochen. *Wat deist du dor tauhopbrugen? Låt eis schmecken!* Gwd/Ba. – **tauhopdaun** st., refl., sich zusammentun verstr. *Dei wille sich topdöue* sie wollen heiraten Gbg/Gp. Vgl. tauhopgäben. – **Tauhopdråg** n./m. Geschwür verstr. VPom. *Mudder hett 'n Tauhopdråg an'n Arm, dat bottert* [eitert] *bannig* Dem/Tp. → Schwär. – **tauhopdrägen** st. **1.** zusammentragen, sammeln, aufhäufen. *Garben tohopdrägen* Gri/Mi. Im Vergleich: *Sei drägen tohop as dei Immen* sie raffen fleißig Geld zusammen Dem/De. – **2.** zu einem eitrigen Geschwür werden. *Dat drecht tauhop an mienen Finger, dat deit mi all bannig weih* Dem/Tp. – **tauhopdreigen** sw. zusammendrehen. *Dat Strohseil ward topdreiht* Stolp. – **tauhopdrieben** st. zusammentreiben, auf einen Haufen treiben. – **tauhopdrögen** sw. austrocknen und dadurch einschrumpeln. – **tauhopdrömen** sw. unsinnig, unüberlegt daherreden verstr. – **tauhopdrœnen** sw. dass. verstr. – **tauhopdrüüschen** sw. viel dummes Zeug erzählen vereinz. VPom MPom, verstr. HPom. – **tauhopfallen** st. zusammenfallen, einstürzen vereinz. *Wat se buugt hebben, is allens wedder tauhopfollen* Fra/Zi. – **tauhopfechten** sw./st. sich etwas zusammenbetteln verstr. Syn. tauhopschnurren. – **tauhopfinnen** st. zusammenfinden. **1.** refl., zueinanderfinden, sich zusammenschließen. – **2.** etwas zusammensuchen, wieder zusammenfügen vereinz. – **tauhopflicken** sw. zusammenflicken. – **tauhopfösten** sw. viel umherlaufen verstr. MPom HPom. – **tauhopfrünnen** sw. **1.** durch Einheirat miteinander verwandt sein verstr. – **2.** sich anfreunden vereinz. – **tauhopgäben** st./unr. **1.** miteinander verheiraten, zur Ehe geben. *Dei Paster hett dat Por still tauhopgäben* Gwd/Ba. – **2.** refl., heiraten. *Mien Dochter un ehr Brüjam willen sich dees Woch noch tauhopgäwen* Dem/Tp. Vgl. tauhopdaun. – **tauhophacken** sw. **1.** zusammenkleben, -haften. – **2.** unzertrennlich sein. – **tauhophålen** sw. schlechtes Wetter heranführen (vom Wind) verstr. *Dei Wind hålt Schnei tauhop* sorgt für Unwetter mit Schnee Gri/Wd. – **tauhophollen** st. zusammenhalten. **1.** fest zusammengefügt bleiben. – **2.** unverbrüchlich zusammenstehen. *De beide Bröjer* [Brüder] *hulle sehr top* Pyr/Lt. – **3.** etwas beisammenhalten. *Sei höllt ehrn Kråm tauhop* sie ist sehr sparsam Gri/Go. – **tauhophüren** sw. zusammengehören, eine Einheit bilden. – Sagw.: *Liek un liek hüürt tauhop, säd de Düwel, don har he 'n Afkåten, 'n Schnieder, 'n Wäwer un 'n Möller in'n Sack* Gwald. – Sprw.: *Wat tauhophüürt, dat tauhopkihrt* gleich und gleich gesellt sich gern Dem/De, ähnl. verstr. – **tauhopkåken** sw. aus mehreren Zutaten zusammenkochen. *Tauhopkåkt Äten* Eintopfgericht Gri/Mi. – **tauhopkalüren** sw. farblich zusammenpassen verstr.

tauhopkåmen st. zusammenkommen. **1.** sich treffen, sich versammeln. *In'n Kraug kåmen hüt väl Lüd tauhop* Gwd/Nu. – Ral.: *Dei sünd schön topkåme* sie haben sich heftig gestritten Nau/Fg, ähnl. verstr. – **2.** sich (ehelich) verbinden. *Sei kåme beide gor nich rasch naug top* sie sehnen ihre Hochzeit herbei Sto/Sö. – **3.** sich anhäufen, ansammeln. *Dor is väl Geld tauhopkåmen* Gwd/Ba. – **4.** zu einer festen Masse werden (beim Buttern) vereinz. *De Botte mutt topkåme* Sto/Wd.

Phras. zu 2.: Sprw.: *Wat tohop sall, kümmt tohop, un wenn't dei Düwel up'e Schufkor bringt* Gri/Mi, ähnl. verstr. *Wat tohopkåme sall, kümmt doch tohop, un wenn't sœwen Mielen uteenanner wåhnt* Pyr/Lt.

tauhopkihren sw. miteinander verkehren verstr. Sprw. s. tauhophüren. – **tauhopklappen** sw. zusammenklappen. **1.** etwas einklappen, zusammenlegen. – **2.** einen Schwächeanfall erleiden, zusammenbrechen. – **tauhopklei(g)en** sw. **1.** etwas an sich raffen, zusammenkratzen. *Geld tauhopkleigen* Gri/Ti. – **2.** schlechte, unsaubere Arbeit leisten. – **tauhopkliestern** sw. zusammenkleistern. *Tapete tohopkliestere* Saa/Le. – **tauhopkloppen** sw. mit Schlägen zusammenfügen, zurechthämmern. *Dei Kierl is as mit Küle topkloppt* ist kräftig, muskulös Reg/Rg. – **tauhopklucken** sw. zusammenhocken verstr. – **tauhopknüllen** sw. zerknüllen, zerknittern vereinz. – **tauhopknüppen** sw. zusammenknoten. – **tauhopknüüstern** sw. zerdrücken, zusammendrücken vereinz. – **tauhopkratzen** sw. sich etwas mühsam zusammensparen. *Wat dei Oll tauhopkratzt hett, bringt dei Sœhn nu dörch* Rüg/Ae. – **tauhopkrupen** st. **1.** zusammenkriechen, eng zusammenrücken. – **2.** einschrumpfen. *Dat Fleisch krüppt bi't Kåken mächtig tauhop* Use/Sw. – **tauhopläben** sw. gemeinsam mit jmd. leben. *Dei ollen Ehlüd läben noch ümmer gaut tauhop* Gri/Mi. – Sagw.: *Wi künnen so schön as Bröder tauhop läben, säd de Jung tau Vaddern, wenn du blots dat entfamigte Haugen nahlaten wullst* HuMGwd 8,18,5. – **tauhopläppern** sw., refl., zusammenläppern vereinz. – **tauhopleggen**

sw./unr. zusammenlegen. **1.** Gegenstände zusammen an einem best. Ort ablegen. *Wäsch up einen Hümpel tauhopleggen* Gwd/Ba. – **2.** eine best. Geldsumme gemeinsam aufbringen. – **tauhoplopen** st. **1.** zusammenlaufen, herbeiströmen. – **2.** gerinnen (von Milch) selt. – **tauhopmanschen** sw. allerlei zusammenmischen, vermengen verstr. – **tauhopnähmen** st., refl., sich zusammennehmen, zusammenreißen. – **tauhopneigen** sw. zusammennähen. *Sei hett em ut Spåß dei Ärmels tauhopneigt* Gwd/Ba. – **tauhoppassen** sw. zusammenpassen. **1.** miteinander harmonieren. *Sei is flietig, man ehr Kierl is ful, dei passen nich tauhop* Gwd/Nu. – **2.** etwas passend zusammensetzen. – Sagw.: *So hett't säten, secht de Fru un paßt de Stücken vom Pott top, denn se intweischmäten har* Pyr/Lt. – **tauhoppöttern** sw. mühsam zusammenbasteln verstr. – **tauhopprœseln** sw. aus verschiedenen Zutaten behelfsmäßig zusammenkochen vereinz. VPom, verbr. MPom HPom. – **tauhopprünen** sw. stümperhaft zusammennähen, -flicken. – **tauhopquackeln** sw. dumm daherreden verstr. – **tauhopquosen** sw. dass. verstr. – **tauhoprachen** sw. zusammenraffen, (unermüdlich) zusammensparen verstr. MPom HPom. – **tauhopracken** sw. dass. verstr. *Dei Jungen stöten üm* [verschwenden], *wat dei Oll tauhoprackt hett* Ank/An. – **tauhopräden** sw. ein Paar durch Zureden verkuppeln, zur Heirat bewegen verstr. HPom, sonst selt. Vgl. tauhopschnacken. – **tauhopråpen** sw. zusammenraffen. **1.** etwas mit den Händen, einer Harke o. Ä. zusammentragen. *Stroh up'n Hope topråpe* Nau/De. – **2.** gierig an sich bringen. *Dei hett so väl Geld tauhopråpt, dat hei nich mihr wett, wurhen dormit* Gwd/Ba. – **tauhoprieten** st., refl., sich beherrschen, zügeln vereinz. – **tauhopsacken** sw. zusammensacken, -sinken verstr. *Dei Oll geiht all so tauhopsackt* geht schon sehr gebückt Dem/Tp. – **tauhopsammeln** sw. aufsammeln, einsammeln verstr. – **tauhopsäuken** sw./unr. zusammensuchen. *Nu wull sei sik de Wäsch topsäuke* Gbg/Zi. – Ral.: *sik wat under nägen Steine topseike* ein mühseliges, kümmerliches Dasein fristen Sto/Gl. – **tauhopschanzen** sw. anhäufen, zusammentragen verstr. *Dei Oll hett väl Geld tohopschanzt* Fra/Pu. – **tauhopschaustern** sw. **1.** zusammenschustern, notdürftig reparieren. *Hei schaustert denn Stauhl werrer tauhop* Dem/Tp. – **2.** sich etwas zusammensparen verstr. – **tauhopscheiten** st. **1.** zusammenschrecken. *Un Mamsell schöt tohop* [...] *un kek em an, as wier se nich recht bi sik* [4]HOEFE 227. Syn. tauhopschucken. – **2.** in sich zusammenfallen, einstürzen vereinz. – **tauhopschlågen** st. **1.** kräftig aneinander schlagen. *de Hännen œwern Kopp tauhopschlån* Gwd/Nu. – **2.** Heu (in Reihen) zusammenharken verbr. HPom, sonst selt. – **tauhopschmieten** st. etwas zusammen auf einen Haufen werfen. *Sammelhult topschmiete* Nau/Fg. – Ral.: *Sei schmieten ehren Kråm tauhop* sie heiraten Fra/Zi, ähnl. verstr. – **tauhopschnacken** sw. ein Paar durch Zureden zusammenbringen, zur Heirat bewegen verstr. Vpom. Vgl. tauhopräden. – **tauhopschnirren** sw. (beim Braten oder Schmoren) zusammenschrumpfen verstr. *Låt dat Fleisch in'e Pann nich so tauhopschnirren!* Dem/De. – **tauhopschnurren** sw. sich etwas zusammenbetteln. *Hei is so arm, hei möt sik sien Geld topschnurren* Gri/Go. Syn. tauhopfechten. – **tauhopschråpen** sw. zusammenraffen, gierig an sich bringen verstr. – **tauhopschräugen** sw. zusammenschrumpfen (vor Hitze) vereinz. *Dat Fleisch is bi't Kåken tauhopschräugt* Fra/Br. – **tauhopschrieben** st. 'zusammenschreiben'. Nur in der Fügung: *sik tauhopschrieben låten* sich standesamtlich trauen lassen verbr. – **tauhopschrumpeln** sw. einschrumpfen vereinz. – **tauhopschrumpen** sw. dass. vereinz. *De Jack is in'e Wäsch tohopschrumpt* Saa/Le. – **tauhopschucken** sw. **1.** eine zunehmend gekrümmte Körperhaltung aufweisen vereinz. – **2.** in sich zusammenfallen, einstürzen vereinz. – **3.** zusammenschrecken vereinz. MPom HPom. Syn. tauhopscheiten. – **tauhopståhn** st., zumeist refl., zusammenstehen, einander beistehen verstr. – **tauhopstöten** st./sw. **1.** zusammenprallen. – **2.** aneinander grenzen. – **3.** mit Gläsern vor dem Trinken anstoßen vereinz. östl. HPom. *Wi wille eis topstöte up Mudder* Sch/Ln. – **tauhopstuken** sw. **1.** durch Stauchen zusammendrücken. – **2.** jmd. heftig zurechtweisen. – **tauhoptellen** sw. zusammenzählen, -rechnen. *Nu tell man eis tauhop, wat dor rutkümmt!* Gwd/Ba. Vgl. tauhoptrecken.

tauhoptrecken st./sw. zusammenziehen. **1.** durch Ziehen bewirken, daß etwas kleiner wird, sich verengt. *Du schast dat Loch im Strump stoppe o' nech toptrecke* Gbg/Gp. – **2.** teilrefl., kleiner werden, schrumpfen verstr. *Dat Fleisch treckt in'e Pann top* Reg/Kw. – **3.** refl., sich zusammenballen verstr. Wenn Gewitterwolken aufziehen, heißt es: *Dor treckt sich 'n Unwäder tauhop* Gri/Bo. – **4.** addieren, zusammenzählen verstr. Vgl. tauhoptellen.

tauhoptüdern sw. unordentlich zusammenbinden verstr. Auch: schlecht handarbeiten. – **tauhoptünen** sw. **1.** unordentlich mit Nadel und Faden ausbessern verstr. *Dat Lock in'n Strump is bloots tohoptüünt* Gri/Mi. – **2.** dumm daherreden vereinz. *Wat tüünst du wedder för Malligkeiten tauhop?* Gwald. – **tauhopweigen** sw. zusammenwehen, durch Wehen auftürmen. *Dei Wind hett denn Schnei tauhopweigt* Dem/Kt. – **tauhopwribbeln** sw. (Fäden) mit den Fingerspitzen zusammendrehen. *Dei Wull lött sich gaut topfribble* Rum/Pr. – **tauhopwrümmeln** sw. unordentlich zusammenlegen, zerknautschen verstr. *Wrümmel dei Deck nich so tauhop!* Fra/Zi. – **tauhopwuren** sw., fischerspr., Netzteile verbinden, zusammennähen verstr. vpom. Küste, [1]PEE 106.

Fluchten un Vörkähl warn hüt tohopwuurt Rüg/Ns. Vgl. anwuren, tausåmenwuren.

tauhorken sw. zuhören, hinhören verstr., HOMWB 203[a]. – **Tauhos** f., veralt., Frauenhose, die im Schritt geschlossen ist vereinz. – **tauhüren** sw. **1.** zuhören, hinhören. *Hür uk gaut tau, wenn Vadding di dat verkloort!* Gri/Gm. – Sprw.: *De Gott blots halw tauhürt, hürt den Düwel ganz* HUMGWD 7,47,2. – **2.** gehören. – **2.1.** Eigentum von jmd. sein. *Dat Bauk hüürt mi nich tau, dat heww ik mi utleihnt* Fra/Br. – **2.2.** dazugehören. *Hüürst du tau dei tau?* Bist du mit denen verwandt? Dem/Tp. – **2.3.** für etwas erforderlich, notwendig sein. *Wat tau so'n Hochtiet nich all tauhüürt!* Gwd/Ba.

tauierst Adv. zuerst. **1.** zunächst, als erstes. *Tauierst möten wi arbeiden, nåhsten ward äten* Fra/Zi. Über das Verhalten eines Egoisten heißt es: *Tauierst kümmt hei, denn kümmt gor nicks un tauletzt kåmen dei annern noch lang nich!* Gwd/Ba. – Sprw.: *Wer tauierst kümmt, måhlt tauierst* Gwd/Nu, ähnl. verbr. – Sagw.: *Dat Nödigst tauierst, secht de Bur, don prügelt hei sien Fru un leet dat Pierd in'n Gråben liggen* Stral, ähnl. verstr. *Dat Best hålt de Düwel sik ümmer tauierst, säd de Jung', gistern stürf uns Pierd un hüt uns Grotmudder* Gwald. – **2.** anfangs. *Ik dacht tauirst, wat is't för'n dwatsches Mäten* dummes Mädchen HÜCKE 7.

tauig Adj., *tauicht* selt., geschlossen, nicht offen vereinz. *Den ganzen Winter harn sei mihrst blots in dei Stuw sitten müßt bi tauige Finster* HUMGWD 12,17,4. *Dei jungen Katten hebben noch tauichte Ogen* Fra/Zi. Syn. Tau.

taukåken sw. reichlich und gut kochen verstr. *Wenn frömde Lüd' an den Disch kamen, ward mihrsttied en bäten bäter taukakt* HUMGWD 8,9,5f. – **taukåmen**[1] st. zukommen. **1.** mit Präpositionalobjekt. – **1.1.** sich jmd. oder etwas nähern. *De Oss keem richtlich* [direkt] *up mi to* Ghg/Li. – **1.2.** jmd. oder etwas bevorstehen. *Wer weit, wat up mi noch taukümmt?* Gwald. – **2.** jmd. zustehen, Anspruch auf etwas haben. *Dat kümmt di noch nich tau, dat du all mit dei Ollen miträden wist* Gwd/Ba. *Dei Bengel is so frech, em kümmt 'ne Dracht Schacht* [Tracht Prügel] *tau* Dem/De. – **3.** zusätzlich, obendrein hinzukommen. – Sprw.: *Wo wat is, kümmt ümmer noch mihr tau* wo schon viel Geld vorhanden ist, kommt immer noch mehr dazu Dem/Tp, ähnl. allg. – **taukåmen**[2] Part.Adj. kommend, folgend, nächst. *Taukåmen Johr ward allens bäter* Gwd/Nu. *Taukåmen Harfst kåm ik ut'e Schaul* Fra/Br. *Ik war ehr taukåmen Wihnachten 'ne Popp schenken* Gri/Ti. Vgl. taukünftig. – **taukieken** st. **1.** zugucken, Zuschauer sein. *Ik mag nich bloots taukieken, ik will mitspälen* Gwd/Ba. – Sagw.: *Taukieken is't best Stück Arbeit, secht Hans, äwerst man bloots nich bi't Äten* Gwald. Vgl. tauseihn. – **2.** nachschauen, etwas überprüfen verstr. *Kiek eis tau, ob dei Dör tauschlåten is!* Fra/Zi. – **Taukieker** m. Zuschauer. *Ik heff nich mitspäält, ik wier bloots Taukieker* Fra/Zi. *Dor wiern mihr Taukiekers as Köpers up dei Aukschon* Gwd/Ba. – Sagw.: *Lat uns tau Hus äten, säd dei Muus tau dei Katt, ick bün nich för Taukiekers* HUMGWD 14,11,12. – **Taukiekerdanz** m., veralt., Tanz auf einer Hochzeit, an dem auch ungeladene Zuschauer teilnehmen durften verstr., HTKLGWGRI 1930,73. – **tauklappen** sw. zuklappen, (sich) mit klappendem Geräusch schließen. *Nu klapp dat Bok to un läs morgen wierer!* Ran/Sr. – **tauklaren** sw. schneller machen, sich beeilen vereinz. *Nu klar tau, süss warst du hüt nich farig!* Fra/Fr. Rsyn. s. spauden. – **taukliestern** sw. zukleistern, zusammenkleben. *Em wiern dei Ogen ganz taukliestert* Gwd/Ba. – **tauklinken** sw. **1.** mit einer Klinke verschließen. *Hei hett dei Dör nich orig tauklinkt* Fra/Bn. – **2.** sich schließen, zuklappen vereinz. *Dei Oje klinke em all to* die Augen fallen ihm schon zu Gbg/Ge. – **tauknallen** sw. zuknallen, mit großer Wucht schließen. *dei Dör tauknallen* Gwd/Nu. – **taukniepen** st. **1.** zukneifen. *Ik möt dei Ogen taukniepen, dei Sünn schient so grell* Ank/Br. – Ral., derb: *denn Noors taukniepen* sterben Gri/Mi, ähnl. vereinz. – **2.** zubeißen selt. *Us Hoffhund knippt ok mål tau* Sto/Dö.

tauknööpt Part.Adj. **1.** schweigsam, reserviert. *Hei secht nich väl, hei is ümmer so tauknööpt* Dem/Tp. – **2.** geizig vereinz. *Hei is bannig toknööpt, dei ward di nicks afgäwen* Gwald. – **tauknöpen** sw. zuknöpfen. *De Schauh un de Kleeder möten ok tauknöpt sin* [2]NERE 1,57.

Taukœk f., veralt., kleine, behelfsmäßige Feuerstelle Gri/Bo, vereinz. HPom. Vgl. Bikœk. – **tauköpen** sw./unr. hinzukaufen. *Dat reikent nich, wi möten noch Veih tauköpen* Gwd/Ba. – **Taukost** f. Zukost, bes. Brotaufstrich vereinz. *Giff mi 'n Stück Speck as Taukost!* Gwd/Ba. – Sprw.: *Fründlich Gesicht is halwe Tokost* HUMGWD 10,51,11. Syn. Taubrot. – **taukrampen** sw. mit einer Krampe verschließen verstr. *Kramp dei Dör achter di tau!* Dem/Tp. – **taukriegen** st., selt. sw. **1.** hinzubekommen. *Ik heff bi'm Kopmann 'ne Tüt Böngers tokrägen* Rüg/Be. – **2.** (nur mühsam) zumachen, schließen können. *Hei kann denn Kuffert nich taukriegen* Gwd/Ba. – **Taukunft** f., *-kumft* vereinz., Zukunft. *Ik kann di nich seggen, wat dei Taukunft bringt* Gri/Mi. *Is man got, dat wi nich in'e Tokumft kieken kœnen* Ank/An; *de Taukunft, de sei sich so schön utmalt had* GEB 54. – **taukünftig** Adj. **1.** zukünftig vereinz. – **2.** kommend, folgend, nächst vereinz. *Taukünftig Johr ward uns Dochter insägent* Gri/Bo. Gebräuchlicher ist taukåmen[2]. – **Taukutsch** f. geschlossener Kutschwagen verstr. *Dat rägent as dull, wi möten mit de Tokutsch führen* Rüg/Dm. Syn. Tausches', Tauwågen. – **taulåben** sw. **1.** geloben, fest versprechen. *Ik heff demm Bengel 'ne Dracht* [Tracht Prügel] *taulåft* Fra/Zi. – **2.** jmd. zustimmen, in seinen Ansichten bekräftigen. *Dei is bloß tofräde, wenn me' em taulåwe deet* Sto/Dö. – **Taulåg** f. Zulage zum Lohn. – **taulangen** sw. zulangen. **1.** zugreifen, sich reichlich bedienen (bes. beim Essen). *Dei Kauken wier gaut, dor hemm' wi düchdig taulangt* Use/Sw. *Lang o(r)ntlich to, nödigt ward nich!* Ank/An. – **2.** zupacken, energisch arbeiten vereinz. – **3.** jmd. etwas anreichen. *Lang mi mål dat Biel tau!* Dem/Tp. – **4.** ausreichen, genügen. *Dat Faurer langt för dei Kauh noch nich tau* Fra/Bn. – **taulåten** st. **1.** zulassen, dulden, gestatten. *Ik war dat nich taulåten, dat du nåh Stadt geihst* Gri/Go. – **2.** viel Milch geben, sich leicht melken lassen. *De Kauh will nich mihr taulåten* hält die Milch zurück Gri/Ge. Übertr.: *Dei Pump lett nich mihr tau* aus der Pumpe fließt kein Wasser mehr Gwd/Ba. – **3.** an Dauer zunehmen vereinz. *De Dåg låten all tau* die Tage werden schon länger Dem/Tp.

Tauldsches s. Toobs.

tauleggen sw./unr. **1.** dazulegen, zu etwas hinzufügen. *Hei möt noch twintig Mark tauleggen* Gwd/Ba. *Nu lech wat to, dat't e' half Pund ward!* Pyr/Wa. – **2.** refl., sich etwas zulegen, anschaffen. *Hei hett sik Pierd un Wågen taulecht* Fra/Ln. – **3.** sich bequemen, sich aufraffen vereinz. Wenn man zu Bett gehen will, heißt es floskelhaft: *Denn möten wi man soväl tauleggen un tau Berr gåhn* Fra/Br, ähnl. vereinz. – **4.** zustopfen, verschließen vereinz. *Wi willen dat Loch tauleggen* Dem/De. – **5.** landw., eine abschließende Schicht Garben auf ein Fuder, eine Miete oder in ein Scheunenfach legen vereinz.

tauletzt Adv., *-letz* vereinz., zuletzt. **1.** an letzter Stelle, als letzte(r). – Sprw.: *Wecker tauletzt kümmt, denn bieten dei Hunn'* Gwd/Ba. – Sagw.: *Gott hett de Minschen toletzt måkt, secht de Bur, œwer se sünd uk dornåh* Stral. – **2.** schließlich, endlich. *Sei räd't ümmertau, tauletzt hüürt keiner mihr tau* Gwd/Wi. *Toletzt künn hei nich mehr lope un bleef stohe* Sch/Po.

taulihren sw. **1.** dazulernen. *Dei Bengel is so dœmlich, hei hett uk in'e Schaul nicks taulihrt* Gwd/Nu. – Sprw.: *Man ward olt as 'ne Koh un lihrt ümmer noch wat to* Rüg/Pu, ähnl. allg. – **2.** jmd. anlernen vereinz. Scherzh.: *Dei Mann möt dei Fru vör dei Hochtiet taulihren, nåhst is dat tau låt* °Ank. – **Taulop** m. Zulauf. **1.** reger Zuspruch, Andrang. *De nieje Kopmann in'e Stadt hett väl Tolop* Ghg/Gr. Vgl. Tauspråk. – **2.** Zufluß vereinz., LAUWB 351ª. – **taulopen** st. **1.** sich im Laufschritt auf jmd. oder etwas zubewegen. – **2.** schnell laufen, sich beeilen. *Lop man fixing tau!* Gwd/Ba. – Ral.: *Wer lang schlöppt un fix taulöppt, dei kümmt lieker noch mit* Fra/Br. – **3.** sich (zufällig) jmd. anschließen (von entlaufenen Tieren). *Mi is a' Kalf tolopa* Dra/Dr. – **Taulöper** m., pejor., zugezogene, dahergelaufene Person selt., ARN 117. – **taulüden** sw. die Kirchenglocken unmittelbar nach einem Begräbnis läuten lassen vereinz. MPom, sonst selt. *Dat Graff ward tolüd't* Ran/Ro. – **taumåken** sw. **1.** etwas zumachen, schließen. *Måk dei Dör tau, dat treckt so dull!* Gwd/Ba. *Nu måk man dat Bauk tau un schlåp!* Dem/Tp. Syn. taudaun. – **2.** sich beeilen. *Måk man fix tau, süss ward't tau låt!* Fra/Pe. → spauden. – **3.** Fische zum Kochen oder Braten vorbereiten vereinz. *Ik heff de Fisch tomåkt* [entschuppt], *nu kann ik se bråden* Rüg/Zi.

taumål Konjunk. **1.** zumal, besonders deshalb verstr. *Hei ward dat woll weiten, taumål hei dorup studiert hett* Rüg/Ae. *Hei süll man mit sien Arbeit upholllen, taumål dat all düüster ward* Gri/Ge. – **2.** obwohl, obschon verstr. *Hüt is dat recht kult, taumål dei Sünn schient* Gri/Go. *Ik müsst upståhn, tomål ik krank weer* Ran/Ro.

taumäten st. **1.** etwas nach einem best. Maß zuteilen. *Dei Ståthöller* [Vorarbeiter auf einem Gut] *möt jeden Daglöhner sien Stück Land taumäten* Gwd/Ba. – **2.** nach Maß anfertigen vereinz. *'n Antog taumäten* Gri/Mi.

taumauden sw. zumuten. *Dat is väl tau schwor, dat kannst du mi nich taumauden* Dem/De. *Dat kann ik mienen Geldbüdel nich tomoden* das ist mir zu teuer Ghg/Gr.

Lautvar.: Zur Realisierung des Stammvokals des Grundworts s. PWB 1,1, LXVII, Kt.14. Konsonantenschwächungen (*-maure*) sind verstreut in ZPom belegt.

taumaut Adv., Endsilbe betont, zumute. Nur in den Fügungen *taumaut sin / warden. Mi is hüt so gaut taumaut* Fra/Br. *Mi is tom Gåhn gor nich tomot* Ank/An. *Mi würd' so sachten* [schläfrig] *tau Maud', de Ogen wullen mi taufallen* [1]TIB 128.

taumautbasten s. termautbasten.

taumeist Adv. zumeist, meistens vereinz. *Hei is taumeist in'n Kraug tau finnen* Dem/Tp. – **taumihrst** Adv. dass. vereinz., [2]ADAM 68, [1]MASS 185. – **tauminnst** Adv. zumindest, wenigstens vereinz. *Dat ward tominnst nägen Dåler kosten* Ank/An.

taumölen sw., zumeist refl., völlige Unordnung um sich herum schaffen VPom, sonst vereinz. *De Bengel möölt allens to* Ghg/Gr. *Dei hett sich bannig taumöölt* kann vor lauter Unordnung nichts mehr finden Gri/Gm. – **taumuddeln** sw. zuschaufeln, mit Erde bedecken vereinz. *Hei muddelt dat Lock in'e Ier(d) werrer tau* Dem/Tp. Übertr.: *Hei hett sich taumuddelt* hat sich in eine mißliche Lage gebracht Gri/Ti. – **taumuern** sw. zumauern. *Dat Loch ward tomuert* Dra/Dr. – **taunågeln** sw. zunageln. *Hei hett dei Kist taunågelt* Gwd/Ba. Wenn man keinen klaren Gedanken fassen kann: *Mi is dei Kopp as taunågelt* Rüg/Ae. – **taunähmen** st. zunehmen. **1.** sich vergrößern, anwachsen, intensiver werden. *Bi em nimmt* *dei Dummheit uk ümmer noch tau* Gwd/Nu. *Dei Dåg nähmen all werrer tau* die Tage werden schon wieder länger Fra/Pe. *De Månd nimmt to* es geht auf Vollmond zu Pyr/Lt. – **2.** an Körpergewicht zulegen. *Dei Jung' hett all twei Pund taunåhmen* Gwd/Ba. Oft refl.: *Dat Kalf hett sich düchtig tonåhmen* Ran/Pe. – **3.** hinzunehmen vereinz. *Ik nähm noch een Stück Land to* Pyr/Lt. – **Taunåm** m. Zuname, Familienname. *Wur heit dei Kierl mit Taunåm?* Gri/Mi. – Ral.: *ein' nåh'n Taunåm frågen* jmd. zur Rede stellen, sich jmd. vorknöpfen verbr. VPom. Syn. Mannsnåm, Vaddersnåm. – **tauneigen** sw. zunähen. *Ik mütt dat Rietloch in dat Kleed tonägen* Ran/Pe.

taunicht Adv., Endsilbe betont, ermattet, zerschlagen, zugrunde gerichtet. *Ik bün ganz taunicht von'e Arbeit* Gri/Ge. – Sagw.: *Dat kann ik gaut begriepen, Herr Paster, dat Prädigt måken angriepen deit, sär dei Bur, ik bün uk reigen taunicht un heff doch blot achtern Åben säten* Rüg/Ae.

Lautvar.: *tnicht* vereinz. Neben dieser kontrahierten Variante sind auch Formen belegt, in denen das Erstglied völlig geschwunden ist: *nicht* vereinz. HPom, *necht* Gbg/Gp, Reg/Kt.

taunichtarbeiden sw., refl., sich durch körperlich schwere Arbeit die eigene Gesundheit ruinieren verstr. Syn. taunichtracken. – **taunichtbören** sw., refl., sich verheben verstr. *Ik heff mi mit dei sworen Säck taunichtböört* Rüg/Ae. – **taunichtfallen** st., refl., sich durch einen Sturz schwer verletzen. *Ik heff mi up'e Trepp dull tonichtfollen* Gwald. – Sprw.: *Kinner un Besapene fallen sich nicks tonicht* HuMGwd 14,4,12. – **taunichtkåmen** st. schwer zu Schaden kommen verstr. – **taunichtmåken** sw. zunichtemachen, zugrunde richten, zerstören. *Seh di vör mit mienen Handwågen un måk em nich tonicht!* Rüg/Dm. Refl.: *Man ümmer sachte, du sast di nich tonichtmåken!* du sollst dich nicht überanstrengen! Gwd/Ba. – **taunichtracken** sw., refl., wie taunichtarbeiden verstr. – **taunichtschlågen** st. durch Schläge schwer malträtieren verstr.

taunicken sw. zunicken. *He hett mi fründlich tonickt* Dra/Bu. – **taunickköppen** sw. dass. verstr. *Dorbi kek hei em fründlich an un nickköppt em tau, as dat Kollegen taukümmt* ²Band 43.

taupass Adv., Endsilbe betont, verkürzt *pass* selt., zupaß, willkommen, den eigenen Wünschen entsprechend. *Ümmer so tierig* [zeitig] *upståhn, dat is mi nich taupass* Gri/Go. *Dei Stell kann ik nich annähme, dei is mi nich taupass* Sch/Rg. Oft in der Fügung: *taupass kåmen*. *Wind un Wäder keemen mi up See sihr gaut taupass* Rüg/Wc. *Hüt heww ik keen Tiet, du kümmst mi gor nich taupass* Rüg/Dm; *wat taupass måken* etwas passend machen. *Sei hett mi dat Kleed topass måkt* Neu/We.

taupassen¹ sw. etwas in die richtige Paßform bringen verstr. *Dei Rock is 'n bäten tau wiet. Ik war em di taupassen* Fra/Zi. – **taupassen²** sw., müllerspr., eine Windmühle außer Funktion nehmen, indem man die Bremsvorrichtung für das Antriebsrad (Pass²) einlegt verstr., ²Reh 154f. *Dei Möller mutt taupasse, wenn hei nåh Hus gåhe will* Kös/Sr. Vgl. tauschütten. – **taupedden** sw. **1.** mit den Füßen zuscharren. *dat Loch topedde* Pyr/Lt. – **2.** schneller gehen, sich beim Gehen beeilen. *Du möötst 'n bäten toperren, wenn du noch mit denn Tog wist* wenn du den Zug noch erreichen willst Rüg/Zi. – **tauplägen** sw./st. jmd. zuarbeiten, Handlangerdienste verrichten VPom. *Wenn mi einer tauplägen deit, denn geiht de Arbeit rascher* Fra/Zi. – **Taupläger** m. Handlanger, Hilfsarbeiter verstr. VPom. *Hei arbeid't as Taupläger up'm Bu* Rüg/Ae. – **tauplanschen** sw. Wasser dazugeben, mit Wasser verdünnen verstr. *Se hebbe de Melk Wåter toplanscht* Dra/Ga. – **tauplanten** sw. mit einem Pflanzvorgang fertig werden verstr. *Wi hemm' hüt denn Tubback toplant't* Ran/Gl. – **tauplinke(r)n** sw. jmd. zublinzeln, zuzwinkern verbr. *Hei hett mi tauplinkt, ik schull still sinn* Nau/De. – **tauplümpern** sw. (ungeschickt) dazugießen verstr. *Dei Kaffe is so dünn, dor hest du woll orig Wårer tauplümpert* Gwd/Ba. – **tauplürren** dass. verstr. *Plürr mi nich so väl Melk to!* Gwald. – **tauproosten** sw. jmd. zuprosten, zutrinken verstr. – **tauproppen** sw. mit einem Pfropfen verschließen. *Dei Buddels möten noch tauproppt warn* Gwd/Nu. – **tauprünen** sw. nachlässig zunähen. *Se hett dat Loch in'n Strump bloß toprüünt* Ran/Sr. – **tauracken** sw. schmutzig machen VPom, verstr. MPom HPom. *Du dörfst dienen niegen Rock nich tauracken!* Gri/Mi. Oft refl.: *Wo sühst du dreckig ut, wo hest du di so taurackt?* Dem/De. – Ral.: *Ik rack mi an di nich tau* ich will mit dir nichts zu tun haben Fra/Br, ähnl. verstr. Vgl. inracken. – **tauräden** sw. jmd. zureden, zu etwas ermuntern. Wenn jmd. sich nicht zu einer Entscheidung durchringen kann, heißt es: *Man möt em / ehr tauräden as 'n låhmen Schimmel* Fra/Zi, ähnl. vereinz. – **tauråden** st., selt. sw., jmd. zuraten. *Ik rå' em nich tau un ik rå' em nich af, hei möt allein weiten, wat hei will* Gwd/Ba. – **tauråken** sw. zuscharren verstr. *Wi wille dei Jlöut töurauke* die Glut im Herd mit Asche bedecken, um sie (bis zum Morgen) zu erhalten Gbg/Vi. – **tauraupen** st. zurufen. *Hei reep mi noch wat ut'e Fiern tau, œwerst ik künn dat nich mihr verståhn* Gwd/Ba. – **taurautzen** sw. durch Ruß verstopft werden verstr. *Dei Schostein is taurauzt* Gri/Go.

taurecht s. trecht.

taureiken sw. **1.** zureichen, anreichen. *Dei Handlanger möt demm Murer dei Kell taureiken* Gwd/Nu. – **2.** ausreichen, genügen. *Dor bruk ik mi keen Sorgen üm måken, dat reekt to* Ran/Pe. – **taureisen** sw. aus einem anderen Ort, einer anderen Gegend zuziehen. *Nåh'n Krieg* *keem 'ne ganze Haud Lüd taureist* Gwd/Ba. – **taurichten** sw. zurichten. **1.** für einen best. Zweck herrichten, vorbereiten. *Sei hett dat Äten so tauricht't, dat sei dat bloß upwarmen bruukt* Gwd/Ba. – **2.** jmd. schwer verletzen, mißhandeln. *Se hebbe em bös toricht't* Pyt/Lt. – **taurieden** st. **1.** zureiten, zum Reitpferd ausbilden. – **2.** schneller reiten. – **tauriegeln** sw. mit einem Riegel verschließen verstr. *Åwends ward de Dör tauriejelt* Saa/Le. – **taurökern** sw. verräuchern. *In dei Kåmer is dat taurökert as in'n Backåben* Gri/Gm. – **Tausåg** f. Zusage, Versprechen vereinz. Syn. Tauseggung.

tausåmen Adv. zusammen, gemeinsam. *Wi gåhn tausåmen nåh Griepswold* Gwd/Nu. – Sagw.: *Wat tausåmen sall, dat kümmt tausåmen, säd dei oll Fru, un wenn't dei Düwel up'e Schufkor tausåmenkoort* Gri/Go. Syn. tauhop.

Lautvar.: Das Wort wird in VPom u. MPom zumeist mit überlangem Nasal im Auslaut (*tausåm'*, *toså m'*) realisiert, während in HPom vokalischer Auslaut vorherrscht (z.B. *tausamme* LAUWB 351[b]).

tausåmenarbeiden sw. zusammenarbeiten. – **tausåmenbacken** sw. zusammenkleben. *De Breefmarken backen dull tosåm'* Stett. – **tausåmenbieten** st. zusammenbeißen. *Hei hett Koppweihdåg un möt dei Tähnen tausåmenbieten* Dem/Tp. – **tausåmenbringen** unr. zusammenbringen. **1.** zusammentragen, aufhäufen vereinz. *Wi willen dat Heu tosåmenbringen* Ran/Sr. – **2.** eine zwischenmenschliche Beziehung stiften. *Dei Ollsch will dei jungen Lüd tausåmenbringen* Gwd/Ba. – **tausåmenbrugen** sw. **1.** etwas zusammenbrauen, zusammenkochen. *Schnaps tosåmenbrugen* Ghg/Gr. – **2.** sich als etwas Gefahrvolles, Bedrohliches entwickeln. *In'n Westen bruugt sik wat tausåmen* im Westen zieht ein Unwetter auf Rüg/Ae. – **tausåmenbünzeln** sw. zusammenbinden, verschnüren verbr. – **tausåmendaun** st., refl., sich zusammentun, zusammenschließen verstr. – **tausåmendrägen** st. **1.** zusammentragen, aufhäufen. *Hei is sihr knickrig un drächt väl Geld tausåmen* Fra/Br. – **2.** zu einem eitrigen Geschwür werden verstr. *Ik heff mi in'n Finger schnäden, un nu drächt dat tosåmen* Rüg/Pu. – **tausåmendreigen** sw. zusammendrehen. *'n Reip tausåmendreigen* Gwd/Ba. – **tausåmendrieben** st. zusammentreiben, auf einen Haufen treiben. *Wi möten dei Käuh up'e Wei(d) tausåmendrieben* Dem/De. – **tausåmendrögen** sw. austrocknen und dadurch einschrumpeln. – **Tausåmenfägels** n. zusammengefegter Unrat vereinz. *en lütten Hümpel Tausamfägels* HUMGWD 7,11,7. Gebräuchlicher ist das Simplex Fägels. – **tausåmenfallen** st. zusammenfallen, einstürzen. *Dei Åben föl achter denn Pötter tausåmen* Gwd/Ba. – **tausåmenfliegen** sw. zusammenräumen vereinz. *Se möt allens tosåmenfliegen, wat up'n Tisch liggt* Rüg/Dm. – **tausåmenfriegen** sw. ein Paar dazu bringen, sich ehelich zu verbinden verstr., HOMWB 211[a]. *Dei Friegenswarwer* [Heiratsvermittler] *hett dei Ehlüd tausåmenfriegt* Dem/Tp. – **tausåmengäben** st./unr. **1.** miteinander verheiraten, zur Ehe geben. *De Paster hett Brut un Brüjam tosåmengäben* Gri/Sv. – **2.** refl., heiraten. – **tausåmengåhn** st., fischerspr., gemeinsam beraten, eine Zusammenkunft abhalten vereinz. VPom. – **tausåmenhacken** sw. **1.** mit etwas in Zusammenhang stehen. – **2.** unzertrennlich sein. – **tausåmenhålen** sw. 'zusammenholen' schlechtes Wetter heranführen (vom Wind) verstr. *Dei Wind hålt Rägen tausåmen* Dem/De. – **tausåmenharken** sw. zusammenharken. *Wi möten noch dat Heu up'e Wisch tausåmenharken, denn sünd wi farig* Gri/Mi.

tausåmenhollen st. zusammenhalten. **1.** dafür sorgen, daß etwas fest zusammengefügt bleibt. – **2.** unverbrüchlich zusammenstehen. *Dei hollen beid tausåmen as Bräurer* Gwd/Ba. – **3.** etwas beisammenhalten. *Dei Fru höllt ehr Geld tausåmen* ist sehr sparsam Dem/De.

Phras. zu 1.: Sprw.: *Äten un Drinken höllt Lief un Seel tausåmen* Fra/Bo, ähnl. allg. – Sagw.: *So hett't säten, säd dei oll Fru un höl de Schören von'n Pott tausåmen* Dem/De.

tausåmenhuken sw. zusammenhocken verstr. *Dei Fomilien* [...] *huken dicht tausam un hüren up dat Hülen un Juchen von den Storm* HUMGWD 74,170f.,3. – **tausåmenhüren** sw. zusammengehören, eine Einheit bilden. – Ral.: *De hüren tosåmen as Pott un Stülp* sie sind füreinander bestimmt Rüg/Rp. – **tausåmenkåken** sw. aus verschiedenen Zutaten zusammenkochen. *Wat dei Kæksch all wedder tausåmenkåkt hett, dat schmeckt em nich* Gwald. – **tausåmenkåmen** st. zusammenkommen. **1.** sich treffen, sich versammeln. *Up'n Mark(t) wiern väl Lüd tausåmenkåmen* Gwd/Ba. – **2.** sich (ehelich) verbinden. Sagw. s. tausåmen. – **3.** zu einer festen Masse werden (beim Buttern) vereinz. *Dei Borrer will hüt nich tausåmenkåmen* Gri/Mi. – **tausåmenklappen** sw. zusammenklappen. **1.** etwas einklappen, zusammenlegen. *dat Taschenmetz tosåmenklappen* Stett. – **2.** zusammenbrechen, einen Schwächeanfall erleiden. – **tausåmenkliestern** sw. zusammenkleistern. *dat olle Bauk tausåmenkliestern* Dem/Tp. – **tausåmenklucken** sw. zusammenhocken verstr. – **tausåmenknüppen** sw. zusammenknoten, -knüpfen. *'ne Lien tosåmenknüppen* Rüg/Be. – **tausåmenkoren** sw. mit einem Karren zusammentragen, herbeischaffen. – Ral. über zweifelhaft erworbenen Reichtum: *Dat hett de Düwel tosåmenkoort!* Gri/Zf. – **tausåmenkrupen** st. zusammenschrumpfen. *Dat Fleisch krüppt in'e Pann bannig tausåmen* Fra/Pe. – **tausåmenläben** sw. gemeinsam mit jmd. leben. – Ral.: *tausåmenläben as Hund un Katt* in Unfrieden zusammenleben Gwd/Ba. – **tausåmenläppern** sw., refl., zusammenläppern vereinz. *Dor hett sich 'n grot Vermœgen tausåmenläppert* Dem/Tp. – **tausåmenleigen** st. zusammenlügen. *Wat du all tausåmenlågen hest! Ik glöf di* *nu nich mihr* Ank/Br. – **tausåmenlopen** st. zusammenlaufen. **1.** herbeiströmen. *Dei schriegt so lut, dat dat ganze Dörp tausåmenlöppt* Gwd/Nu. – **2.** gerinnen (bes. von Milch) vereinz. VPom. – **tausåmenmanschen** sw. allerlei zusammenmischen, vermengen verstr. – **tausåmennähmen** st., refl., sich zusammennehmen, zusammenreißen. *Se nehm sik tosåmen, doch bloots so lang, as ehr Mann noch in de Stuf wier* Rüg/Rp. – **tausåmenneigen** sw. zusammennähen. *dat Sägel tausåmenneigen* Fra/Zi; *Wäfkanten tosåmenneigen* Gwald. – **tausåmenpacken** sw. zusammenpacken. *Pack dien Sœbensåken tausåmen!* Gri/Mi. – **tausåmenpassen** sw. zusammenpassen, miteinander harmonieren. – Ral.: *tausåmenpasse as Håfk un Duf / as Katt un Mus* überhaupt nicht zusammenpassen Nau/Ng. – **tausåmenpotten** sw. **1.** (in einem Tagelöhnerhaus) zusammenleben vereinz. MPom HPom. Vgl. Pott. – **2.** sich zusammentun, sich gegenseitig helfen °Ghg, UP 9,423. – **tausåmenpremsen** sw. zusammenpressen, -quetschen VPom, sonst verstr. – **tausåmenprünen** sw. stümperhaft zusammennähen, -flicken. – **tausåmenrachen** sw. zusammenraffen, (unermüdlich) zusammensparen verstr. MPom HPom. – **tausåmenracken** sw. dass. verstr. – **tausåmenräken** sw. zusammenrechnen. – **tausåmenråpen** sw. zusammenraffen. **1.** etwas mit den Händen, einer Harke o.Ä. zusammentragen. *Ji möten dat Heu ümmer up'n Hümpel tausåmenråpen* Dem/De. – **2.** gierig an sich bringen. *de hadden* [...] *en schön Deel Geld tosam rapt* [2]NERE 18. – **tausåmenrieten** st., refl., sich beherrschen, zügeln vereinz. *Riet di man 'n bäten tausåmen, süss kümmst du tau nicks!* Dem/Tp. – **tausåmensacken** sw. zusammensacken. *So giern as sei ok wull, sei künn sich nich länger holl'n un sakt* [...] *up'n Staul tausam* GEB 63. – **tausåmensäuken** sw./unr. zusammensuchen. – **tausåmenschaustern** sw. **1.** zusammenschustern, notdürftig reparieren. – **2.** sich etwas zusammensparen verstr. *Dei hett düchdig Geld tausåmenschaustert* Gwd/Nu.

tausåmenscheiten st. **1.** zusammenzucken. *dunn stödd em wat in de Knei, dat hei tausamschöt, so hadd hei sick verfiert* [5]BAND 87. – **2.** eine zunehmend gebückte Körperhaltung entwickeln. *Dei Oll is all mächtig tausåmenschåten, hei geiht ganz krumm un scheif* Rüg/Ae. – **3.** in sich zusammenfallen, einstürzen. *dei Klockenstaul* [*müßt*] *in korten tausam scheiten* NIB 152. – **4.** Geld für einen best. Zweck zusammenlegen vereinz. *Sei wullen all tausåmenscheiten un dat Geschenk dorvon betåhlen* Gwd/Ba.

tausåmenschlågen st. **1.** kräftig aneinander schlagen. – **2.** Heu (in Reihen) zusammenharken vereinz. – **tausåmenschlinken** sw. zusammenschrumpfen *Dat Fleisch schlinkt tausåmen* Gwd/Ze. – **tausåmenschmieten** st. etwas zusammen auf einen Haufen werfen. – Ral.: *Sei schmieten ehr Plünnen tausåmen* sie heiraten Dem/Tp, ähnl. verstr. – **tausåmenschnacken** sw. durch Zureden ein Paar zusammenbringen, zur Heirat bewegen verstr. VPom. *Dei Ollsch will dei beiden jungen Lüd tausåmenschnacken* Gwd/Ba. – **tausåmenschnurren** sw. zusammenbetteln. – **tausåmenschråpen** sw. zusammenraffen, gierig an sich bringen verstr. *en groten Hümpel Geld tausam schrapen* [2]ADAM 19. – **tausåmenschräugen** sw. zusammenschrumpfen (vor Hitze) vereinz. *De Bücks is bi't Waschen tosåmenschräut* Rüg/Pu. – **tausåmenschrieben** st. 'zusammenschreiben'. Nur in der Fügung: *sik tausåmenschrieben låten* sich standesamtlich trauen lassen selt. Gebräuchlicher ist tauhopschrieben. – **tausåmenschrumpeln** sw. einschrumpfen vereinz. – **tausåmenschrumpen** sw. dass. vereinz. – **tausåmensitten** st. zusammensitzen. *Brut un Brüjam sitten so leiwing* [innig] *tosåmen* Ank/An. – **tausåmenstäken** st. zusammenstecken. **1.** durch Feststecken miteinander verbinden. – **2.** häufig und gerne Zeit miteinander verbringen vereinz. – **tausåmenstuken** sw. **1.** durch Stauchen zusammendrücken. – **2.** jmd. heftig zurechtweisen. *He wull dat Mul uprieten, ik heff em œwer schön tosåmenstuukt* Rüg/Pu. – **tausåmentellen** sw. zusammenzählen, -rechnen. – **tausåmentrecken** st./sw. zusammenziehen. **1.** durch Ziehen bewirken, daß etwas kleiner wird, sich verengt. *dei Maschen in'e Strümp tausåmentrecken* Gwd/Ze. – **2.** refl., sich zusammenballen (bes. von Gewitterwolken) verstr. – **tausåmenweigen** sw. zusammenwehen, durch Wehen auftürmen verstr. *Dei Bläder wiern all tausåmenweigt* Use/Wl. – **tausåmenwrümmeln** sw. unordentlich zusammenlegen, zerknautschen verstr. *Wrümmel dei Deck doch nich so tausåmen!* Gri/Ge. – **tausåmenwuren** sw., fischerspr., Netzteile verbinden, zusammennähen vereinz. vpom. Küste. Vgl. anwuren, tauhopwuren.

tauschanzen sw. jmd. etwas zuschanzen, zu etwas verhelfen. *Wenn du mi to Gefallen büst, war ik di 'ne schöne Arbeit toschanzen* Rüg/Dm. – **tauschaustern** sw. zuschustern. **1.** Geld zusetzen, draufzahlen. *Bi denn Hannel hett hei hunnert Mark tauschaustert* Gwd/Ba. → taubacken. – **2.** jmd. etwas zukommen lassen vereinz. – **tauscheiten** st. **1.** Geld zuschießen. *Dei Oll möt ümmer noch tauscheiten, allein ward dei Jung' nich farig* Gwd/Ba. → taubacken. – **2.** auf jmd. zustürzen. *Dei Hund schütt up' e Lüd tau un knurrt* Sch/Pu. – **3.** in das Euter hineinströmen vereinz. Kurz vor dem Kalben heißt es: *Dei Melk is all dull tauschåten* Gri/Gm. – **Tausches'** f. geschlossener Kutschwagen vereinz. HPom. Syn. s. Taukutsch. – **Tauschlag** m. **1.** Zuschlag bei einer Auktion oder einem Handel. *Wecker am meisten bütt* [bietet], *kricht denn Tauschlag* Dem/Kt. – **2.** fachspr., vertikal beweglicher Balken im Rahmen (Kammlåd) für das Webeblatt am Webstuhl LAUWB 351[b]. Syn. Schlagbom. – **tauschlågen** st. zuschlagen. **1.** einen oder mehrere Schläge austeilen. *Hei schleit mit denn Håmer fast tau* Dem/De. – **2.** etwas Offenes geräuschvoll schließen. *Dei Bengel schleit mi dei Dör vör'e Näs tau* Gwd/Nu. – **3.** jmd. den Zuschlag für etwas erteilen. *Dat Hus is em up'e Aukschon tauschlågen worden* Fra/Br. – **4.** plötzlich und unerwünscht zu etwas bereits Bestehendem hinzukommen. *Wenn nicks mihr tauschleit, ward hei woll wedder gesund* Gwd/Ba. – **tauschlüsen** sw., *tauschliese* verstr. NOPom, 'zuschleusen'. **1.** eine Verstopfung ausbilden verbr. *Dat Wåter kann nich aflopen, dei Gråben is tauschlüüst* Fra/Zi. – **2.** sich zusammenziehen, verschließen verstr. *Låt dei Wunn man ierst tauschlüsen* Gwald. – **tauschluten** st. zuschließen, verschließen. *Hest du de Husdör uk tauschlåte?* Saa/Le. – Sagw.: *Nu heww ik endlich mien Rauh, säd dei Schnieder, don har em sien Fru ut't Hus schmäten un dei Dör achter em tauschlåten* Gwd/Nu. – **tauschmären** sw. zuschmieren. *dat Loch in'e Wand tauschmären* Gwd/Wo. – **tauschmieten** st. zuschmeißen. **1.** etwas Geöffnetes geräuschvoll schließen. *Sei smet de Käkendör tau* [5]BAND 147. – **2.** jmd. etwas zuwerfen, um es aufzufangen. *Se hett em denn Ball toschmäten* Gwald. – **3.** etwas zuschütten, mit Erde bedecken. *Lang mi eis de Schüpp her, ik will de Kuhl tauschmieten!* Use/Sw. – **tauschnappen** sw. zuschnappen. **1.** ins Schloß fallen, zufallen. *Dei Dör is tauschnappt* Gri/Mi. – Ral. bei großer Kälte: *Dat is so kolt, dat einen dei Noors tauschnappt* Fra/Br, ähnl. verstr. – **2.** plötzlich mit Maul, Schnabel oder Mund nach etwas fassen. *Pass up, dat de Hund ni' ees toschnappt!* Dra/Bu. – **tauschneren** sw. zuschnüren. *Dei Krågen schneert mi denn Hals tau* Dem/Kt. *Dei Beeren sünd so sur, dei schneren einen dei Kähl tau* Gwd/Ba. – **tauschnieden** st. zuschneiden. *Dei Schnieder hett dat Kleed all tauschnäden* Gwd/Nu. Übertr.: *Mi is dat kort toschnäden* ich bin nicht mit viel Geld ausgestattet Rüg/Dm. – **Tauschnitt** m. Art und Weise, in der etwas zugeschnitten ist. Übertr.: *Dei is im Tauschnitt nich jeråde* hat einen schlechten Charakter Nau/Fg. – **tauschotten** sw. mit einem Riegel oder einer ähnlichen Sperrvorrichtung verschließen. *Wi möten åbends dei Stalldör tauschotten* Fra/Br. – **tauschrieben** st. zuschreiben. **1.** jmd. etwas anlasten, die Verantwortung für etwas geben. – Sagw.: *Dat kann ik mi sülfst tauschriewen, säd de Oss, dunn müßt he sienen egen Mess up'n Acker trecken* Stett. – **2.** jmd. etwas erteilen, bes. eine Strafe. *Dei Deif kricht 'n half Johr* [sechsmonatige Gefängnisstrafe] *tauschrieben* Dem/De. – **3.** jmd. etwas notariell überschreiben. *Hei leet denn Jung' sienen Hoff tauschrieben* Gwd/Ba. – **tauschrieden** st. zuschreiten, mit schnellen Schritten gehen vereinz. – **tauschruben** sw., vereinz. st., zuschrauben. – **tauschuben** st. zuschieben. **1.** durch Schieben verschließen. *dat Dor tauschuwe* Kol/Go. – **2.** etwas zu jmd. hinschieben. *Mudding schöf mi ümmer dei besten Stücke tau* Gwd/Ba. – **tauschüdden** sw. **1.** zuschütten. *dei Kuhl tauschüdden* Dem/Tp. – **2.** zusätzlich hineinschütten. *De Sack is noch nich vull, nu schütt man to!* Rüg/Pu. – **Tauschuf** m. 'Zuschub'. **1.** Zuschuß, finanzielle Hilfe verstr. *Ik bün ganz to Enn' mit mien Geld, ik bruk 'n bäten Toschubb* Rüg/Dm. Syn. Tauschuß. – **2.** Verstärkung, tatkräftige Unterstützung vereinz. – **tauschülpe(r)n** sw. zugießen verstr. *Schülp noch eie bät Wåte(r) tau!* Cam/Kw. – **tauschüppen** sw. zuschaufeln. *dat Graff tauschüppen* Dem/Tp. – **Tauschuß** m. Zuschuß verstr. Syn. Tauschuf.

tauschütten sw., müllerspr., eine Mühle außer Funktion nehmen, indem man bei Wassermühlen den Wasserzufluß mit einem Staubrett absperrt oder bei Windmühlen die Bremsvorrichtung für das Antriebsrad einlegt vereinz., [2]REH 154. Vgl. taupassen[2]. – Das Grundwort zu Schütt[2].

Lautvar.: *toschützen* Ghg/Bk, *tauschidde* Lau/GW, *tauschitte* Sto/KP.

tauseggen sw./unr. zusagen. **1.** jmd. ein Versprechen geben. *Hei hett mi sien Hülp tausecht* Gwd/Ba. – **2.** eine Einladung annehmen. *He hett tosecht to de Hochtiet* Pyr/Wa. – **3.** eine Einladung aussprechen verstr. *Hir* [...] *würd dat ganze Dörp tauseggt un uterdem noch vel Gäst ut de Ümgegend* [9]WORM 12. – **4.** jmd. behagen, gefallen. *Dat Äten secht mi ganz un gor nich tau* Dem/Tp. – **5.** jmd. etwas vorsagen (in der Schule) vereinz. *Wenn ick upraupen würd, säd hei mi ümmer lut tau* Fra/Ls. – **Tauseggung** f. Zusage, Versprechen vereinz. *Ik hebb em Toseggung gäwa, dat wi Friedag kåma* Saa/Ja. Syn. Tausåg. – **tauseigen** sw. **1.** landw., die Aussaat zum Abschluß bringen. *Hei is 'n düchtigen Bur, hei hett dat Land all tiedig tauseigt* Gri/Ge. Vgl. tauackern. – **2.** schwängern verstr. *Dat Lütt is ierst 'n half Johr olt, un dei Kierl hett all werrer tauseigt* Gri/Bo. → anbuffen. – **tauseihn** st. zusehen. **1.** zugucken, Zuschauer sein. Gebräuchlicher ist taukieken. – **2.** nachschauen, etwas überprüfen vereinz. – **3.** sich um etwas bemühen. *Jeder möt tauseihn, dat he sien Deil kricht* Fra/Zi. – **4.** jmd. versorgen, sich um jmd. kümmern verstr. HPom, BÖH 170. – **tausetten** sw. zusetzen. **1.** jmd. hartnäckig bedrängen; jmd. peinigen, quälen. *Dei Bengel kann einen wat tausetten mit sien Frågen* Fra/Br. *Dat ull Rieten* [Rheuma] *sett mi väl tau, kein Nacht schlop ik* Sto/Gl. – **2.** draufzahlen, Verlust machen. *Dat Geschäft bringt mi nicks in, ik möt ümmer tausetten* Dem/Tp. → taubacken. – **3.** durch Ablagerungen, Rückstände o.Ä. verstopft werden. – **4.** durch Einsetzen einer Sperrvorrichtung schließen selt. *de Schlies'* [Schleuse] *uptrecke un wedder tausette* Sto/Bu. – **tausitten** st. die Brutzeit beenden verbr. HPom, sonst selt. *Dei Kluck hett nu tausäte* Büt/Bt. – **tauspiekern** sw. mit großen Nägeln zunageln vereinz. VPom. *Dei Kist ward tauspiekert* Rüg/Ae. – **tauspitzen** sw. die Fußspitze an einen Strumpf stricken verstr. *Nu is dei Strump* *lang naug, nu spitz ma' tau!* Nau/De. – **Tauspråk** f. reger Zuspruch, Zulauf vereinz. *Dei Dokter fünn hier man wenig Tauspråk* Gwd/Ba. Vgl. Taulop. – **tauspräken** st. **1.** jmd. zusagen, behagen verstr. *Dat spreckt ehr gor nich tau, dat sei Mess streugen sall* Gwald. – **2.** jmd. zusprechen, zuerkennen verstr. *Sien Våter hett em denn Hoff tospråken* Pyr/Lt. – **3.** jmd. zustehen, gebühren vereinz. *Is dei Brut all in anner Ümstänn', spreckt ehr de Schleuer nich tau* Gwald. Üblicher ist tauståhn. – **tauspringen** st. jmd. beispringen, helfen verstr. – **tauspringsch** Adj. hilfsbereit Neu/Lt, Sto/Wd, Lau/GW. – **taustählen** st., refl., seinen Besitz durch Diebstahl vergrößern. *Wat hei nich köpen kann, dat stählt hei sich tau* Gwd/Ba. – Sagw.: *Wecker ihrlich dörch dei Welt will, möt sik 'n bäten taustählen, säd dei Voss, don kröp hei in'n Häuhnerstall* Fra/Bn. – **tauståhn** st. **1.** jmd. zustehen, ein Anrecht auf etwas haben. *Dat Geld steiht ehr nich tau, dat hett sei nich verdeint* Gri/Gm. Vgl. tauspräken. – **2.** jmd. etwas zugestehen, gestatten verstr. *Ik kann em nich tauståhn, dat hei œwer mien Wisch führt* Fra/Zi. – **taustäken** st. **1.** jmd. etwas zustecken, heimlich zukommen lassen. *Hei hett em väl Geld taustäken* Dem/Tp. – **2.** zustechen vereinz., HomWb 205[a]. – **Taustand** m. Zustand. *De Koh is got im Tostann* die Kuh ist gut genährt Dra/Bu. – Ral., wenn alles drunter und drüber geht: *Dat is 'n Taustand, dor kann 'n Ümstand ut warden!* Gwd/Ze, ähnl. vereinz. – Sagw.: *Dat's een Tostand, sär de Fru, de Diern heet Krischån un de Jung' Korlien* Rüg/Zi.

taustannenkåmen st. **1.** zustandekommen, realisiert werden. *Dei Hannel ward woll nich taustannenkåmen, dat is mi väl tau düer* Fra/Br. – **2.** mit etwas zurechtkommen. *Mit'e Arbeet kann ik nich tostannenkåmen* Uec/Ue.

tausticken[1] sw. keine Luft bekommen, ersticken vereinz., UP 12,357. – **tausticken**[2] sw. mit einem Pflock verschließen. *As ik kort vöre Schummering de Achterpoort taustickde* [3]SchwA 97. – **taustoppen** sw. zustopfen. **1.** eine Öffnung o.Ä. durch Hineinpressen von Material abdichten, verschließen. – **2.** ein Loch in einem Gewebe zunähen. *dat Loch in'n Strump tostoppen* Ran/Pe. – **taustöpseln** sw. zustöpseln vereinz. *dei Buddel taustöpseln* Dem/Tp. – **taustöten** st./sw. **1.** mit einer Stichwaffe o.Ä. zustoßen. *Hei hett mit'e Fork taustött* Gwd/Ba. – **2.** jmd. widerfahren. *Wenn em man blot keen Unglück tostött is* DLP 5,66. – **3.** etwas durch eine stoßende Bewegung schließen. Spez.: zunähen verstr. *Ik heff mi 'n Loch in'e Bücks räten, kannst du mi dat tostöten?* Rüg/Gr. – **taustrieken** st. eine Sense unsachgemäß schärfen verstr. – **taustüern** sw. zusteuern. **1.** sich zielgerichtet auf etwas zubewegen. *[Se] stürte mit em up en groten Hümpel Minschen tau* [2]Tib 69. – **2.** etwas beisteuern, beitragen. *Wenn wi all wat taustüern, ward dat nich so düer* Gwd/Ba. – **3.** jmd. etwas zuschanzen selt. *Hei hett twoors nicks tau verlangen, œwer wi hebben em doch 'n bäten taustüert* Fra/Zi. – **taustülpen** sw. mit einem Deckel verschließen verstr. *dei Melkkann taustülpen* Gwd/Ba. – **tausupen** st. jmd. zutrinken, zuprosten selt., HuMGwd 10,16,5. Vgl. taudrinken.

tauteihn st. **1.** von anderswo an den hiesigen Ort ziehen verstr. *Sei kennt de Fru nich* [...], *dei irst in'n Harwst tautagen wir* UP 3,135. Gebräuchlicher ist tautrecken. – **2.** einen Gesindedienst antreten vereinz. *Dat Deistmäke is jistern tautåge* Nau/De. – **3.** sich ungebührlich benehmen vereinz. *Dei Bengels hemm' in' Kraug gruglich tautågen* Gri/Bo; *de Stefmutter tüht as dull un beseten mit ehr to* [4]HoefE 64. – **4.** eine unangenehme, unruhige Zeit zubringen vereinz. VPom. *Ik heff disse Nacht dull totågen* habe in dieser Nacht starke Schmerzen gehabt Gwald. – **tautellen** sw. hinzuzählen. *Dei drei Farken möten wi uk tautellen* Gwd/Ba.

täutfägen sw. **1.** *tottfäje* vereinz. °Gbg, Reg/Kt, Kol/Pr, wild umherjagen, toben vereinz. VPom. Vgl. MWb 7,149: *teutfägen*. – **2.** hist., "Mit Worten oder Schlägen anfahren" DähWb 486[b]. – **Täutfäger** m. wilder, ungestümer Mensch Fra/Pe, Ank/An.

tautœgsch Adj. **1.** selbstsüchtig VPom, sonst selt. *Du büst so tautœgsch, œwerst dei annern Lüd kriegen uk wat af!* Gri/Mi; *worüm sall ick dat blot's hürn un kein anner, ne so tautögsch bün'k nich* Hus 1,2. – **2.** empfindlich, zartbesaitet vereinz. VPom, sonst selt. *Wäs nich ümmer so tautœgsch, du büst gor nich meint!* Fra/Zi. – Zu tauteihn. – **tautörnen** sw., seem., an die Arbeit gehen. – **Tauträder** m. junges Schaf, das zum ersten Mal gedeckt wird Rüg/Lo, Dem/Kt.

tautrecken st./sw. zuziehen. **1.** von auswärts an den hiesigen Ort ziehen. *Niege Nåwers sünd gistern totreckt* Ank/An. Vgl. tauteihn. – **2.** einen Gesindedienst antreten. *Alle half Johr trecken de Mäkens to* Ran/Sr. – **3.** refl., etwas auf sich beziehen, sich zu Herzen nehmen. *Hei dörf sik dat gor nich so tautrecken, dat is allens nich so schlimm!* Dem/Tp. – **4.** etwas durch eine ziehende Bewegung schließen. *Gardinen tautrecken* Fra/Zi. – **5.** flüchtig zunähen verstr. *Ik will dat Loch man totrecken* Ghg/Gr. – **6.** sich mit dunklen Wolken beziehen. *Dat is ganz gries tautrucke, dat ward woll räjne* Sto/Dö. → betrecken.

tautrugen sw. jmd. etwas zutrauen. *Sei hewwe em tauväl tautruugt, hei künn dat nich schaffe* Nau/De. – **Tautrugen** n. Zutrauen, Vertrauen selt. [...] *de keek se fründlich an, so dat se furts Totruwen to em föt* DLP 4,157. Syn. Tauvertrugen. – **tautru(g)lich** Adj. zutraulich verstr. Syn. s. tru(g)lich. – **tautüffeln** sw. schneller gehen, sich beeilen vereinz.

tauväl Indefpron. zuviel. *Dat hett in'n Harfst tauväl rägent* Rüg/Ae. *Mi deit dat Lief weih, ik heff tauväl Kohl äten* Fra/Br. *Hei hett toväl Schnaps drunken, nu is hei dun*

Gri/Mi. – Sagw.: *Toväl is toväl, säd de Mann, don här he sien Fru dotschlågen* Gwald. *Tauväl Fett, säd dei Katt, don föl sei in't Bodderfatt* Dem/Kt.

Tauverlåt m. Verlaß. *Man kann em nich trugen, up denn is kein Tauverlåt* Dem/De. *Up juch is säker Toverlaat* [1]VOG 47. – **tauverlåten** Adj. zuverlässig verstr. *Dat is een toverlåten Mann, du bruukst keene Angst hebben üm dien Geld* Rüg/Dm. – **tauverlåtig** Adj. dass. vereinz. – **Tauversicht** f. **1.** Zuversicht. – **2.** Pflege, sorgende Obhut verstr. HPom, sonst selt. *Dat Kind hett bi em nich sien richtig Toversicht* Pyr/Lt. *Uk dat Veih muit sien Töuversicht hewwe* Gbg/Vi. – **tauvertrugen** sw. jmd. etwas anvertrauen vereinz. *Ik kann ehr dat Geld tovertrugen* Ran/Ro. – **Tauvertrugen** n. Zutrauen, Vertrauen. *Sei sünd ümmer fründlich tau mi west, dorüm heww ick ok son Tauvertrugen tau Sei* [2]STE 49. Syn. Tautrugen. – **tauvertru(g)lich** Adj. **1.** zutraulich vereinz. *Dei lütt Diern kiekt mi so tauvertrulich an* Rüg/Ae. Syn. s. tru(g)lich. – **2.** zuverlässig Uec/Ue.

tauvör Adv., die urspr. nd. Lautvar. *-vör(e)n* ist mittlerweile veraltet, zuvor, vorher. *Wist du all to Hus gåhn? Du mööst tovör noch de Räknung betåhlen!* Ank/An. *Nu bün ik klöker as tovör* Stral. – **tauvörkåmen** st. jmd. zuvorkommen. – **tauwäg** Adv., gesprochen *tauwääch*, zuwege. Häufig in der Fügung: *(nich) gaut tauwääch sin* (nicht) gesund, wohlauf sein Rüg/Ae. Abweisung: *Låt mi dormit tauwääch!* laß mich damit in Ruhe! Gri/Ge, ähnl. verstr. – **tauwägbringen** unr. etwas fertigbringen, schaffen. *De Arbeet kann ik nich towäächbringen* Ran/Pe.

Tauwågen m. geschlossener Kutschwagen verstr. *Dat Brutpor führt mit'n Tauwågen nåh de Kirch* Fra/Zi. Syn. s. Taukutsch.

Tauwark n., seem., Tauwerk. Syn. Taugaut.

tauwarweln sw. mit einem Drehriegel aus Holz verschließen verstr. *Is dat Dur all towarwelt?* Rüg/Pu. – **tauwäsbömen** sw. ein Fuder Heu- oder Getreide mit Hilfe eines langen Rundholzes auf einem Erntewagen festbinden vereinz. *Dat Faude(r) mutt noch tauwäsböömt ware* Fla/Ta. – **tauwäsen** sw. dass. vereinz. – **Tauwass** m. **1.** Nachwuchs, Nachkommenschaft. *Hüürt dei Jung' uk noch tau dienen Tauwass?* Gwd/Ba. – **2.** Wachstum, Zunahme. *Dat Kleed is up Tauwass måkt / beräkent* das Kleid ist viel zu groß Fra/Zi, Gwald. – **tauwassen** st. zuwachsen. **1.** von Pflanzen überwuchert werden. *Dei Diek is ganz tauwusse* Sch/Ac. – **2.** sich zunehmend schließen (bes. von Wunden). Wenn die Fontanelle eines Säuglings noch nicht geschlossen ist, heißt es: *Dei Kopp is noch nich tauwossen* Fra/Zi. – **3.** ein vollständiges Federkleid ausbilden vereinz. *De Küke möte towasse* Saa/Te. Syn. s. taufeddern.

tauwedder(n) Adj. zuwider, ganz und gar nicht den eigenen Wünschen entsprechend. Zumeist präd.: *Dat is mi towedder, dat ik em üm Jeld bidden sall* Ank/An. Verstärkend: *Dat is mi in'e Seel tauwedder* Dem/De. *Ik kann seggen, wat ik will, he is mi ümmer towedder* er vertritt immer eine andere Meinung als ich Rüg/Pu. Nur selten attr.: *Hei is 'n ganz tauwerrern Kierl* ein ganz unangenehmer Kerl Gri/Mi.

täuwen s. täuben.

tauwennen sw. jmd. etwas zuwenden, zukommen lassen verstr. *Hei hett denn Jung' väl Geld tauwennt* Gwd/Ba.

tauwielen Adv., zweite Silbe betont, zuweilen, manchmal verstr. *Tauwielen lett hei sich hier noch seihn* Gri/Mi; *so'n solten Hiring is towilen ganz god* [2]WEN 12. – Rä.: *Tauwielen ward sei späält, tauwielen ward sei dreigt, un wenn dor is wat up, denn ward dor uk von neigt* = die Rolle Stral.

tauwiesen sw./st. jmd. etwas zuweisen verstr. *Mi is dei Wåhnung tauwäsen* Ank/Br. – **tauwrieten** sw. zuwuchern, verunkrauten vereinz. VPom. *Dei Gorden is ganz tauwriet't* Gri/Mi.

Täwenschiet m./f., auch *Täben-*, Hundekot verstr. VPom. – Ral. heißt es über eine sehr enge Freundschaft: *Dat backt tausåmen as Pick un Täwenschiet* Dem/Tp, ähnl. vereinz. VPom. – Das Erstglied zu Täf.

Tax f. Schätzwert, angesetzter Preis verstr. *Ik heff dat Schwien för de Tax* [zum Schätzwert] *köfft* Gri/Mi; *wat unner dei Tax* [unter dem Schätzwert] *köpen* Gwd/Ba.

Taxbom m., PflN, *Taxenbom* Fra/Gz, Eibe (Taxus baccata) selt., LAUWB 352[a], HOM 3,82, PRIT/JES 398[a]. Syn. Iebe, Läbensbom.

taxieren sw., *taxmieren* selt., wie hd. verstr. *Ehr Öller lett sich schlicht taxieren* Gwd/Ba. *Dat Peerd is up dusend Dåler taxmiert* Saa/Ja.

Techtelmechtel n. **1.** Liebelei, Flirt verstr. – **2.** harmlose Streitigkeit verstr. VPom.

Teckel m., Pl. *-s*. **1.** TiN, Dackel verstr., DÄHWB 485[b]. *Dei Hund dor is denn Förster sien Teckel* Gwd/Ba. – **2.** SpottN, Gendarm, Polizist verstr. VPom. → Schandarm. – **Teckelbeinen** Pl. 'Dackelbeine' kurze, krumme Beine verstr., [2]TIB 17.

Tecker m., TiN, Neuntöter Fra/Zi. Gebräuchlicher sind die Syn. Nägendöder und Nägenmürer. – Lautmalerisches Wort, das den Vogelruf nachahmt.

tedde(r)mömmern sw. sich jmd. vorknöpfen, jmd. drangsalieren verstr. VPom. *Wenn ik di krieg, war ik di düchdig teddemömmern!* Gwald. Vgl. kattemömme(r)n.

Lautvar.: *tedde(r)mümmern* Stral, Rüg/Pu, *tedemömmern* vereinz. VPom, *tedemümmern* Fra/Br, *terre(r)mömmern* Gri/Ge, *tetemömmern* Fra/Ff, Rüg/Sc, *tette(r)mömmern* selt. VPom.

Teder RN, Kurzf. von Theodor. – Neckr.: *Teder, Teder, du hest am Oorsch jå Fleder!* Lau/GW.

Laut- u. Formvar.: *Tede* verstr., *Tete* vereinz., *Terer* vereinz. VPom, *Teter* selt. – Dim.: *Teding* verstr. VPom, *Teetsch* vereinz. HPom.

Tee m. wie hd. **1.** getrocknete Blätter des Teestrauchs. – **2.** Heißgetränk aus getrockneten Blättern des Teestrauchs oder aus getrockneten Teilen von Heilpflanzen. *Sei drinkt åbends ümmer 'ne Tass Tee* Gwd/Ba. *Dei Tee möt ierst trecken* Gwd/Wc. *Tee för Mågweihdag kåken* Gri/Mi. – Ral.: *('n bäten) in'n Tee sin* (etwas) betrunken sein Rüg/Dm, ähnl. verstr. Schroffe Abweisung: *Gåh hen un låt di Tee kåken!* Rüg/Pu, ähnl. verbr. – Sagw.: *Dat's 'n annern Tee, säd dei Jung', don drünk hei ut'n Pisspott* Gri/Ti. – **Teekätel** m. **1.** Teekessel. *Sett denn Teekätel up't Füer!* Gwd/Ba; *'n koppern Teekätel* Fra/Pu. – **2.** Dummkopf, Einfaltspinsel vereinz., [3]ROSF 281. Vgl. Teepott. – **Teekopp** m., veralt., größere Tasse, Becher verbr. VPom. *In'n Teekopp ward Bier inschenkt un flietig drunken* Fra/Wi. Vgl. Tickkopp. → Bäker.

Teeks f., *Tääks* selt., Pl. *-en*, kleiner Holznagel zum Besohlen von Schuhen verstr. VPom MPom. *De Schooster någelt mit Teeksen* Ran/Sr. Syn. Plügg. – Zu engl. *tack* (Nagel-)Stift.

Teeläpel m. Teelöffel. *een Teeläpel vull Sult* Pyr/Lt. – Volksgl.: *Föllt een Teelöpel von'n Disch, jifft dat Besök von Kinne(r)* Cam/Rn. – **Teepott** m. **1.** Teekanne. – **2.** Einfaltspinsel vereinz. HPom, [3]ROSF 281. Vgl. Teekätel. – **3.** seem., SpottN für den Engländer.

Teer m., *Tär* verstr., *Tei(e)r* Kol/Go, Dra/Ga, wie hd. *Teer up dei Netten schmären* Gwd/Nu. In fester Vbdg.: *schweedschen Teer* gelblicher Holzteer verbr. VPom. – Ral.: *sik in'n Teer setten* sich selbst in Schwierigkeiten bringen Gwald, ähnl. vereinz. – **Teeråben** m. (kegelförmig) gemauerter Ofen zur Herstellung von Holzteer. – **Teerbeer** f. Brombeere verstr. °Fra, Ank/Br. → Brummelbeer. – **Teerbom** m. fiktives Schreckmittel, mit dem man früher Kindern drohte, die nicht zur Schule gehen wollten vereinz. HPom. *Jåh nåh Schaul, süss warst du mi'm Teerbom hålt!* Nau/Fg. – **Teerbotting** s. Tehrbotting. – **Teerbütt** f. hölzernes Gefäß für Teer, das man früher an die Hinterachse des Bauernwagens hängte, um Wagenschmiere parat zu haben. – Sagw.: *Nu hüürt' schlicht Läben up, nu ward dei Wågen mit Botter schmeert, säd dei Bur, dor wier dei Teerbütt lerrig* Gri/Bo. – **teeren** sw., *tären* verstr., wie hd. *Dei Papp up't Dack möt teert warn* Ank/Br; *de Sägel tären* Dem/Jr; *Rüsen tären* Hidd. – **Teerführer** m. **1.** fahrender Händler mit Holzteer vereinz. – **2.** TiN, Mistkäfer Sch/Kt. Syn. s. Bussbunk. – **Teerhannel** m. Handel, bei dem man übervorteilt wird vereinz., [2]TIB 164. – **teerig** Adj. wie hd. *Dat Kleed süht so teerig un schmärig ut* Gwd/Ba. – **Teerjack** f., SpottN, Matrose, Seemann verstr., NIB 10, [2]SEG 47. – Umgebildet aus engl. *Jack Tar.* – **Teerkätel** m. großer Kessel, in dem Teer gekocht wird. *Dei Dackdecker stellt sienen Teerkätel up'n Hoff* Gwd/Ba. – **Teerkell** f. Kelle zum Schöpfen von Teer. – Ral.: *Dat geiht, as wenn de Lus uppe Taerkell krüppt* das geht unendlich langsam Sto/Zz [4]KNO 10. – **Teerkunter** m., TiN, Schwarze Wegschnecke Ghg/Wt. Syn. s. Teerschneck. – **Teerlappen** m. mit Teer getränkter Lappen. – Im Vergleich: *as dei Lus in'n Teerlappen* sehr dürftig, ärmlich vereinz. – **Teermatzk** m., SpottN, Pappdachdecker vereinz. NOPom, Net/Sl. Syn. Teerpott. – **Teerpott** m. **1.** Topf zur Aufbewahrung von Holzteer. – **2.** schmutziger Mensch vereinz. – **3.** SpottN. – **3.1.** Pappdachdecker vereinz. VPom, Gbg/Gp. Syn. Teermatzk. – **3.2.** Reusenfischer °Rüg, [1]RUD 227. – **Teerpütz** f., bes. seem., Eimer für Teer verstr. vpom. Küste. – **Teerquast** m. breiter Pinsel zum Auftragen von Teer. – **teerquastig** Adj. grob, unfreundlich vereinz. *De Kierl is mi so teerquastig kåmen, dat ik fuurts werrer weggåhn bün* Rüg/Dm. Rsyn. s. patzig. – **Teerschneck** f., TiN, Schwarze Wegschnecke Nau/De, Reg/Rg, vereinz. °Sch. Syn. Pierdschnick, Schmootschke, Teerkunter. – **Teerschwäler** m. Arbeiter bei der Holzteerproduktion verstr. *Dei Jung' süht ut as 'n Teerswäler, so schmuddelig is hei* Rüg/Ae. – **Teerworm** m., TiN. **1.** Mistkäfer vereinz. ZPom, sonst selt. Vgl. DWA 5, Kt.9. → Bussbunk. – **2.** Spulwurm vereinz. °Dem.

Teeschål f. Untertasse verbr. VPom. *Größing drinkt ümmer ut'e Teeschål* Gri/Mi. → Unnertass. – **Teeschöttel** f. dass. vereinz. VPom. → Unnertass.

Tehn m., selt. f., Zeh. *Dei lütte Tehn deit mi so weih* Dem/Kt. *Dei grot Tehn heit uk grot Unkel* Gwd/Ba. *Perr* [tritt] *mi doch bi't Danzen nich ümmer up'e Tehnen!* Gri/Go. – Ral.: *ein' up'e Tehnen pedden* jmd. verärgern, beleidigen Gri/Go, ähnl. verstr.; *sik œwern groten Tehn pedden* mit einwärts gedrehten Füßen gehen Ank/Br, ähnl. verstr. Scherzh. Äußerungen, wenn ein Strumpf am großen Zeh ein Loch aufweist: *De grote Tehn is nieglich* Rüg/Pu. *Dei grote Tehn hett Hunger* Gri/Gm. Grobe Abweisung: *Du kannst mi an'n Tehn licken!* Dem/De. – Im Volksgl. galt eine Entzündung im großen Zeh als Gefahr für das Leben: *Von dei groten Tehnen hängt dat Läben af* Rüg/Ae, ähnl. verstr.

Laut- u. Formvar.: *Teej*, *Teech* verbr. MPom SPom, *Tehne* verstr. ZPom NOPom, LAUWB 352[a], JOSTWB 101. – Pl.: *Tehnen* verbr. VPom, sonst selt., wie Sg. selt. VPom, *Tegen* vereinz. MPom ZPom, *Tejen* verbr. MPom SPom, *Tehne* verbr. ZPom, *Tehnes* vereinz. NOPom.

Tehn(en)dörp n. fiktiver Ortsname. Wenn ein Strumpf am großen Zeh ein Loch hat, heißt es scherzh.: *In Tehndörp is Füer!* Dem/Kt, ähnl. vereinz. – **Tehn(en)krut** n., PflN, Gänsefingerkraut (Potentilla anserina) Ank/Br. Vgl. MARZELL 3,1008. – **Tehn(en)spitz** f. Zehenspitze. *Sei keem liesing up Tehnenspitzen in'e Stuf* Gwd/Ba.

Tehrbotting n. Butterbrot zum Verzehren. Das Wort ist fast nur in einer Ra. gebräuchlich, die das Erstglied in sprachspielerischer Weise mit dem gleichlautenden *Teer* in Zusammenhang bringt: *sik 'n Tehrbotting hålen* sich eine Abfuhr einhandeln vereinz. VPom, BLFPVK 6,175.

tehren sw., *tähren* vereinz., zehren. **1.** kraftraubend sein, schwächen. *Dei schwore Arbeit tehrt an em* Gwd/Nu. *Schnaps tehrt* Stral. *Dat Bedd* [langes Liegen im Bett bei einer Krankheit] *tährt so, du muttst ball upstâhn!* °Ran. In fester Vbdg.: *tehren Feewer* Schwindsucht Rüg/Dm. – **2.** sich davon ernähren oder Kräfte daraus ziehen, was man angesammelt, erlebt hat. *Dei tehrt von sien Geld* lebt von seinem Vermögen Gwd/Ba. *Von dat schöne Fest tehren wi noch lang* Fra/Zi. – **3.** verzehren, aufbrauchen. Lebensmotto einer leichtsinnigen Person: *Bäter tehren un Not lieden as sporen un dotblieben* Ank/An. Vgl. vertehren.

Phras. zu 1.: Sagw.: *Arbeit tehrt, secht de oll Fru, don wascht sei 'ne Nachtmütz ut un ät 'n Pund Brot dorbi up* Rüg/Be. *Dat Wâter tehrt! saed' de Frû, dôr trêd' se oewer'n Rönnstên* [1]HOEFE 24.

Tehrer m. Verschwender selt. – Sprw.: *Up eenen goden Nährer kümmt 'n bösen Tehrer* auf jmd., der sparsam wirtschaftet, folgt ein Verschwender Saa/Ja. – **Tehrgeld** n. bes. für die Ernährung auf Reisen bestimmtes Geld. *Dei Handwarksburs hett sien Tehrgeld all tiedig versåpen* Gwd/Ba. – **Tehrgröschen** m. Geldstück, das bes. für die Verpflegung auf Reisen gedacht ist vereinz. – **tehrig** Adj. ausgezehrt, entkräftet vereinz. – **Tehrung** f., veraltd., daneben auch noch das ältere *Tehring* vereinz. **1.** Wegzehrung, Proviant verstr. – **2.** Geld für die Ernährung, Kostgeld vereinz. *Hest du all dien Tehring bitåhlt?* Fra/Bn.

Teigel m. Ziegel. **1.** Ziegelstein, Backstein. *Lech denn Teigel in'e Rühr* [Backofen], *dat hei mi nåhsten dei Fäut warmt!* Dem/De. Syn. s. Teigelstein. – **2.** Dachziegel. *Dat Dack is mit Teigel deckt* Kol/Pr. Syn. Dackstein.

Laut- u. Formvar.: Zur Realisierung des Stammvokals s. PWB 1,1, LXV, Kt.11. – Pl.: zumeist *-s*, wie Sg. verstr. HPom, sonst vereinz., *Teijle* Sto/Gl.

Teigelåben m. **1.** Ofen, in dem Ziegel gebrannt werden. – **2.** aus Ziegelsteinen gemauerter Ofen vereinz. – **Teigeldack** n. mit Ziegeln gedecktes Dach. Vgl. Ruhrdack. – **Teigeldecker** m. Handwerker, der Ziegeldächer deckt vereinz. Vgl. Ruhrdackdecker. – **Teigelie** f. Ziegelei. *In'e Teigelie warn Murstein un Dackstein brennt* Gwd/Nu. – **teigeln** sw. ein Dach mit Ziegeln decken verstr. *Dat Dack is kaputt, dat möt nieg tegelt warn* Rüg/Pu. – **Teigelstein** m. **1.** Ziegelstein. *Dat Hus ward ut Teigelstein buugt* Gwd/Ba. Syn. Backstein, Murstein, Teigel. – **2.** Dachziegel selt. *Wi bruke Teigelsteine för us Dack* Saa/Le.

teigen Num. zehn. *De Minsch hett teigen Finger* Ank/An. *Ik heff teigen Eiger köfft* Gri/Mi. *So wier dat vör teigen Johr all, so is dat hüt uk noch* Gwd/Nu. *Wi täuben bet åbends Klock teigen* Gwd/Ba; *tegen bitt elf Pund* POP 29; *tejen Stück* Bel/Kw; *teje Mark* DKr/La. – Als Ordinalzahl: *Hüt is dei teigt Mai* Gwd/Ba; *dat teigt Deil wier all naug wäst!* HUMGWD 6,21,3. *Dat is dat tehnt Hauhn* Nau/Tr.

Laut- u. Formvar.: Hauptvar.: *teihn* verstr. VPom MPom, selt. ZPom, vereinz. NOPom, HOMWB 205[b], *tehn* vereinz. °Sch u. °Rum, sonst selt. ZPom, *tegen* Uec/Al, selt. ZPom, *teje(n)* verstr. ZPom, DKr/La, [5]TITA 76, LAUWB 352[a], *tejje* Pyr/Wa,Wi, Arn/Li, *tijje(n)* vereinz. ZPom, verstr. °Lau, Slo/La, *tijja* verstr. SPom, *teije(n)* Neu/Ju, vereinz. °Büt, *teng(e)* Ran/Ro, Gbg/Ke PRI/TEU 153, *tieden* Gbg/Da,Ka, Kol/Ko, *tedjen* Neu/Ki,Rt, [10]TEU 246, *teedjen* Fla/Ta. Veralt.: *tetten* Mönchg., [9]HAAS 19, *teten* Sch/Pu. – Als Ord. sind folgende Hauptvar. belegt: *teigt* (gesprochen *teicht*) verbr. VPom, *teihnt* selt. VPom, verstr. MPom, selt. ZPom, vereinz. NOPom, *tehnt* vereinz. °Sch u. °Rum, sonst selt. ZPom, *tijj(en)t* verstr. SPom, Gbg/Ge, Kol/Go, *teejt, teecht* verstr. ZPom, DKr/La, Slo/La.

Teigener m. Zehner, Zehnmarkschein. – **teigenerlei** Adj. (indekl.) zehnerlei, vielerlei. *Tau denn Kauken hüren teigenerlei Taudåten* Gwd/Ba. – **teigenmål** Adv. zehnmal, sehr oft. *Dei Geschicht hest du mi doch all teigenmål vertellt* Use/Sw.

Teigler m., Pl. *-s*. **1.** Ziegler, Ziegelbrenner. *Hei hett lang as Teigler in'e Teigelie arbeid't* Rüg/Ae. – **2.** Töpfer selt., vgl. DWA 9, Kt.6.

teigt s. teigen.

teihn[1] st., veraltd., ziehen. Das Wort wird zunehmend von trecken verdrängt. **1.** etwas hinter sich herziehen. *Dat Pierd tüht dei Kutsch* Gri/Bo. – **2.** ziehend zu sich hin bewegen, mit sich fortbewegen. *Dei Fischer teihn dat Nett ut'n Wåter* Fra/Zi. – **3.** etwas / jmd. durch Ziehen in eine best. Richtung oder Lage bringen. *Teih mi doch nich so dull an'n Arm!* Kol/Pr. – **4.** etwas überziehen, überstreifen. *Nu teih di wat up't Lief!* Gbg/Ro. – **5.** irgendwohin unterwegs sein. *Hei is dörch väl Länne tåge* Cam/He; *langsam tög dat dörch de Luft* [2]WORM 5. – **6.** erziehen, den Charakter bilden. Zumeist nur noch in formelhafter Vbdg.: *Ik bün hier buren un tågen* ich bin hier geboren und aufgewachsen Gwd/Ba, ähnl. verbr. *Ik bün hier föd't un tågen* Uec/Ue. – **7.** Zugluft geben. *Måk dei Dör tau, dat tüht!* Gri/Bo. *Dat tüht so up'e Schünedäl* Gbg/Gp. Syn. s. tochen. – **8.** weit ausstrahlende Schmerzen empfinden. *Dat tüht mi bet in'n Kopp* Gwd/Nu.

Lautvar.: Zur Realisierung des Stammvokals s. PWB 1,1, LXV, Kt.11.

Flex.: Präs.Sg.1.: *teih, teeh.* – 3.: *tüht* verbr., *tieht* vereinz. ZPom, NOPom, LAUWB 349[a]. – Prät.Sg.1. u. 3.: *tööch* verbr. VPom MPom, *tooch* vereinz., *täuch, toich* verbr. ZPom. – Part.Prät.: *tågen* VPom MPom, *tåje, tåye* verbr. HPom, *tauje, tauye* vereinz. im Belbucker Abteibezirk, *tōuye* °Büt [2]MIS 59.

teihn[2] s. teigen.

teihndrittig Num. dreihundert vereinz. NOPom, [9]ROSF 80,76. – **teihntwintig** Num. zweihundert Uec/Pa, Pyr/Wa,Wi, Neu/Th, vereinz. NOPom, [9]ROSF 80,76.

teiken sw. zeichnen. **1.** mit einem Zeichen versehen, markieren. *Dei Schåp warn mit 'ne Mark teikent* Fra/Bn. *De Hanndöker möten noch tekent warn* Gwald. Übertr.: *Dat Öller hett em all mächdig tekent* Uec/Ge. *Dei Kierl hett 'n Puckel, dei is von Gott teikent* Gwd/Ba. – **2.** eine Zeichnung anfertigen. *Sei teikent dat Hus in'n Sand* Gwd/Ba. [*Hei*] *künn Klavier speelen un teiken* SPI 59.

Lautvar.: Zur Realisierung des Stammvokals s. PWB 1,1, LXIII, Kt.9. In HPom gelten die Var. *teikne, teekne.* Mit Palatalisierung des inlautenden *k*: *teitchne* Neu/Th,Rt, verstr. °Slo.

Teiken n. Zeichen. **1.** Kennzeichnung, Markierung. *Måk di doch 'n Teiken in dat Bauk!* Fra/Zi; *'n Teiken inkarwen* Dem/Kt. – **2.** nonverbaler Hinweis, Wink. *Kiek eis, hei gifft di Teikens!* Gwd/Ba. – **3.** Anzeichen, Symptom. *Dat's 'n schlicht Teken, mi ward angst un bang* Ank/An. *Dat's 'n Teiken von düre Tieden* Gwd/Nu. – **4.** Tierkreiszeichen. *Wi hewwe nu dat Teike Steinbuck* Sch/Sd. Früher richtete man sich bei der Aussaat häufig nach den Sternzeichen und berücksichtigte die astrologischen Symbole zu den Kalendertagen: *Wi plante nåh'm Teike* Nau/Dö. Vgl. Klennerteiken.

Laut- u. Formvar.: Zur Realisierung des Stammvokals s. PWB 1,1, LXIII, Kt.9. Palatalisierung zeigt die Var. *Teitche* Neu/Th,Rt, verstr. °Slo, [10]TEU 245. – Pl.: *-s* verbr. VPom MPom, wie Sg. vereinz. VPom MPom. In HPom überwiegt die Var. *Teiken* (im Unterschied zum Sg. *Teike*), *Teikes* vereinz.

Teikenbauk n. Zeichenheft vereinz., HOMWB 205[b].

Telefon n., *Telefong* vereinz., wie hd. – **telefonieren** sw. wie hd.

Telg m., gesprochen *Telch.* **1.** Ast, dicker Zweig. *Dei Telgen von'n Bom hängen deip dål* Gri/Ge. *De Bom steiht dor mit kahle Telgen* [1]GRAU 80; *ein grot Telg von'n Dannenboom* SPI 48; *Telgen uthaugen* aushauen Gri/Ti. – Verwünschung: *Du sast in'e dröje Telje danze!* Neu/Th, ähnl. vereinz. – Sprw.: *So as dei Bom is, so warden uk dei Telgen* Dem/Kt, ähnl. verbr. *Möst nich höger stiegen willn, as de Boom Telgen hett* HUMGWD 6,20,11. Vgl. Ast, Twieg. – **2.** Pl. (unordentliche) Haare verstr. VPom. *Wur sühst du wild ut! Ik will di dei Telgen kämmen* Fra/Zi. *Dei Telgen bammeln ehr üm denn Kopp* Gri/Go.

Laut- u. Formvar.: *Telgen* (aus dem Pl.) verstr. VPom, *Talch* verstr. MPom, Lau/Ke, *Telsch* Neu/Rt, *Tellich* JOSTWB 101. – Pl.: *Telgen* verbr. VPom, *Telken* vereinz. VPom, *Teljen* verbr. MPom, *Telje* verbr. HPom, wie Sg. vereinz. HPom, *Telye, Talje* verstr. nordöstl. °Lau, STRI 32.

telgen sw. mit einem Stock schlagen, prügeln vereinz. VPom MPom. – **Telgenholt** n. Holz von Ästen. *Dat Teljehult hitt gaut* hat guten Heizwert Nau/Dr. – **Telgenhüpper** m., SpottN, Gärtner vereinz. VPom. – **telgig** Adj. stark verästelt vereinz.

Tell f. Berücksichtigung, Beachtung verstr. VPom. Zumeist in der Fügung: *wat nich up'e Tell hemm'* etwas nicht berücksichtigen Fra/Bn. *Dei kümmt gor nich up'e Tell* seine Meinung zählt nicht Dem/Tp. – **tellen** sw., *talle* Lau/Ke, zählen. **1.** Zahlen der Reihe nach aufsagen. *Ik tell bet fief* Dra/Dr. – Ral. über einen Dummkopf: *Dei süht ut, as wenn hei nich bet drei / fief tellen kann* Gwd/Nu, ähnl. allg. – **2.** die Anzahl oder die Summe von etwas feststellen. *Wi möten hüt dat Veih up'e Wei(d) tellen* Dem/Kt. Abweisend zu jmd., den man nicht dabeihaben will: *Gåh nåh Hus, Mudder will de Kinner tellen!* Uec/Pa, ähnl. verstr. – Sprw.: *Tellt' Schap fritt de Wulf uck* HUMGWD 12,16,6. *Tellte Gäus' bitt de Voß uck* HUMGWD 7,22,11. – Volksgl.: *Spoort Geld sall man nich tellen, denn ward dat weniger* Dem/Tp, ähnl. verstr. – **3.** gelten, relevant sein. *Wat he secht, tellt nich* Pyr/Lt. – **4.** sich auf jmd. verlassen. *Ik tell up di!* Gwd/Ba.

Teller s. Töller.

tellern sw., fachspr., den Acker mit einer Scheibenegge bearbeiten verstr.

Telt n., Pl. *Telten*, Zelt vereinz., [2]BAND 52.

Telubbjack m., Schimpfw., grober, ungeschickter Mensch selt. NOPom. Vgl. Lubbjack. – Nach [10]WIN 113 verniederdeutscht aus poln. *człowiek* Mensch.

Temmbratt n. großes Seitenbrett des Ackerwagens Lau/Sl POMMBL 50,225. – Das Erstglied zu *timmern* zimmern, vgl. [3]HIN 489.

Teng[1] m., bes. seem., *Tenk* vereinz. VPom, Pl. *-s*, Wasser- oder Treibstofftank verstr. VPom, [1]PEE 267. – Engl. *tank.*

Teng[2] m., fischerspr., lange Reihe von Fischernetzen vereinz. °Rüg, [1]PEE 175. Syn. s. Tier. Vgl. SHWB 5,45: *Teng* Gerät zum Aalfangen; engl. *tang* Angel. – **tengen** sw., fischerspr., mit einer langen Netzreihe fischen vereinz. °Rüg.

tenst veraltd. **1.** Präp. – **1.1.** bezeichnet die Lage am Ende von etwas. *tenst Fäuten* am Fußende des Bettes Dem/De; *tensten Kopp* am Kopfende des Bettes Gri/Ge. *Dat steiht tens de Schün* Gri/Bo; *tensten Hus* an der Giebelseite (nicht an der Vorderseite) des Hauses Fra/Br. – **1.2.** hinter verstr. *Dat licht tinsten Åwe* liegt hinter dem Ofen Saa/Kl. → hinner. – **1.3.** jenseits, auf der anderen

Seite verstr. *Dat Dörp licht tens dei Grenz* Gwd/Ba. – **1.4.** neben, direkt an etwas verstr. *Hei schlöppt tenst dei Wand* Dem/Tp. *Tinst miene Föt licht de Katt* Nau/Db. – **2.** Adv. hinten verstr. *Häng dat Kleed man dor tingst up!* Ank/Sc. *Dat Hus steiht tingst, wo dat in'e Grund geiht* Sto/Gl. – Mnd. *tendes*, kontrahiert aus *to endes*.

Laut- u. Formvar.: *tens* verstr. VPom, Ghg/Ki, *tengst* Sch/Pu, vereinz. NOPom, HomWb 205[b], *teenst* Mah 73, *tinst* vereinz. VPom, verstr. SPom ZPom, *tins* selt., *tingst* Stolp, Lau/GW, HomWb 207[b], JostWb 102, *tinne* Pyr/Lt,Wi, Reg/Me, Net/Hf. Zudem sind vereinzelt kontrahierte Formen belegt, die aus der Vbdg. mit dem bestimmten Artikel entstanden sind: *tensten, tenssen, tinsten.*

Tenstbrett n., *Tennbrett* verstr. MPom. **1.** Abschlußbrett am Fuß- oder am Kopfende des Bettes verstr. *Dat Bedd is so kort, ma' kümmt mit de Fäute an't Tinstbrett* Saa/Le. – **2.** Längsbrett des Bettes an der Wandseite vereinz. MPom HPom. Syn. Benn. – **Tenstenn'** n. das hintere Ende eines Gegenstandes verstr. Spez.: Fußende des Bettes; Giebelseite eines Gebäudes. *Dei Plaug steiht up dat Tenstenn' von'e Schün* Gwd/Ba. – **Tenstfinster** n. Fenster auf der Giebelseite eines Gebäudes vereinz. HPom, [2]Kno 86, [14]Rosf 8. – **tenstsiet** Präp., veralt., jenseits, auf der anderen Seite selt. *Dor grad vör mi* [...] *tensit de Mählenbäk, lagg jo uns' Hus* [2]Vog 2. – **Tenstsiet** f. die Giebelseite eines Gebäudes verstr.

Teppich m., *Tebbich* vereinz., wie hd. – Ral.: *Dat kümmt gor nich up'n Teppich!* das kommt überhaupt nicht in Frage! Fra/Pe, ähnl. vereinz.

ter- zer-. Das aus dem Hd. entlehnte Präfix in nd. Lautung tritt nur in Vbdg. mit wenigen Verben auf.

Lautvar.: Die ältere Variante *to-* ist mittlerweile veraltet. Daneben ist verstreut über das gesamte Pommern auch noch die Variante *te-* belegt.

terbräken st. zerbrechen. *Dei Pott is von'n Disch follen un terbråken* Fra/Zi. – **tergrusen** sw. zu Grus machen, zerbröckeln vereinz., HomWb 205[b]. – **terhacken** sw. zerhacken. *Ik mutt noch Hult tehacke* Sch/Pk. – **terhicken** sw. (mit dem Schnabel) zerhacken verstr., BlfPVk 9,47. – **termatschen** sw. zermatschen verstr.

termautbasten sw. **1.** refl., sich abmühen, sich mit etwas (gedanklich) herumquälen VPom, sonst selt. *Mudding hett väl Sorgen, wat möt se sik ümmer termautbasten!* Ank/An. *De Düwel* [...] *termaudbast' sik, wat hei de Dirn nich in sin Klawen krigen künn* [3]Nere 2,212. Subst.: *Sei grüwelt un grüwelt, äwerst all dat Termautbarsten was vergääfs* Dem/Tp. Oft in der festen Vbdg.: *sik denn Kopp termautbasten* sich den Kopf zerbrechen. Mit dem Schwerpunkt in MPom ist das Syn. afmautbasten belegt. Vgl. zudem vermautbasten. – **2.** die Gefühlswelt in Unordnung bringen, eine psychische Belastung darstellen vereinz. VPom. *äwer de griesen Gedanken* [...] *termaudbarst'ten ehr de Seel un leten nich nah* HuMGwd 3,43,4.

Laut- u. Formvar.: *termautbarsten* verstr. VPom, *termootbasten, termootbarsten* verbr. °Rüg, *taumautbasten, taumautbarsten* vereinz. VPom, *tomautbasten, tomautbarsten* selt. VPom.

Termin m., *Tremin* verstr. VPom, *Trümin* selt. VPom. **1.** Zahlungstermin. *Morgen is dei letzt Tremin, denn möt ik betåhlen* Gri/Go. – **2.** Gerichtsverhandlung verstr.

Termus m., Erstsilbe betont, Phase, die regelmäßig wiederkehrt vereinz. VPom MPom. *De hett werrer sienen Termus* hat wieder seine üblichen Launen Uec/Ue. *Dei is ganz ut'n Termus kåmen* ist von seinen Gewohnheiten völlig abgewichen Fra/Bn. – Ral.: *in Termus sin* betrunken sein Rüg/Zi, ähnl. vereinz. – Entstellt aus hd. Turnus.

Termusnick n., zweite Silbe betont, Gefängnis [4]Seg 225. *Sei* [Polizisten] *wull'n mi in Termusnick smit'n* [3]Seg 134. – Etym. unklar.

Terpentikel m./n., *Tempetietje* Fla/Ta, Slo/Sl, Perpendikel, Uhrpendel vereinz. *Dat Terpentikel war ik afnehme, dei Klock blifft immer stohne* Sto/Gl. Gebräuchlicher ist das Syn. Parpendikel.

terplücken sw. zerpflücken. *Dat Kind terplückt dei Blaumen* Fra/Zi. – **terpöttern** sw. zerdeppern, (mutwillig) zerschlagen verstr. *Dei Bengel hett dat Geschirr terpöttert* Ank/An.

Terrien f., Endsilbe betont, Terrine verstr. *Dor steiht 'ne Terrien vull Supp up'n Disch* Gwd/Ba. Vgl. Punschterrien.

terrieten st. zerreißen. **1.** etwas in kleine Stücke reißen, stark beschädigen. *Sei hett denn Breif glieks terräten* Gwd/Nu. *Ik heff in'n Busch dei Strümp toräten* Uec/Ue. – **2.** Löcher, Risse bekommen (bes. von Kleidung). *Dei Jung' löppt mit 'ne terräten Bücks rüm* Gwd/Ba. – Sagw.: *t' frîrt jeder, dornâ he Klêder hett, saed' de Pracher* [Bettler], *dôr härr he in'n Winter 'n terräten Rock an* [1]HoefE 66. – **3.** refl., sich außerordentlich anstrengen. *Ik möt mi rein torieten, wenn dei Arbeit hüt farig warden sall* Gri/Mi.

Tersküke n., TiN. **1.** Wachtel selt. °Sch, BlfPVk 5,43. – **2.** *Tees-*, Wachtelkönig OPomHt 1939,27,11. – Die Etym. des Erstglieds ist unklar.

Testament n., *Testment, Testmint* vereinz. **1.** wie hd. *Hei is starbenskrank un hett all sien Testament måkt* Gwd/Nu. – **2.** scherzh., Bratenfüllung, bes. für Gänse und Enten vereinz. VPom, HuMGwd 75,292f.,3.

Teterow ON. Teterow galt als das mecklenburgische Schilda. Deswegen hieß es spöttisch über einen Dummkopf: *De is so klok, de kann Börgermeister in Teterow warden* Gwald, ähnl. verstr. VPom. Vgl. MWb 7,148f.

Tetschk m., selt. f., PflN, Schlangenwurz (Calla palustris) verstr. NOPom, HOMWB 207[a]. – Slaw. Lehnwort aus pomor. *těčk*.

Lautvar.: *Tetsch* vereinz. NOPom, HOM 3,47, *Teschk* PRIT/JES 73, *Titsch*, *Titschk* vereinz. NOPom.

teutfägen s. täutfägen.

Text m. wie hd. Das Wort ist fast nur ral. gebräuchlich: *einen denn Text läsen* jmd. Vorhaltungen machen Rüg/Ae, ähnl. vereinz. *Bring mi nich ut'n Text!* unterbrich mich nicht! Gwd/Ba.

Theåter n., *Theårer* vereinz., Theater. **1.** Schauspielhaus. *Ik heff in'n Theåter in Griepswold ümmer in'n iersten Rang säten* Gri/Mi. Vgl. Kamediehus. – **2.** die Institution Theater. – **3.** ohne Pl., Theateraufführung. Vgl. Kamedie. – **4.** vereinz. m., ohne Pl., unnötige Aufregung, Getue, Gewese. *Nu måk doch nich so'n Theåter, wäs still!* Stett.

Thek f. Theke, Schanktisch. *Hei steht an'e Thek un drinkt Schnaps* Nau/De. – **theken** sw. sich in einem Gasthaus betrinken vereinz.

Thooms der Ruf- und Familienname Thomas. – Ral., wenn jmd. sehr lange braucht, um etwas zu begreifen: *Dei kümmt dorachter as Thooms hinner dei Håmels* Gri/Bo, ähnl. vereinz.

Thron m. **1.** wie hd. – Ral.: *up'n hogen Thron sitten* unnahbar, überheblich sein vereinz. – **2.** euphem. – **2.1.** Toilette, Abtritt vereinz. → Aftritt. – **2.2.** Nachttopf vereinz.

Thymian s. Timjån.

Tiburtius m. Kalendertag des Heiligen Tiburtius (14.4.). – Wetterr.: *Kollen Tiburtius bringt warmen Frühling* HUMGWD 9,14,3.

Tick[1] m. **1.** Schrulle, Spleen verstr. *Hei is nich janz richtig, hei hett 'n Tick* Gbg/Wo. Syn. Ticker. – **2.** leichter Stoß mit der Hand vereinz. *Sei gifft em 'n Tick, dat hei upwåken deit* Gwd/Ba. Vgl. Tack[1].

Tick[2] n. markierter (Ziel-)Ort beim Versteck- und Greifspiel, an dem man nicht abgeschlagen werden darf verbr. VPom, sonst selt. *Ik bün in't Tick, du dörfst mi nich anschlån!* Fra/Zi.

ticken sw. **1.** in regelmäßiger und schneller Abfolge kurze, hell klingende Geräusche von sich geben (bes. von Uhren). *De Klock tickt so lut* Stett. – **2.** jmd. leicht berühren, antippen verstr. *Hei tickt em sacht up'e Schuller* Gwd/Ba. Vgl. tacken, ticktacken. – **Ticker** m. Schrulle, Spleen verstr. *Mit de Tid giwt sich äwer des' Ticker uck wedder, un so'n Lüd warden von sülwst wedder manierlich* [1]BAND 4,72. Syn. Tick[1]. – **tickerig** Adj. verrückt, geisteskrank vereinz. VPom MPom. → mall. – **tickern** sw. jmd. kitzeln Uec/Pa, Ran/Pe, Pyr/Wa, Dra/Bu.

Tickhauhn n., Dim. *Tickhäuhning*, *Tickhäuhnken*, kindspr. Bez. für das Huhn VPom. – Kinderr.: *Tickhäuhning, Tickhäuhning, wat deist up mienen Hoff? Plückst mi all dei Bläumings af, du måkst mi dat tau groff!* Gri/Mi, ähnl. verstr. VPom. Vgl. Tiethauhn. – **Ticking** n. dass. verstr. VPom.

Tickkopp m., veralt., große Tasse, Becher vereinz. VPom. Vgl. Teekopp. → Bäker.

ticktacken sw. jmd. (mit leichten Berührungen) necken. Zumeist in der Ra.: *Von Ticktacken kümmt Burrjacken!* aus Spaß wird leicht Ernst! Dem/Kt, ähnl. verstr. Vgl. tacken, ticken.

tick-tick Interj. Lockruf für Hühner verbr. VPom, sonst vereinz.

tiedig Adj. zeitig, zu einem verhältnismäßig frühen Zeitpunkt. *Ik bün all tiedig nåh Hus kåmen* Ank/An. *Leiwer kåm ik 'n bäten tau tierig as tau låt* Rüg/Ae. *Du mööst morgens 'n bäten tieriger upståhn* Dem/Tp. *Dat is noch tierig an'n Dag* Gri/Mi. *Ik heff all tiedig markt, dat dei Bengel nicks dœgen deit* Gri/Go; *tiedig Arften* früh reifende Erbsen Ran/Ro; *tiedig Tüften* Frühkartoffeln Ank/Br. – Spruch: *Wer tiedig upsteiht, ward tiedig mäud* Fra/Fr.

Lautvar.: *tierig* verstr. VPom, sonst selt., *tiej*, *tiech* Ghg/Wt, verbr. °Pyr u. SPom, vereinz. ZPom, *tierch* verstr. westl. HPom, *tiedch* vereinz. SPom ZPom, LAUWB 352, *tiedsch* (sth. *-sch*) Neu/Rt [10]TEU 246, *teirəch* Rum/Km [5]TITA 49, *teidch* Kös/Bb,Gu,Pd, Rum/Hl, Sch/Sd.

Tieding f., veralt., *Tiering* vereinz., Pl. zumeist *-en*, *-s* vereinz. **1.** Nachricht, Neuigkeit. [...] *wurvel upstunds dat Pund Botter gelt un ähnlich so'n Tidingen* [1]BAND 4,16. Vgl. Nietieding. – **2.** Zeitung. *Wat mellt de Tieding?* Ran/Pe. [*Dat*] *is in 'ne Tieding von dunnmals tau läsen* HUMGWD 8,26,8. Syn. Blatt[1], Zeitung.

tiegen sw., *tieje* vereinz. HPom, jmd. in Verdacht haben, bezichtigen verstr. *Ik tieg dat up em* ich verdächtige ihn Fra/Pe. Vgl. betiegen. – Mnd. *tîen* st.

Tiejel s. Dägel.

Tie(l)loch n., fachspr., veralt., *Tienloch* selt. VPom, 'Zeidelloch' Flugloch im Bienenkorb vereinz. *Ik möt Tiellöcher in dei Immenkörf snieden* Rüg/Ae. *In'n Winter möt man dat Tienloch gägen Müs afsperren* Gri/Mi. – Das aus dem Hd. entlehnte Erstglied ist schon in mnd. Zeit ausschließlich als Bestimmungswort belegt. Vgl. mnd. *tîlbēr* Honigbär.

Tien[1] f., Pl. *-en* **1.** *Tio* Net/Hf, hölzernes Gefäß, Bottich, Zuber. *De Tien is spack* ist undicht Dra/Bu. Die heute bereits veraltete Bez. ist bes. noch als Grundwort in der Zs. Stuktien gebräuchlich. – **2.** seem., Konservenbüchse vereinz. *'ne Tien Melk* Fra/Zi.

Tien[2] s. Tinn[1].

Tiepke n. kleines Huhn, Küken HomWb 207[b]. – **tiep-tiep** Interj. Lockruf für Hühner verstr. nordöstl. HPom, [2]Mis 75.

Tier f./n., Pl. *-en*, fischerspr., Reihe miteinander verbundener Fischernetze verbr. °Rüg, sonst vereinz. vpom. Küste, [1]Pee 175. *Hieringsnetten to 'ne Tier tosåmenstellen* Gwd/Wc. Syn. Buck, Lenk, Teng[2], Trieß. – Mnd. *têre* Packen, Ballen. Vgl. engl. *tier* Reihe, Lage.

tieren sw., refl. **1.** sich zieren, sträuben verstr. *Nu kåm rin, tier di doch nich so!* Rüg/Dm. – **2.** sich in best. Weise benehmen, verhalten vereinz. *Tier di man 'n bäten anstännig!* Rüg/Pu. *Ji hewwen woll 'n niegen Lihrer krägen. Woans tiert hei sik denn?* Fra/Br.

tierig[1] Adj. geschmeidig, weich vereinz. °Rüg. *Dei Deig mütt schön tierig sin* Rüg/Ae.

tierig[2] s. tiedig.

Tiesch f./m., kindspr., Mutterbrust verstr. NOPom, HomWb 207[b], [2]Kno 86.

Tiet f. Zeit. **1.** ohne Pl. – **1.1.** die Zeit in ihrer kontinuierlichen Abfolge. *Dei Tiet löppt hen, ihrer man sich versüht, is man olt* Gwd/Ba. *Dei Tiet vergeiht, un wi mit ehr* Gwald. Stoßseufzer, bes. wenn man schon lange vergeblich auf etwas wartet: *Jå, jå, Tiet vergeiht, Licht verbrennt un Grotmudder starft nich!* Fra/Br. – Sprw.: *Kümmt Tiet, kümmt Råt, kümmt Såmer, kümmt Såt* Gwd/Ze, ähnl. verbr. Erweitert zum Sagw.: [...], *säd dei Bur, dunn har hei nicks seigt* da hatte er nichts gesät Ank/An. – Rä.: *Wat geiht åhn Fäut weg un kümmt nich werrer? = dei Tiet* Ank/Br. – **1.2.** Zeitraum, über den man verfügen kann. *Ik heff kein Tiet, mien Arbeet luert* Gbg/Gp; *friege Tiet* Ank/Br. *Em ward dei Tiet lang* er langweilt sich Gri/Ge. Scherzh. Rat: *Ward di dei Tiet lang? Nimm sei duwwelt!* Gwd/Nu, ähnl. verstr. Wenn jmd. faulenzt, heißt es: *De licht up de Tiet* Ghg/Gr. – Spruch: *Tiet hebben is dat halwe Läben* Rüg/Ae. – Sagw.: *Ik heff kein Tiet, säd dei Voss, don hüürt hei dei Hunnen blaffen* Dem/Kt. *Dat hett noch Tiet, säd de Jung', dunn süll he Schacht* [Schläge] *kriegen* Ank/Pu. – **1.3.** Uhrzeit. *Wurans is de Tiet?* wie spät ist es? Ank/An. Scherzh. Antwort auf die Frage nach der Uhrzeit: *So väl as gistern üm dees Tiet!* Dem/Kt. – **2.** längerer Zeitraum, Zeitabschnitt. *Dat duert all 'ne ganze Tiet* Ank/Br. *Dat is sien Tiet her* das war vor langer Zeit Gri/Bo; *dei düre Tiet* Zeit der Not verbr.; *dei hille Tiet* Erntezeit, Saatzeit verstr.; *olle Tieden* längst vergangene Zeiten Use/Sw; *taukåmen Tieden* zukünftige Zeiten Gri/Ti. In fester Vbdg. mit Präp.: *unner dei Tiet* inzwischen, währenddessen Rüg/Ae; *vör Tieden* vor langer Zeit Uec/Pa. – Ral.: *Dor ward mi Tiet un Wiel bi lang* das dauert mir zu lange Fra/Pe, ähnl. allg. *Narrsche Tiden, de Düwel jammert över sien Kinner* HuMGwd 75,278f.,3. – **3.** Zeitpunkt, kürzere Zeitspanne. *Nu ward't Tiet, wi möten upståhn!* Rüg/Be. *Bet dei Tiet möt dei Arbeit farig warden* Fra/Ln. *Tau Tiet bruken wi dat Geld nich* Dem/Lu. *Wenn 't Tiet is* [wenn der richtige Moment da ist], *war ik em dat seggen* Gwd/Ba. *Sei hollen dei Tiet* sie halten den vereinbarten Termin ein Gri/Go. *De wett nich Tiet un Stund* ist unpünktlich Ran/Pe. *Se kümmt to rechtern Tiet* Pyr/Lt; *tau glieker Tiet* Dem/De; *bi nachtschlåpen Tiet* zu später Stunde Fra/Zi; *morjens in alle Tiet* morgens in aller Frühe Kol/Go; *gägen dei Tiet* etwa zu dem Zeitpunkt Gwd/Nu. – Sagw.: *Tiet un Stunn' is üm, dei Küken möten rut, secht dei oll Fru un kloppt dei Eier intwei* Ank/An. – **4.** Tageszeit. Nur in der Fügung: *ein' dei Tiet beiden* jmd. grüßen verstr. *Dei Bengel is tau ful, mi dei Tiet tau beiden* Gwald. Vgl. Dagstiet.

Laut- u. Formvar.: Zur Realisierung des Stammvokals s. PWb 1,1, LXIX, Kt.16. – Pl.: Hauptvar.: *Tieden* verbr. VPom MPom, *Tiede* verbr. HPom, *Tiere* vereinz. HPom, LauWb 352, *Tieje* nördl. °Ghg, verstr. °Pyr, *Tîə* südl. °Ghg, Pyr/Ma.

Phras. zu 2.: Sagw.: *Dat sünd schlichte Tieden, säd dei Bur, miene Gäus möten barft gåhn* Gwd/Ze. *Dat sünd schlichte Tieden, secht dei Kuhlengräwer, kein Minsch will starwen* Rüg/Ae. *Schlichte Tieden, säd de Voß, don stünn hei vör'n tauschlaten Häuhnerstall* HuMGwd 12,13,5. *Dat sünd knappe Tieden, secht Weiland, man möt tweemål von'n Quart* [altes Hohlmaß] *drinken* Stral. *Dat sünd schlimme Tieden, säd de Dokter tau denn Apteiker, keen Typhus, keen Kullera!* Gwald. *De Tiede sinn verännerlich, Bur, lick mi in'n Noors, sär de Knecht, as he upsäd* als er den Dienst aufkündigte Saa/Le.

Tieten m., TiN, Austernfischer Hidd., KosMs 1311. Syn. Strandhääster. – Die lautmalerische Bez. ahmt den Vogelruf nach.

Tiethåmel m. zweijähriger Hammel vereinz. Vgl. Tietschåp.

Tiethauhn n., Dim. *Tiethäuhning*, *Tiethäuhnken*, kindspr. Bez. für das Huhn vereinz. Syn. Tickhauhn. Vgl. den Lockruf tiet-tiet.

Tietischer m., TiN, Kohlmeise HtKös 1930,8,11. – Lautmalerische Bez., die den Vogelruf nachahmt.

tietläbens Adv., *-läwens* vereinz., während des ganzen Lebens. *Wat du an mi dån hest, dat war ik tietläbens nich vergäten* Rüg/Dm. – **Tietschåp** n. weibliches Schaf im zweiten oder dritten Lebensjahr, das noch nicht besprungen worden ist. *Dei Tietschåp möten von dei annern trennt warden* Fra/Ls. Vgl. Tiethåmel.

tiet-tiet Interj. Lockruf für Hühner verstr., MAH 87, [2]MIS 75. Vgl. Tiethauhn.

Tietverdrief m. Zeitvertreib. *Wi willen Koorten spälen, so'n bäten taum Tietverdrief* Gwd/Ba. *Spaß un Vergnäugen un Tidverdriw* [2]BAND 15. – Spruch: *Jung Wiew giwwt Tiedverdriew* HUMGWD 10,22,5. – **tietwies** Adv. zeitweise, bisweilen vereinz. *Hei kümmt bloots tietwies werrer nåh Hus* Gwd/Ba.

Tiff s. Täf.

tijje(n) s. teigen.

Tilittiti m., zweite und letzte Silbe betont, Anfall von geistiger Umnachtung vereinz. Vgl. PRWB 6,107.

tillern sw. **1.** zappeln, zitternde Bewegungen machen VPom, selt. MPom HPom. *Du dörfst nich so tillern, wenn du Kaffe ingeiten deist* Gwald. *Dat Farken tillert in'n Stall vör Küll* Gri/Ge. – **2.** (mit dem Schwanz) wedeln VPom, sonst selt. *De Hund tillert mit sienen Start* Rüg/Pu. – **tillfäuten** sw. **1.** mit den Beinen zappeln, strampeln VPom, verstr. MPom HPom. *Dei Käwer licht up'm Rüngen un tillfäut't* Dem/De. *Du tillfäutst all werrer, kannst du nich einen Ogenblick stillsitten?* Gwd/Ba. – **2.** unsicher gehen, torkeln vereinz.

Timjån m., PflN, Echter Thymian (Thymus vulgaris). *Timjån wasst bi us in'n Gor(d)en* Fra/Bt. Als Gewürz: *Timijån ward bruukt tau'n Slachten an Smolt un Greben* Gri/Ge. – Bastlöser.: *Timijån un Meigerån* [Majoran], *låt mi doch dei Fläut afgåhn, mi ein, di ein, un ok annern Kinner ein* Fra/Bn. Syn. Wustkrut.

Lautvar.: *Timmerjån* vereinz. VPom, *Timijån, Tiemjån* vereinz., *Tiemjaun* verstr. °Gbg, wie hd. *Thymian* selt. Mit sth. *-sch-* im Inlaut: *Tiemschoon* Sch/Pu, *Thymschaue* Kol/Zw, *Thyndschaue* Gbg/Gz UP 9,54.

Timjånshingst m., SpottN, Gärtner Sto/Dü, Lau/Vl.

Timm m. Nur in fester Vbdg., veralt.: *up'n nauen Timm* beinahe vereinz. nördl. VPom, [1]TIB 81. *Up'n nauen Timm har mi dei Wågen œwerführt* Gwd/Le. – Wohl zu schwed. *timme* Stunde. Vgl. [4]GÜL 58,31, FRE 104.

Timmer n. **1.** veraltd., Wirtschaftsgebäude (urspr. aus Holz) verstr. *Jåg dat Veih in't Timmer!* Sch/Sd. *Denn kemen sei all bi den, dei dat Timmer bugt hadd, tausam* [3]NERE 1,200. Vgl. Veihtimmer. – **2.** Zimmer. Das Wort ist in dieser Bed. kaum gebräuchlich. Vgl. Kåmer, Stuf[1]. *Dei Wåhnung hett man drei Timmern* Gwd/Ba. – Volksgl.: *Wenn dat in't Timmer knackt, gifft't Freud* Gwd/Ze. – **3.** hist., Bauholz.

Laut- u. Formvar.: Pl.: *Timmern* verstr. VPom, *Timmre* verstr. HPom, wie Sg. verstr., *Timmers* selt. VPom.

Timmerie f. **1.** Zimmererwerkstatt, -betrieb. – **2.** Handwerk des Zimmermanns. *Hei lihrt dei Timmerie* Gwd/Ba. – **timmerieren** sw. **1.** zimmern, Zimmermannsarbeit verrichten vereinz. Syn. timmern. – **2.** basteln vereinz.

Timmerjån s. Timjån.

Timmerling m., Pl. *–s*, Zimmermann [1]NERE 6. Vgl. Timmermann.

Timmermann m., Pl. *Timmerlüd.* **1.** Zimmermann. *Hei wull ierst Discher lihren, man nu is hei Timmermann* Dem/Kt. – Ral.: *einen wiesen, wur dei Timmermann dat Loch låten hett* jmd. hinauswerfen Fra/Zi, ähnl. allg. – Sprw.: *Uk einen ollen Timmermann kann dat Biel von'n Stäl gåhn* auch erfahrene Menschen begehen Fehler Stral. Syn. Timmerling. – **2.** TiN, Specht, bes. Buntspecht verstr. → Specht.

Phras. zu 1.: Sagw.: *Womit man ümgeiht, dat hackt einen an, säd dei Timmermann, as hei denn Balken mit nåh Hus nehm* Gwd/Nu. *Dat is en Meisterstück, säd de Timmermann, don har hei ne Hunnhütt buugt un 't Lock vergeten* HUMGWD 74,32f.,4. *Wi Timmerlüd weiten dorför Råt, secht de Jung', as hei acht Dåg up't Gerüst ståhn hett* Stral.

Timmermannsbücks f. Arbeitshose für Zimmerleute aus schwarzem Manchesterstoff verstr. – **Timmermannsgast** m., seem., Schiffszimmermann. – **Timmermannshaut** m. schwarzer Hut mit breiter Krempe, wie ihn Zimmerleute tragen verstr. – **Timmermannshor** n. 'Zimmermannshaar'. Nur scherzh. zur Bez. einer (größeren) Maßungenauigkeit, die Zimmerleute angeblich noch tolerieren. *Achteigen Toll is 'n Timmermannshoor* HUMGWD 75,313f.,4, ähnl. vereinz. – **Timmermeister** m. Meister im Zimmererhandwerk. – Sagw.: *En Anschlag* [Kostenvoranschlag] *is keen Dodschlag, säd de Timmermeister un schlög fix en poor Prozent up* HUMGWD 8,49,11. – **timmern** sw. zimmern, die Arbeit eines Zimmermanns verrichten. Syn. timmerieren.

Timothee[1] n./m., PflN, Timotheegras, Wiesen-Lieschgras (Phleum pratense) verstr. *Dat janz Mauer* [Moor] *steht dick vull Timothee* Kol/Kr.

Timothee[2] n./m. Nur ral., veraltd.: *sik (k)ein Timothee gäben* sich (k)eine Blöße geben vereinz. VPom, HUS 1899,3,12. *Uem sik nu kein Timotee tau geven, seggt hei* [...] HUMGWD 76,223,1. – Entstellt aus frz. *donner un démenti.* Vgl. MWB 7,164.

Timpen m., Pl. zumeist wie Sg., *-s* vereinz., Zipfel, spitz zulaufendes Ende VPom, selt. MPom HPom. *Hei hett twei Timpen an'e Mütz* Gri/Mi; *dei beiden Timpen von sien Schört* Gwd/Wo. Hist.: *Een Timpen vam Weggen* [längliches Weizengebäck] DÄHWB 486. – Ral.: *einen in'n Timpen hebben* betrunken sein verstr. VPom.

Ting f., selt. m., *Tink* vereinz., Pl. *-en*, Zinke, Zacken verbr. VPom, vereinz. MPom HPom, HOMWB 207[b], JOSTWB 102. *Dei Fork hett drei Tingen* Fra/Zi. *An miene*

Hark fählen een por Tinken Rüg/Pu. *Dei Äg* [Egge] *hett höltern Tingen* Gwald. *Dei Acker hett twei Tingen krägen* der Acker wurde zweimal geeggt Fra/Br. – Das Wort ist erst in nnd. Zeit aus dem Hd. entlehnt worden. Älter ist Tinn[1].

Tingel m., veralt., schmaler Feldstreifen, der die Grenze zwischen Äckern markiert Sto/Dö, Lau/GW: *Hier is de Tingel, hier is dat Feld tu End.* – Hyperkorrekte Bildung zu mnd. *singel, zingel* Ringmauer, Grenzlinie (eines Stadtgebietes) aus lat. *cingulam.*

Tingeltangel m./n. **1.** anspruchsloses Tanzlokal (und die dort gebotene Unterhaltung) vereinz. – **2.** Triangel selt. VPom, Pyr/Wa. Vgl. Dreiangel.

Tink s. Ting.

Tinn[1] f., *Tien* selt. VPom, verbr. HPom, Pl. *-en*, Zinke, Zacken. *Von dei Hark is 'ne Tinn afbråken* Gwd/Wi; *'ne Tien von'e Fork* Gbg/Gp. – Sagw.: *Bäten lange Tinnen, säd dei Bur, don kämmt hei sik mit'e Messfork* Fra/Br. Vgl. Ting. – Mnd. *tinde.*

Tinn[2] n./m. Zinn. *Dei Töller is ut Tinn* Gwd/Ba.

Tinnef m., *Tüneff* Ran/Pe, Ghg/Gr, wertloses, unbrauchbares Zeug. *Dat köp ik nich, dat is Tinnef* Nau/De.

tinnen sw. Frost geben, frieren vereinz. ZPom, sonst selt. *Dat is so kult, dat tinnt all ganz stramm* Nau/Fg. Vgl. œwertinnen. – Zu Tinn[2]. – **tinn(en)bleck** Adj., seem., völlig unbewegt (von der See bei Windstille) verstr. °Rüg, PAR 142. *Dat Wårer is hüt tinnbleck* Rüg/Gl. Vgl. bleckenstill. – **tinne(r)n** Adj. **1.** aus Zinn. *'ne tinnen Kann* Fra/Zi; *'n tinnern Töller* Gwald. – **2.** schwächlich, wenig widerstandsfähig vereinz. HPom. – **Tinnkrut** n., PflN, Zinnkraut, Ackerschachtelhalm (Equisetum arvense) selt. VPom. Syn. s. Kt. *Duwock.*

Tins m., heute zumeist schon in der hd. Lautform *Zins*, Pl. *–en*, Zins. Fast nur im Pl. gebräuchlich: *Mit Geld un Tinsen måkt dat dusend Mark* Gwd/Ba. *He kann de Zinsen nich mihr lasten* kann die Zinsen nicht mehr zahlen Ank/An; *hoge Tinsen betåhlen* Rüg/Bi. – Ral., wenn die Zinslast sehr groß ist: *Dei Zinsen fräten mit von'n Disch* Gwd/Ze, ähnl. verstr.

tinst s. tenst.

Tint s. Dint.

tint(e)le s. tänneln.

Tipp f. (spitzer) Ausguß an Kannen und Töpfen verstr. nördl. VPom, DÄHWB 487. *Stöt nich dei Tipp von'e Kann af!* Rüg/Ae. Syn. Nipp, Nippel.

Tippelbrauder m. Landstreicher, Bettler. Urspr. nur auf wandernde und bettelnde Handwerksgesellen bezogen. Wenn jmd. sehr leichtsinnig mit Geld umgeht: *De ward noch ees as Tippelbroder ennen!* Ank/An. → Schnurrer. – **tippeln** sw., *tibbeln* selt. VPom. **1.** auf Wanderschaft sein, bes. von Handwerksgesellen. – **2.** trippeln, mit kleinen Schritten gehen vereinz. *Dei Lütt kann all tippeln* Gwd/Ba. *Dei Oll tippelt nåh Hus* Dem/Tp. – **Tippelschicks** f. Landstreicherin vereinz. VPom.

tippen sw. antippen, leicht und kurz berühren. *Wat tippst du mi an'n Kopp?* Gwd/Nu. – Ral.: *Dor is nich an tau tippen* daran besteht kein Zweifel, daran ist nichts auszusetzen Gwald, ähnl. verstr.

tipptopp Adj. ausgezeichnet, hervorragend. *Sei hett sich tipptopp antreckt* Gwd/Ba.

Titschk s. Tetschk.

Titt f./m. **1.** Zitze. *Ut'e Titten kimmt dei Melk* Bel/Kw. *De Koh hett so korte Titten, dat melkt sich schlecht* Ghg/Wt. *Dei Kauh hett 'ne dröge Titt* eine Zitze, aus der keine Milch fließt Gri/Gm. *Dei Sœg hett väl mihr Titten as dei Kauh* Gwd/Nu. *Dat Farken hett to wenig Titt krägen* das Ferkel ist unzureichend gesäugt worden Rüg/Dm. – **2.** weibliche Brust, Brustwarze. *Ik hebb mien Kinner all mit mien Titt grottreckt* Ghg/Gr. *Dei Fru hett stramme Titten* Gri/Gm. – Ral.: *een' Semp up'e Titt schmeren* jmd. etwas gründlich verleiden Rüg/Be. Ein hervorragendes Essen lobt man mit den Worten: *Dat schmeckt as Titt* Gri/Gs, ähnl. verstr. Wenn jmd. starkes Heimweh hat, heißt es spöttisch: *Dei will werre dei Titte suge* Nau/Fg. Ausruf des Erstaunens: *Wat is mi dit, twei Kinner an'n Titt?* Gwald. – **3.** Sauger, Nuckel verbr. Vgl. DWA 18, Kt.6. *Dat Kind is so lütt, dat möt noch 'n Titt hewwen* Gri/Ge. *Åhn Titte schlöppt dei Jung' nich in* Nau/De. – **4.** Scharte an der Sensenschneide selt. VPom, vereinz. MPom HPom. *Du hest Titte kloppt* du hast die Sense ungleichmäßig gedengelt Gbg/Ge. Vgl. tittig.

Laut- u. Formvar.: *Titte, Tidde* m. vereinz. HPom. – Pl.: *Titten* verbr. VPom MPom, *Titte* verbr. HPom, *Tidden* vereinz. VPom MPom, *Tidde* vereinz. HPom.

Tittelatur f., scherzh., Frauenbrüste vereinz. – Spruch: *Dei Tittelatur is eie Ding fer sich. Wat de ein to väl hett, hett de anger to wenig* Sto/Dö. – Unter Anlehnung an *Titt* volksetym. umgedeutet aus hd. Titulatur.

titten sw. **1.** ein Euter ausbilden vereinz. *Dei Stark* [junge Kuh, die noch nicht gekalbt hat] *titt all, dei kalft bald* Nau/De. Syn. üdern. – **2.** an einer Zitze oder der Mutterbrust saugen vereinz. *Dunn, as du noch titten deerst* damals, als du noch ein Säugling warst Uec/Ge. – **3.** ein Jungtier säugen selt. – **Tittenangst** f. Heimweh vereinz. *Sei is in de Welt gåhn, man de Tittenangst kann nich von ehr af* Saa/Ja. – **Titt(en)balg** n./m. Kleinkind, Säugling verstr. NOPom. – **Tittenbüdel** m., scherzh., Büstenhalter. – Scherzfr.: *Worüm drecht man 'n Tittenbüdel?*

= *Dormit de Mus nich bi de Melk kümmt* Gwd/Ze. – **Tittengeschirr** n., scherzh., Busen vereinz. → Bussen. – **Tittengör** n. wie Tittenkind verstr. – **Tittenkind** n. Säugling, Kleinkind. *Du hest di as 'n lütt Tittenkind* du benimmst dich überaus albern Gri/Mi. – **Tittenlamm** n. saugendes Schaflamm vereinz. → Lamm. – **Tittenwark** n. (üppiger) Busen vereinz. – **tittig** Adj. schartig (von der Sensenschneide) vereinz. *Dei Seiß is tittig kloppt* Fra/Fr.

to[1] s. tau.

to[2] s. ter-.

Toback m. **1.** Tabakpflanze. *Toback planten* Gwd/Ba. *De Tubback steiht got, hett uk grote Blärer* Ran/Pe. *De Tubback bruukt acht Wochen in'e Kutsch* [Mistbeet] *un acht Wochen up't Feld* Ran/Gl; *Toback uptrecken* Tabakblätter zum Trocknen auffädeln Ank/Br; *Toback scharpe* getrocknete Tabakblätter in kleine Stücke schneiden Gbg/Vi. Zum Tabakanbau in MPom und zur Fachsprache der Tabakbauern s. HÜCKA. – **2.** aus fermentierten Tabakblättern hergestelltes Genußmittel zum Rauchen, Schnupfen oder Kauen. *Hei rookt binåh ümmer sien Piep Toback* Gwd/Nu. *In'e Stuf stinkt dat dull nåh Toback* Gwd/Nu. *Ik heff mi anwennt, Toback tau schnuben* Gri/Gm. *Wi willen uns 'n bäten Toback in't Mul stäken* etwas Kautabak kauen Ank/An. – Ral.: *ein' Toback gäben* jmd. gehörig zurechtweisen Dem/Tp, ähnl. verstr. Wenn jmd. schlechte Laune hat: *Dei rookt hüt keinen gauden Toback* Gri/Ti, ähnl. vereinz. *Dat's 'n annern Toback!* das ist etwas völlig anderes! Gwald, ähnl. verstr. *Dat's 'n scharpen / starken Toback!* das ist eine Zumutung, das ist maßlos übertrieben! verbr. – Sagw.: *Dat is 'n scharpen Toback, säd de Voss, don harr em de Jäger in't Mul schåten* Stral. – Scherzfr.: *Worüm kiekt de Toback ut'e Piep? = Hei will seihn, wecker Schnœsel em roken deit* Gwd/Ze, ähnl. verstr.

Lautvar.: *Tubback* verbr. °Ran, *Tuback* selt. MPom HPom, *Tobback* selt., *Towack* Neu/Ns.

Tobacksaust f./m. Tabakernte. *De Tubbacksaust ward ok schwarten Aust nennt* Ran/Re. – **Tobacksblås** f. aus der Harnblase eines Schweins hergestellter Tabaksbeutel HOMWB 209[a]. – **Tobacksbüdel** m. Tabaksbeutel. *Lang mi mål denn Tubbacksbüdel her, ik will mi mien Piep ansticken!* Ran/Pe. Syn. Tobackspung'. – **Tobacksbuss** m. Stück Kautabak vereinz. VPom, DRE 12. Vgl. Buss[2]. – **Tobacksgoorn** n. Schnur zum Auffädeln der Tabakblätter vor dem Trocknen vereinz. – **Tobacksklåtsch** m./f., veralt., wie Tobacksköst Ank/St, PRI/TEU 225. – **Tobacksknief** n., vereinz. m./f., Vorrichtung zum Schneiden der Tabakblätter vereinz. – **Tobacksköst** f., veralt., Feier nach Beendigung der Tabakernte selt. VPom, °Ran, °Ghg, [1]BRO 63, [6]KAI 123. *Tubbacksköst wür fiert, wenn de Tubbacksaust to Enn' weer. Up de Tubbacksköst wür bet morgens sungen un danzt* Ran/Gl. *Tobaksköst* [...] *was jo uk man en lütt Fest* HUMGWD 11,44,10. Syn. Tobacksklåtsch. – **Tobacksland** n. Ackerfläche für den Tabakanbau vereinz. *Dat Tubbacksland ward dreemål plöögt un mütt schön mit Stallmess afmesst warn* Ran/Pl. – **Tobacksmåd** f. Bez. für verschiedene Schädlinge, die das Wurzelwerk von Tabakpflanzen zerstören °Ran. – **Tobackspiep** f. Tabakspfeife. *Vadding schmökert denn ganzen Dag Tobackspiep* Ank/An. – **Tobackspung'** m. Tabaksbeutel selt. VPom, HUMGWD 14,44,5. Gebräuchlicher ist das Syn. Tobacksbüdel. – **Tobacksreis'** f. Fahrt der Tabakbauern zu einem zentralen Lager, um ihre Ware dort abzuliefern °Ran. – **Tobacksrok** m. Tabaksrauch. *de ganze Stuw' was von düstergrisen Tobaksrok anfüllt* [1]MASS 95. – **Tobacksröker** m. **1.** jmd., der Tabak raucht. – **2.** veralt., Volkstanz, der bes. am Morgen nach der Hochzeit getanzt wurde Mönchg., ADL 169, HUMGWD 12,25,5. – **Tobacksspåden** m. langstieliger Spaten zum Pflanzen von Tabak °Ran, HÜCKA 38f.

toben sw., *towen* verstr. **1.** ausgelassen herumtollen. *De Kinner toben hüt as de jungen Fåhlen* Ank/An. – **2.** sich wie wahnsinnig aufführen, zetern. *Dei Gautsbesitter tooft denn ganzen Dag, hei is nie nich taufräden mit dei Lüd* Gri/Mi. Vgl. töwere. – **3.** in wilder, zerstörerischer Bewegung sein (bes. von Naturgewalten). *Hür eis, wur dei Wind hüt tooft!* Fra/Bn. *Bi Storm tooft dei See* Gri/Bo. – Das ursprünglich nd. daben (mnd. *dāven, dōven*) ist fast vollständig verdrängt worden.

Tobias s. Toobs.

tochen sw., unter hd. Einfluß auch *zuchen* selt. VPom, verstr. MPom HPom, zugig sein, Zugluft geben VPom. *Dei Dör is up, dat tocht hier düchdig* Fra/Bn. Syn. teihn[1], trecken. Vgl. Tog. – **tochig** Adj. zugig vereinz. *Måk dat Finster tau, dat is hier so tochig!* Fra/Zi.

tocken s. tucken.

toddeln sw. **1.** torkeln vereinz. – **2.** umherziehen Ghg/Bo, Gbg/Ge, Fla/Ta.

todden s. torren.

Todder m., *Torre(r)* vereinz. HPom, *Totte(r)* selt. HPom. **1.** zerrissenes, fransiges Stück Stoff, Lumpen verstr. nordöstl. HPom, sonst selt. – **2.** lappiges, sehniges Fleisch selt. VPom, verstr. NOPom. Vgl. Tadder. – **3.** m./f. geschwätziger Mensch vereinz. – **Toddergaus** f. schwatzhafte Frau verstr. nordöstl. HPom, sonst vereinz. Rsyn. s. Quos. – **todderig** Adj., *tottrig* selt. **1.** *torrig* Gri/Ti, wabbelig, lappig (bes. von Fleisch) verstr. nordöstl. HPom. *Dat Kalffleisch eet ik nich, dat is so todderig* Sto/Gl. → tadderig. – **2.** verheddert, ineinander verschlungen vereinz. NOPom. *Dei Wull is so tottrig* Lau/

GW. – **3.** geschwätzig vereinz. HPom. – **Todderjån** m. **1.** langsamer, behäbiger Mensch vereinz. HPom, HOMWB 209[a], UP 9,54. – **2.** Nörgler, Stänkerer vereinz. HPom.

toddern sw. **1.** schnattern (von Gänsen). *Dei Jös' tottre so lut, dei wille rut ut'm Stall* Nau/De. – **2.** schwatzen, plappern verbr. – **3.** schelten, schimpfen verbr. *De Bur hett mit mi torrert, he ward mi Geld aftrecken* Ank/An. →schimpen. – **4.** ruckartig ziehen, zerren selt. – **5.** langsam gehen oder fahren, trödeln verstr. nordöstl. HPom. – **6.** zaudern, zögern HOMWB 209[a].

Lautvar.: *todden* selt. VPom, *tottern* vereinz. VPom MPom, *tottre* verstr. HPom, *torrern* vereinz. VPom, *tuddern* Dem/Tp, Uec/Ue, *turrern* Gwd/Ze, *tuttern* Uec/Pa, Ran/Pe.

Töff s. Tau.

Töff-Töff n., kindspr., *Teff-Teff* vereinz. MPom HPom, kleines motorisiertes Fahrzeug vereinz. Vgl. Maschin, Muckepick(e), Nuckelpinn, Putt-Putt.

Tog m., gesprochen *Toch*, Zug. **1.** das Ziehen an etwas, um es vorwärts, zu sich hin zu bewegen. *Dat Pierd hett 'n gauden Tog* das Pferd zieht den Wagen kraftvoll voran Gwd/Nu. Auch: schwungvolle Bewegung, Tätigkeit. *Dei arbeid't mit Tog* arbeitet energisch Dem/Kt. – Ral.: *einen up'n Tog bringen* jmd. zu einer Tätigkeit antreiben Gri/Bo, ähnl. verstr.; *nich (recht) up'n Tog sin* nicht wie gewohnt belastbar sein, kränkeln Gri/Ge, ähnl. vereinz. – **2.** m., vereinz. n., schweres Querholz am Zuggeschirr für zwei oder drei Pferde verstr. In einigen Orten auch als Bez. für die gesamte Zugvorrichtung. Vgl. DWA 9, Kt.10. *Dat Pierd is nich fast in'n Tog* das Pferd zieht nicht zuverlässig Gri/Mi. – **3.** Pl. wie Sg., Gespann mit zumeist vier Zugtieren verstr. VPom. *Dat Gaut hett twölf Tog Ossen* Gri/Mi; *'n Hoff mit twee Tog Pier* Rüg/Be. Syn. Gespann, Spann[3]. – **4.** Eisenbahnzug. *Nåh korte Tiet wier dei Tog up'e Statschon anlangt* Gri/Ti. – **5.** sich gemeinsam fortbewegende Gruppe, Schar. *Dat wier 'n langen Tog bi't Gräffnis* Gwd/Ba. – **6.** Zugluft. *Måk dat Finster tau, dei Tog kümmt mi gråd in't Gnick!* Dem/Tp. Vgl. tochen. – **7.** die für ein Feuer notwendige Luftzufuhr. *De Åben hett keenen richtgen Tog, dat Füer schwääält so* Rüg/Pu. – **8.** das Einziehen, die Aufnahme von etwas in den Körper. – **8.1.** Atemzug. – **8.2.** das Einziehen von Tabakrauch. – **8.3.** (kräftiger) Schluck beim Trinken. *Ik heff de Buddel up eenen Tog utdrunken* Ank/An. – **9.** Wesenszug, charakterliche Eigenart. *Dei Knecht hett 'n schlechte Zuch a' sich, hei is so ful* Gbg/Gp. – **10.** Pl. Flausen, Streiche vereinz. *De Bengel hett nüscht as Tœj' im Kopp* Dra/Bu. – **11.** strenge Disziplin, Ordnung. *Hei hett sien Kinne im Tog* er erzieht seine Kinder sehr streng Gbg/Gp. – **12.** ein Wurf Jungtiere vereinz. VPom MPom, verbr. HPom. *Dei Sœg hett mi 'n schönen Tog Farken bröcht* Ank/Br. – **13.** fischerspr., selt. n. – **13.1.** Fischzug mit einem Schleppnetz. *Dei Fischers hebben hüt 'n gauden Tog måkt* Fra/Zi. – Sagw.: *Dat's en Tog! säd de Fischer, fief Poggen un eenen Bors!* HUMGWD 8,35,5. – **13.2.** Gewässerbereich, der mit Schleppnetzen befischt wird. *Dei trecken mi denn Tog af* fischen ohne Erlaubnis in meinem Fanggebiet Dem/De.

Laut- u. Formvar.: Vor allem in MPom und HPom ist das unverschobene nd. Wort bereits in der ersten Hälfte des 20. Jhs. durch die hd. geprägte Lautform *Zuch* zurückgedrängt worden. Weniger stark sind davon allerdings Bedeutungen betroffen, die den Bereichen Landwirtschaft und Fischerei zuzuordnen sind. Belegt ist daneben mit stl. Anlaut: *Such* WAR 60. – Pl.: *Tœch, Tœj'* verbr. VPom, sonst vereinz., *Tääch* JOSTWB 102, *Züüch, Züj'* selt. VPom, verbr. MPom HPom, *Ziech, Ziej'* vereinz. NOPom.

Togbank f. bankartiges Gestell der Holzhandwerker, die rittlings darauf sitzend eingeklemmte Werkstücke bearbeiten verstr. – Ral.: *Hei hett sienen Kopp för sik as 'ne Togbänk* er ist sehr eigensinnig Dem/Kt, ähnl. verstr. Syn. Holtschniedbank, Schniedbank. – **togbännig** Adj. gut als Zugtier geeignet vereinz. Gebräuchlicher ist das Syn. togfast.

Tœgel m. Zügel. *Wi stiegen von'e Pier(d) runner un nähmen se bi'n Tœgel* Gwald. *Nimm du dei Tœgel, ik nähm dei Pietsch!* Fra/Bn. – Ral.: *einen kort in'n Tœgel hollen* jmd. gegenüber sehr streng, unnachgiebig sein Fra/Br, ähnl. verbr.; *einen in'n Tœgel fallen* jmd. bei einem Vorhaben behindern Fra/Zi.

Laut- u. Formvar.: Hauptvar.: *Tägel* vereinz. VPom, *Tœjel* verbr. MPom, vereinz. HPom, *Täjel* südl. °Ghg, [2]TITA 20, Pyr/By,Ma, Rum/Km, *Tägel* HOMWB 201[b], *Täl* Ghg/Sr, *Täujel, Toijel* verstr. ZPom, *Tœgja* Net/Hf, *Tåidschel* (sth. *-sch-*) Neu/Rt, [10]TEU 246. – Pl.: zumeist wie Sg., *-s* selt.

tœgelfast Adj. 'zügelfest' verläßlich auf die Zügelführung reagierend (von Pferden) vereinz. – **tœgeln** sw., *tägeln* selt. VPom, *toichle* LAUWB 353[b], zügeln vereinz., MARK 43, SPI 54.

tœgerig Adj., *tägerig* vereinz. VPom. **1.** zögerlich, langsam, bedächtig verbr. VPom, vereinz. MPom HPom. *Dat geiht mit di hüt so tœgerig. Lop doch 'n bäten tau!* Fra/Zi. *De Kierl is mulful un tägerig* Ank/An. Vgl. tœglich. – **2.** langwierig vereinz.

tœgern sw. **1.** zögern, zaudern. *Wat tœgerst du? Griep doch tau!* Gwd/Ba. *Ik heff so lang tœgert, ik möt woll 'n bäten driester* [beherzter] *warden* Gri/Mi. – **2.** sich hinauszögern, längere Zeit dauern. *Ik wull di all lang besöken, œwer dat hett mit miene Geschäften so tœgert* Rüg/Dm. *Dat geiht nich so ielig, dat tœjert noch* Ran/Pe.

Lautvar.: *tägern* selt. VPom, *tœjern* verbr. MPom, vereinz. HPom, *täuj(e)re, toij(e)re* verstr. ZPom, *tej(e)re* verstr. NOPom.

togfast Adj. gut als Zugtier geeignet verbr. *Dat Pierd is tau klapprig, dat is nich togfast* Gri/Mi. Syn. togbännig. – **Toghåken** m. Haken an der Deichsel oder am Pflug zur Befestigung der Zugvorrichtung verstr.

tœglich Adj., *tœgelich* selt. VPom, *täuj(e)lich, töij(e)lich* vereinz. ZPom. **1.** langwierig vereinz. *Dat is 'ne tœgliche Arbeit, äwer dat geiht tau måken* Gri/Gm. – **2.** zögerlich selt. Vgl. tœgerig.

Togmetz n. Messer für die Holzbearbeitung mit breiter Schneide und einem Handgriff an beiden Enden. Vgl. Holtschniedmetz, Schniedmetz. – **Tognågel** m. eiserner Bolzen an der Wagendeichsel zur Befestigung der Zugvorrichtung verstr. – **Togplåster** m./n. Zugpflaster verstr. *Togplasters möten nah den Arm un up't Knick rup; dei helpen gaud* ²BAND 25. Syn. Treckplåster. – **togsåm** Adj. fügsam vereinz., HOMWB 209ᵃ. – **Togvågel** m. Zugvogel.

Tokus m. Gesäß selt., MAH 84. *Sett di up'n Tokus!* Reg/Pl. Gebräuchlichere Syn. s. Noors. – Jidd. *toches*.

Töl f./m. **1.** pejor., Hund. *Seh to, dat du dien groten Töl inspunnst, de ritt alls intwei!* Uec/Pa. Vgl. Klatt¹, Köter. Zss. Garwertöl, Schlachtertöl. – **2.** zumeist pejor., Hündin verbr. MPom HPom. *Is dat 'ne Töl orrer 'n Köter?* Ran/Pe. *De ull Töl is lööpsch* ist läufig Pyr/Lt. Rsyn. s. Kt. *Täf.*

Laut- u. Formvar.: *Töa* SPom KÜHL 40, *Toil* LAUWB 353ᵇ, *Teel* NOPom, HOMWB 205ᵃ. – Pl.: *-en* verbr., *-s* selt. VPom.

töle sw. läufig sein (von Hündinnen) verstr. °Gbg.

Tolk m. Nur in der veralteten Fügung: *einen in'n Tolk hebben* jmd. vollständig seinen Willen aufzwingen vereinz. VPom, HUMGWD 13,46,8. Hist.: "Eine Zusammenzettelung. Verführung" DÄHWB 490.

Toll¹ m. Zoll. **1.** steuerliche Abgabe bei der Ein- und Ausfuhr von Waren. *Un dei Toll hierup würd von dei Stadt Gripswold bört* ²ADAM 9. – **2.** Zollbehörde. *Dei Toll hett em bi dei Schmuggelie fåt't* Gwd/Ba.

Toll² m. Zoll, älteres Längenmaß. *Twelf Toll is een Fot* Pyr/Lt. *Dat Fischernett hett Maschen von veer Toll* Uec/At. Veraltet ist der Gebrauch mit nachgestelltem Zahlwort. Nur dann weicht der Plural vom Singular ab: *Tollere twelf* zwölf Zoll Reg/Wa.

Toll³ f., *Tull* Nau/Db, Pl. *-en*. **1.** Haartolle, Haartracht verstr. – Ral.: *sich in'e Toll hemm'* sich streiten, zanken Gwald. – **2.** Rüsche vereinz.

Tollatsch m., Pl. *–en*. **1.** *Tallatsch* selt. VPom, größere Klöße aus Blut, Mehl, Rosinen und Zucker, die man früher zum Schlachtfest zubereitete verbr. VPom, Uec/Pa,Ue, Stett, BLFPVK 2,126f., ⁶KAI 75. Verzehrt wurden die zumeist in Brühe gegarten Klöße entweder kalt, oder man briet sie (in Scheiben geschnitten) in der Pfanne auf. *Wi hemm' Schwien schlacht', nu måken wi Tollatsch* Dem/Tp. Vgl. Blautkauken, Hinnerk, Klås. – **2.** längliches, zumeist mit Marmelade, Apfelmus, Pflaumen oder Rosinen gefülltes Weizengebäck, das zu Neujahr und zur Fastnachtszeit gebacken wurde verbr. °Rüg, DÄHWB 490f., BLFPVK 2,126f., ⁹HAAS 48, ⁶KAI 74. Vgl. Kollatsch. – Nach ⁷WIN entlehnt aus polabisch **tollatz*, einer palatalisierten Form zu slaw. *kołacz* runder Kuchen.

tollen sw. mit einer Brennschere Stoff in Falten legen, kräuseln vereinz. *De Krågen möt noch tollt warden* Gwald. Vgl. Tollschier.

Töller m. Teller. *'n höltern / tinnern Töller* Dem/Kt. *Ät doch 'n Töller Supp mit!* Gwd/Ba. *Stell dei Töllers in't Kœkenschapp!* Gwd/Nu. *Giff mi noch 'n bäten Fleisch up'n Teller!* Fra/Ri. – Ral. heißt es über jmd., dem alle Wünsche erfüllt werden: *De bruukt bloß Töller to seggen, denn licht de Wust all up* Gwald, ähnl. verstr. Kleinen Kindern redete man früher ein: *Wenn du denn Töller nich leddig ettst, gifft dat morgen Rägen!* Gri/Gm, ähnl. verbr. – Sagw.: *Jed' Ding hett sien Wätenschop, säd dei Diern un drööcht dei Töllers mit't Schnuppdauk af* Gwald.

Laut- u. Formvar.: wie hd. *Teller* vereinz. VPom, verbr. MPom, *Telle* verbr. HPom, *Deller* Sto/Gl, *Tjalle* verstr. südl. °DKr, ³TITA 7. – Pl.: zumeist *-s*, vereinz. wie Sg., *Tellern* selt. MPom, *Tellen* Rum/Km, *Dellersch* Sto/Gl.

Töllerlicker m., pejor., jmd., der die Reste von Tellern ableckt. – **Töllerschapp** n. offener Küchenschrank, in dem bes. Teller (aber auch anderes Geschirr) hinter einer Leiste abgestellt wurden vereinz.

Töllner m., Pl. *-s*, Zöllner, Zollbeamter.

Tollschier f. Brennschere, mit der man Stoff kräuselt vereinz. Vgl. tollen.

Tollstock m. Zollstock.

Tolpatsch m., *Tulpatsch* selt., wie hd. *Du büst 'n Tolpatsch, hest mi all wedder up'e Föt perrt!* Ank/An. – **tolpatschig** Adj., *tulpatschig* selt., wie hd. *Hei is so tolpatschig as 'n jungen Hund* Gwd/Ba.

Tölper m. ungeschickter Mensch Ran/Ro, vereinz. HPom. – **tölp(e)re** sw., *tülp(e)re* Gbg/Vi, Sch/Gu, *tilp(e)re* vereinz. NOPom, unbeholfen gehen, stolpern vereinz. HPom. – **tölprig** Adj., *tülprig* Nau/Fg,Rh, *tilprig* vereinz. NOPom, unbeholfen, ungeschickt selt. MPom, vereinz. HPom. – **tölpsch** Adj. dass. Reg/Do, Sch/Sd.

Tom m., gesprochen *Toom*. **1.** Zaum, Zaumzeug. *Sett di up't Pierd un holl di an'n Toom fast!* Dem/Tp; *mit Toom un Tœgel* Gwd/Ba. – Ral.: *weiten, wur dei Tööm hängen* genau Bescheid wissen, sich nicht täuschen lassen verstr. VPom. – **2.** fischerspr., Zugleinen, die radial zusammenlaufen Gwd/Fr,Kr, RAS 95.

Laut- u. Formvar.: *Tuum* Ank/An, *Tö*[u]*m* °Lau STRI 24. – Pl.: *Tööm* verbr., *Teem* NOPom, *Tooms* Pyr/Lt, LAUWB 353.

Tomåt f. Tomate. Vgl. Paradiesappel.

tömen sw., *teme* NOPom. **1.** zäumen, Zaumzeug anlegen. Syn. uptömen. – **2.** refl., sich mäßigen, sich beherrschen verstr. *De kann sich in't Äten nich tömen* Ghg/Li. – **Tomgeld** n. 'Zaumgeld' Trinkgeld für den Knecht beim Pferdeverkauf verstr. – **Tomhåken** m. 'Zaumhaken' Eckzahn von Pferden verstr. – **Tompierd** n. Pferd, das neben dem Reiter am Zaum geführt wird. – **Tomtüg** n. Zaumzeug.

Ton[1] m. **1.** akustisch wahrnehmbare Schwingung der Luft, Laut, Klang. – Sagw.: *Nu gêt't ût 'n annern Tôn! saed' de Köster un floit't dat Evangelium* [1]HOEFE 48. – **2.** Tonfall, Redeweise. – **3.** gesprochenes Wort. Wenn jmd. beharrlich schweigt, heißt es scherzh.: *De secht keen Ton, nich mål Anton* Uec/Pa.

Ton[2] m. Tonerde. *Dei Pott is ut Ton* Gwd/Nu.

Tonbank f. **1.** Schanktisch, Theke vereinz. *Hei steiht ümmer an'e Tonbank un süppt* Gwd/Ba. – **2.** Ladentisch selt. – Nl. *toonbank.*

Tonpott m. irdener Topf vereinz. *In'n Tonpott keem in'n Harfst Mähl, dat för'n Winter inköfft würd* Gwd/Wo.

Toobs m., TiN, Tobiasfisch (Ammodytes tobianus) verstr. pom. Küste. *Wi bestäken dei Angelhåken mit Toobs* Rüg/Bi. Syn. Sand-ål.

Laut- u. Formvar.: *Tobias* selt., DÄHWB 487, *Topias* Cam/Dv, *Tobbs* Mönchg., SUN 1844,315, *Taabs, Tåbs* vereinz. hpom. Küste, *Tabbjas* Kös/Ns, *Tåbjes* Kol/He,Wa, *Taujes* Gbg/Vi, *Tauldsches* Gbg/Gz, UP 9,54, [2]EBE 14.

Toobsbüdel m., fischerspr., Zugnetz für den Fang von Köderfischen vereinz. °Rüg, [1]PEE 211. – **Toobsgoorn** n. dass. vereinz., [1]PEE 208.

top s. tauhop.

topp Interj. Ausruf zur Bekräftigung einer Abmachung. *Topp, so sall't sin!* Gwd/Ba. Vgl. topphollen.

Topp[1] m., Pl. *Töpp* verbr., *Tepp* NOPom, seem. *Toppen.* **1.** Baumwipfel verbr. VPom. *Dei Bom wasst tau hoch, wi willen em denn Topp afsågen* Rüg/Ae. Das Wort wird in dieser Bed. zunehmend von Zopp verdrängt. Vgl. zudem Tropp. – **2.** seem., Mastspitze. Oft in der Paarformel: *vör Topp un Tåkel* mit eingeholten Segeln (bes. bei Sturm). *Dat Schipp drifft in'n Storm vör Topp un Tåkel* Fra/Bn. Sprichwörtliches Wissen erfahrener Seeleute: *Vör Topp un Tåkel is denn Seemann sien Dod* Gwald. – **3.** Federhaube auf dem Kopf von Vögeln selt., DÄHWB 491. Vgl. Topplewark. – **4.** Maßeinheit für eine best. Anzahl von Flachsbündeln allg. außer MPom, DÄHWB 491, HOMWB 209[a], LAUWB 354. *Een Topp Flass sünd veertig Hänn' vull* Rüg/Li. *Tejen Riste is eie Topp* Nau/Lt. Vgl. Risp, Rist[1].

Topp[2] m., Pl. *Tepp* verbr. NOPom, *Tapp* nordöstl. °Lau STRI 32, sonst *Töpp*, Topf. **1.** Gefäß zum Kochen oder zur Aufbewahrung von Lebensmitteln verbr. NOPom, sonst nur vereinz. Vgl. Pott. – Sprw.: *Dat is keie Topp so scheif, wor nich he Deckel up passt* Lau/Fr BLFPVK 5,86. – **2.** Nachttopf selt. – **Toppbrett** n., *-bratt* nordöstl. °Lau, Wandregal für Geschirr selt. VPom NOPom. Jünger auch: zweiteiliger, oben offener Geschirrschrank Lau/Sl, POMMBL 50,223. Vgl. PRWB 6,137: *Topfbrett.*

Toppbült f., vereinz. m., in Büscheln wachsendes Gras, bes. auf sandigem Boden vereinz. – **toppdrög** Adj. am Wipfel dürr, vertrocknet vereinz. VPom. *Dei Bom is toppdrög* Fra/Bn. Übertr.: kahlköpfig Rüg/Ae. Syn. zoppdrög.

Töppel m., Pl. *-s.* **1.** *Többel* Sto/KP, Federbusch auf dem Kopf von Vögeln VPom, vereinz. MPom HPom. *De Vågel hett 'n Töppel båwen up'n Kopp* Rüg/Rp. – **2.** der Teil des Hutes, der den Kopf umschließt verstr. VPom, sonst selt. *'n groten Haut mit'n hogen Töppel un'n breiden Rand* Gri/Bt. Syn. Püttel. – **3.** Kopfbedeckung, Hut selt., [1]NERE 56. – **4.** fischerspr., kurze Schnur mit Haken, die man zusammen mit anderen in regelmäßigen Abständen an der Hauptschnur der Aalangel befestigt vereinz. VPom, RAS 149, [1]PEE 166. Vgl. Taps[2].

Laut- u. Formvar. zu 4.: *Töpel* Stral, *Töpper* Rüg/Ga, Fra/Pu, Gwd/Kr,Wc, *Töpplis* f./m. (Pl. *Töpplisse*) verstr. °Rüg.

Töppel-ånt f., TiN, Reiherente vereinz. VPom, Pyr/Wa,Wi. – **Töppeldüker** m., TiN, Haubentaucher Fra/Bn. – **Töppelhaut** m. Hut mit hohem Kopfteil verstr. VPom, sonst selt. – **Töppellewark** f., vereinz. m., TiN, *-lerch* verstr. MPom, Haubenlerche VPom MPom, verstr. SPom. *De Töppellewark is 'n lütt griesen Vågel mit'n Töppel up'n Kopp* Rüg/Pu. – Wetterr.: *Wenn dei Töppellewark röppt, gifft't Rägen* Fra/Ln. Syn. Topplewark, Zopplewark.

Topp-enn' n. Baumspitze, Wipfel vereinz. Vgl. Zopp-enn'.

Töpper[1] m. **1.** Töpfer verbr. nordöstl. HPom, sonst vereinz. Leitwort in Pommern ist das Syn. Pötter. Ausruf der Verwunderung: *Hellewetter, secht de Töpper, wenn de Leihm nich backe will* Sch/Sl. – **2.** Ofensetzer selt. nordöstl. HPom.

Laut- u. Formvar.: *Tepper* verbr. NOPom, JOSTWB 101, *Tapper* nordöstl. °Lau, *Többer* selt. – Pl.: zumeist *-s*, *-sch* JOSTWB 101.

Töpper[2] s. Töppel.

töpperlatiensch Adj. kauderwelsch, unverständlich selt. MPom, verstr. NOPom. *De räd't so töpperlatiensch* Ghg/Gr.

Toppgast m., seem., *Topps-* vereinz., Matrose, der für Arbeiten hoch oben in der Takelage zuständig ist.

topphollen st. fest zu einer Vereinbarung stehen, unbeirrbar bleiben verstr. *Wenn dat uk schwor is, holl man topp!* Pyr/Sh. Vgl. topp.

Topplewark f., selt. m., TiN, *Töppke-* Nau/Fg, Net/Hf, DKr/Ro, Haubenlerche Fra/Bn, vereinz. ZPom. Syn. s. Töppellewark. – Das Erstglied zu Topp[1]. – **Toppsägel** n. das oberste Segel am Großmast.

töppsch Adj. einfältig, dumm Ghg/Wt, Pyr/Wa, Dra/Dr.

torecht s. trecht.

toren s. torren.

Torf m. **1.** ohne Pl., wie hd. (Lehnwort aus dem Nd.). *Wi willen in't Mur Torf stäken* Gwd/Nu. *Sei sünn im Torf* sie sind beim Torfstechen Reg/Me. *Dei Törf ward sett't* wird zum Trocknen aufgeschichtet Gri/Bo. *Torf möt man in'n Hop* [Haufen] *drögen* Ran/Pl; *mit Torf backen* den Backofen mit Torf heizen Dem/De. *Dei Törf is schmärig, dei hitt't nich gaut* hat keinen guten Heizwert Gwd/Ba. *Dei Torf is so grusig* bröckelig, spröde Dem/Tp. – Ral.: *Dat's klor as Torf* das versteht sich von selbst Nau/Db. Floskelhaft, wenn laienhafte Bemühungen erfolglos bleiben: *Wer den'n Törf nich kennt!* [1]GÜL 41. Wenn jmd. in der Nase bohrt, fragt man scherzh.: *Wisst du Törf stäke?* Cam/Do, ähnl. verbr. – Sagw.: *Jedwerein nå sienen Lüsten, säd de Düwel, don freet he Törf mit Teer* Gwald. Zur Torfgewinnung in MPom und zur diesbezüglichen Fachsprache s. HÜCKA. Vgl. Stäktorf, Striektorf, Trådtorf. – **2.** zumeist im Pl., abgestochenes Stück Torf verstr. *Hei hett dusend Törf köfft* Gwd/Ba.

Lautvar.: *Törf* verstr. VPom, Insel Wollin, verbr. nordwestl. ZPom, PRI/TEU 135, *Tåf* verstr. HPom, *Tôf* Reg/Kt, *Tarf* JOSTWB 100, *Täf* Use/He, Cam/Dv. – Pl.: zumeist wie Sg., *Tärf, Tärw'* verstr. nordöstl. HPom, [2]MIS 34, *Teerf* Rum/Km, [5]TITA 47.

Torf-aust f./m. Zeit des Torfstechens vereinz. – **Torfbeer** f., PflN, Moosbeere (Vaccinium oxycoccos) HOM 1,264. – **Torfbrauk** m./n. Torfmoor verstr. – **Torfdüwel** m. Schimpfw. für ein schmutziges Kind selt. VPom, verstr. NOPom. – **torfen** sw., auch *törfen, törwen* Rüg/Pt, Torf abbauen vereinz. – **Torfgrumm** m./n. zerbröckelte Torfreste verstr. VPom, sonst vereinz. *Arm Lüd sammeln Torfgrumm* Ank/An. – **Torfgrus** m./n. dass. verstr. – **Torfkopp** m., Schimpfw., einfältiger Mensch verbr. – **Torfkor** f. Schubkarre für den Transport der Torfsoden zum Trockenplatz vereinz., HÜCKA 87. – **Torfkuhl** f. Grube, in der Torf abgebaut wird. *De Torfkuhle ståhne vull Wåter* Sto/Dö. – Sagw.: *Wur dat hier düüster is, säd de Jung', dor wier he mit'n Kopp in'e Törfkuhl follen* Gwald. – **Torfmull** n./m., selt. f., zerbröckelter Torf vereinz. – **Torfmur** n. Torfmoor. – **Torfpudel** f. rechteckiges Holzgefäß für Torf (in der Küche) Lau/Sl, POMMBL 50,223. Vgl. Pudel[2]. – **Torfspåden** m. Spaten mit schmalem Blatt zum Abstechen von Torfsoden. – **Torfstäker** m. **1.** Arbeiter, der Torf absticht. – **2.** Spaten mit schmalem Blatt zum Torfabstechen vereinz. – **3.** scherzh., Frack vereinz. Syn. s. Schniepel. – **Torfstall** m. Schuppen zur Lagerung von Torf nach dem Trocknen. – Ral.: *dei Näs taum Törfstall måken* viel Schnupftabak nehmen Fra/Bn, ähnl. vereinz., NDKBL 11,60. – **Torfwågen** m. Fuhrwerk zum Transport von Torf. – Abschiedsformel: *Kumm man nich unnern Torfwågen!* pass auf dich auf, komm gut nach Hause! Fra/Ln, ähnl. verbr.

Torkel m. (unverdientes) Glück selt. VPom, Kol/Pr. – **torkeln** sw., *turkeln* vereinz. MPom, *törkle* vereinz. SPom ZPom, *tortschle* Neu/Th, Slo/La, wie hd. verstr. *Hei is so dun, dat hei torkelt* Dem/Tp. *He turkelt hen un her* Ghg/Bo.

Torm m. Turm. *Dei Kirch hett 'n hogen Torm* Dem/De. *Sei blåsen Wihnachten von'n Torm* Gwald; *de Toorns von Arkona un von Hiddensee* [1]TRI 47.

Laut- u. Formvar.: *Torn* vereinz. VPom, *Tôm* verstr. SPom, Reg/Kt, [6]KNO 149, *Tôn* verstr. °Gbg, [2]EBE 15, wie hd. *Turm* verstr. HPom, sonst selt. – Pl.: *Törm* verstr. VPom MPom, *Torms* vereinz., LAUWB 354, *Torns* vereinz. VPom, *Törms* Uec/Pa.

törmen sw., *terme* NOPom, sich auftürmen verstr. *Dat törmt so, dat treckt so up taum Gewitter* Sch/Pu. *De Wolke törme sich so* Pyr/Wi. – **Tormklock** f. Turmglocke. – Rä.: *Wat schleit un hett doch keen Hand? = de Tormklock* HUMGWD 9,27,11. – **Tormspitz** f. Turmspitze. – Ral.: *wat an'e Tormspitz hängen* etwas ausplaudern Pyr/Lt. – **Tormwächter** m. Turmwächter. – Sagw.: *Ik bün von höger Herkåmen, secht de Diern, mien Varrer wier Tormwächter* Stral.

Törn m., Pl. *-s*. **1.** seem. – **1.1.** Schlinge im Tauwerk. *Dor sünd väl Törns in'e Lien* Fra/Pu; *'n Törn üm denn Påhl leggen* Rüg/Sn. Vgl. Rundtörn. – **1.2.** turnusmäßige Arbeitsschicht. *Mien Törn is von Klock twei bet Klock vier* Fra/Zi. Vgl. Raudertörn, Schaffertörn. – **1.3.** Schiffsreise, Bootsfahrt. – **2.** Turnus, regelmäßige Abfolge VPom, selt. MPom HPom. *Dat geiht allens sienen sülwen Törn* Gri/Bo. Stoßseufzer, wenn ein gewohnter Ablauf gestört wird: *Man kümmt ganz ut'n Törn!* Gwald; *an'n Törn kåmen* an die Reihe kommen Gri/Gm. – **3.** in gewisser Regelmäßigkeit auftretende Phase, in der jmd. bes. durch Launenhaftigkeit oder übermäßigen Alkoholgenuß auffällt verbr. VPom. *Hei hett hüt wedder sienen Törn, hei süppt all denn ganzen Dag Schnaps* Gri/Ti. – **4.** Zeitspanne verbr. VPom. *Dat hett 'n langen Törn duert* Fra/Bn. In fester Vbdg.: *in einen Törn* ununterbrochen, ohne

Pause verbr. VPom. – **5.** Wegstrecke verstr. VPom. *Dat wier 'n langen Törn tau gåhn* Gwald. – **6.** Nickerchen verstr. VPom. *Ik heff 'n lütten Törn up't Sofa måkt* Rüg/Dm.

törnen[1] sw. **1.** zähmen, bändigen VPom, sonst selt. *Dei Kutscher kann dei Pier(d) nich törnen, sei gåhn em dörch* Gri/Bo; *'ne wille Koh is nich licht to törnen* Rüg/Pu. *Du mööst em 'n bäten törnen, dat hei nich so väl drinkt* Fra/Zi. → tähmen. – **2.** refl., sich beherrschen, mäßigen VPom, selt. MPom HPom. *Nu hest du naug Narrentüg måkt, törn di man 'n bäten!* Gri/Ti.

törnen[2] sw., seem. **1.** umwenden, drehen. *dat Glas* [Sanduhr] *törnen* Gwald. Fischerspr.: *Dat Nett is törnt* das Netz ist völlig verdreht Stral. – **2.** zum Wachdienst rufen, wecken Rüg/Sn, Gwald.

torniere sw. herumtoben, Krach machen verstr. östl. der Oder. Das Wort ist in derselben Bedeutung historisch auch in VPom belegt, s. DÄHWB 492[a]: *Torneren.* – Mnd. *tornēren* turnieren.

Lautvar.: *to(r)neere* Pyr/Wa,Wi, vereinz. SPom, *torneire* vereinz. ZPom, *turniere* Kol/Go, *tu(r)neire* Reg/Za.

Tornüster m., *Ternüster, Turnüster* selt., wie hd. *Tornister* vereinz. **1.** Ranzen, bes. Schulranzen. *Nu pack man dienen Tornüster för'e Schaul* Rüg/Ae. – Ral. über einen Choleriker: *Dei is denn Düwel ut'n Tornüster sprungen* Gwald, ähnl. vereinz. – **2.** Buckel, verkrümmter Rücken vereinz. Rsyn. s. Puckel.

torren sw., *toren* verstr. VPom, *todden* selt. VPom. **1.** ziehen, zerren, schleppen VPom, sonst vereinz. *Hei toort dat Kalf an'n Reip œwern Hoff* Gwd/Ba. *He torrt mi in't Gasthus* Gwald. *Lütt Hannes torrt sin Bröding ut de Dör* KRI 123. – **2.** umherziehen, sich irgendwohin bewegen vereinz. *Wi torren von einen Uurt nåh'n annern* Ank/An. – **3.** mit jmd. poussieren, eine Liebschaft haben vereinz. Zumeist refl.: *Hei hett sich lang naug mit dei Diern torrt, nu ward Hochtiet måkt* Dem/Tp. – **torricken** sw., *torrigen* Fra/Br, ziehen, zerren vereinz. VPom, [4]SEG 169. Vgl. MWB 7,191: *toddicken.*

Tort[1] m., veraltd., *Turt* vereinz. MPom SPom. **1.** Ärger, Verdruß. *Dat hest du mi taum Tort dån* das hast du getan, um mich zu ärgern Gwd/Ba. – **2.** Schabernack vereinz. *Dei Kierl drifft sienen Tort mit ehr* Fra/Pc.

Tort[2] f. Torte. *Dei Bäcker hett schöne Torten utstellt* Gwd/Ba.

Tossel m. langsamer, träger Mensch Ran/Pe,Wl, Reg/Me. – **tosselig** Adj. behäbig, bedächtig vereinz. °Ran. → sacht. – **tosseln** sw. trödeln, behäbig sein Ran/Pe.

tossen sw. **1.** an etwas ziehen, zerren vereinz. MPom HPom. *De Peer tossa schön* die Pferde ziehen mit aller Kraft Saa/Jk. Vgl. tåsen. – **2.** ziellos umherlaufen vereinz. MPom HPom. *He tosst mit'm Hund dörch de Stadt* Pyr/Lt.

Tœt f., *Tät* vereinz. VPom, *Täut* verstr. HPom, Pl. *-en.* **1.** zumeist pejor., (alte) Stute verstr. *Dei oll Tät is up dei Vörderbeinen all en bäten stümperig* HUMGWD 10,12,4. – **2.** Schimpfw. für eine schwatzhafte Frau vereinz. – **3.** Scheide weiblicher Nutztiere verstr. – **4.** Ausguß, Tülle vereinz. VPom. – **Tœtel** f., *Täuta* DKr/La, Net/Hf, Schimpfw. für ein Plappermaul vereinz. MPom SPom, sonst selt. – **tœteln** sw., *täutle* vereinz. ZPom, dummes Zeug reden, schwatzen vereinz. MPom HPom.

Totsch n., PflN, Acker-Skabiose (Knautia arvensis) Stolp. Vgl. MARZELL 2,1125.

Totschk m., TiN, Johanniskäfer, Glühwürmchen Büt/Wu, [5]KNO 2,16. Syn. s. Gläuhworm. – Slaw. Lehnwort. Vgl. [4]BIE 175, [10]WIN 115.

tottfäje s. täutfägen.

töwen s. täuben.

Töwer m., veralt., Zauber, Zauberkraft selt. *De hebben den entfamten Töwer braken* PAL 4.

Tœwer m. Zuber, Holzbottich. *Wi hebben 'n Tœwer vull Wåter in'e Kœk* Gri/Mi. *De Tœwer löppt œwer* Gri/Ge; *'n Tœwer vull Päkelfleisch* Gwd/Ba.

Laut- u. Formvar.: *Töwer* vereinz., *Tœber* selt. VPom, *Täwer* selt. VPom, Rum/Km [5]TITA 57, *Täuwe(r)* verstr. SPom ZPom, *Tåwe(r)* Fla/Ta,Wo, Slo/Pa. – Pl.: zumeist *-s*, wie Sg. vereinz.

töwere sw., *töbere* selt. ZPom, *tew(e)re* verstr. NOPom. **1.** herumtoben, tollen vereinz. HPom. – **2.** zetern, schimpfen verstr. nordöstl. HPom, JOSTWB 101. Vgl. toben.

Töwerer m., veralt., *Tewerer* NOPom, Zauberer. *Dei Töwerer hett dat Veih verraupen* Dem/De. – **Töwerie** f., veralt., *Tewerie* NOPom, Zauberei, Magie. *Denn kann em keine Töweri wat andaun* [3]NERE 1,104. – **töwern** sw., veraltd., *tew(e)re* NOPom, zaubern, magische Mittel einsetzen. – **Töwersch** f., veralt., *Tewersch* NOPom, Zauberin, Hexe.

Trääms f., PflN, *Trems* vereinz., *Traims* Pyr/Pe, Kornblume (Centaurea cyanus) VPom, verstr. nördl. HPom, sonst selt. Vgl. DWA 5, Kt.7. *Dei ollen Lüd seggen Trääms to dei Kuurnblaum* Gri/Mi. *De Roggen is blåg von all de Träämsen* Rüg/Pu. *Wenn du Trämsen* […] *mank dat Kuurn för Unkruut schellst, denn stöttst du den Herrgott vör dei Bost* HUMGWD 77,26,4. – Mnd. *trem(e)se.*

Rsyn.: *Kuurnblaum, Roggenblaum, Schimmelblaum.*

träämsenblåg Adj. kornblumenblau verstr. VPom, vereinz. nördl. HPom.

Trabant m., n. LAUWB 355, wildes, lärmendes Kind verstr., MAH 83, ²MIS 75. *Uns lütten Trabanten toben up'e Stråt herümmer* Rüg/Dm.

Laut- u. Formvar.: *Trabante(r)* selt. HPom. – Pl.: zumeist *-en, -(e)s* vereinz. HPom.

trachten sw. wie hd. vereinz. *Sei trachten dornåh, mi von'n Hoff tau kriegen* Gwd/Ba. *De Minsch tracht ümmer dorhen, wur hei herkåmen is* Ank/An.

Träd f./m., Pl. *-en.* **1.** Trittleiste, mit der man das Spinnrad antreibt oder die Schäfte des Webstuhls in Bewegung setzt. *An't Spinnrad is 'ne Träd* Gri/Ge. Vgl. Trädel. – **2.** fischerspr., verstärkte Einfassungsleine an der Unterseite des Netzsackes selt. VPom, ¹PEE 209, RAS 72.

Lautvar.: *Trä'* vereinz. VPom, sonst selt., *Trär* selt. VPom, verstr. ZPom, *Träj* vereinz. °Pyr, *Traid* DKr/La.

Tråd f., Pl. *–en.* **1.** Wagenspur, Geleise VPom, verbr. nördl. HPom, PRI/TEU 224. *Man möt mit'n Wågen in'e Tråd blieben* Gwd/Nu; *'n Holtweg* [...] *mit versackte Traden* ⁴HOEFE 124. *Dat Rad löppt in'e Traur* Gbg/Wo. Syn. Geleis, Läus, Spor². – **2.** Fußspur verstr. VPom, vereinz. nördl. HPom, HOMWB 211ᵇ. *Ik bün œwer denn weiken Acker lopen, dor sünd nu deipe Tråden* Gri/Bo. – **3.** Leitersprosse verstr. VPom. *Dei ünnelst Tråd is dörchbråken* Gwd/Ba. Zur Wortgeographie s. Kt. *Språt.* – **4.** mit Stroh vermengter Lehmklumpen zum Füllen von Fachwerkwänden verstr. °Nau, Reg/Kt, Dra/Dr.

Lautvar.: *Trå'* vereinz. VPom, *Trår* verstr. VPom, verstr. nördl. HPom, *Traue, Traur* verbr. im Belbucker Abteigebiet, *Tror* vereinz. NOPom.

Trädel n./f. Pedal, mit dem das Spinnrad angetrieben wird vereinz. HPom. Vgl. Träd. – **Trädels** n. Hahnentritt, weißlicher Strang am Eidotter selt. VPom, Sch/Ac, Rum/Tr.

träden st., selt. sw., treten. Das Wort ist nur in der letzten Bedeutung volkstümlich. Üblicher ist ansonsten pedden. **1.** ein paar Schritte machen, gehen. *Ik treer in'e Stuf* Ank/Br; *an't Finster träden* Fra/Bn. – **2.** seinen Fuß auf, in etwas setzen. *Heww ik di up'n Fot träden?* Uec/Pa. Auch: einen Fußtritt austeilen. – **3.** etwas mit den Füßen betätigen. *dat Spinnrad träre* Bel/Ei. – **4.** begatten (vom Federvieh). *Dei Håhn träd't dat Hauhn, dei Arpel träd't dei Ånt* Ank/Br. *Nu ward dat Tiet, dat dei Gaus sich träden lett* Gri/Mi. – Sagw.: *Irren is minschlich, säd dei Håhn, don treed hei dat Farken* Gwd/Po. *Dat is all een Afmåken, saed de Hahn, dohn traed' he dat vierte Hohn* °Rüg BLFPVK 10,178.

Lautvar.: *träje* verstr. °Pyr, *träre* verstr. HPom, LAUWB 355, MAH 85, *trēide* °Büt ²MIS 19, DKr/La, *treido* Net/Hf.

Flex.: Präs.Sg.1.: *träd, trär* verbr., *trä'* vereinz. VPom, *träj* verstr. °Pyr, *treid* Net/Hf, DKr/La. – 3.: *träd, träd't* verbr. VPom, sonst vereinz., *trett* vereinz., *trräärt* Reg/Kt. – Prät.Sg.1. u. 3.: *treed, tree(r).* – Part.Prät.: zumeist wie Sg. Schwach konjugierte Formen sind nur selten belegt: *träd't* selt. VPom, *trääjt* Pyr/Lt, *träärt* Kol/Go.

tråden sw. eine erdige Masse mit den Füßen bearbeiten, festtreten verstr. VPom. *De Schåp tråden denn Lehm up de Schündäl* die Schafe treten den Lehmfußboden auf der Tenne fest Rüg/Ls; *Törf tråden* Torferde in großen Kästen mit den Füßen zu einer gleichmäßigen Masse verdichten Gwald. – **Trådtorf** m. Torf, der vor der weiteren Verarbeitung in großen Kästen festgetreten wird verstr. VPom, HUMGWD 12,25,11.

Träd-up m., hist., bevollmächtigter Stellvertreter einer Frau in rechtlichen Angelegenheiten (in der Regel der Ehemann) verstr. °Rüg, DÄHWB 494. *Spreken se mit minen Tred=up* Hidd. SCHN 240.

tråg Adj. träge, schwerfällig, faul. *Du büst so tråg in'e Arbeit, ik kann di nich bruken* Ank/Br; *denn hei künn dat nich liden, wenn anner Minschen trag wieren* ²BAND 15. *Måk doch wat un wäs nich so tråg!* Uec/Ge. *Hei bitåhlt man tråg* er begleicht seine Schulden nur zögerlich Fra/Bn.

Lautvar.: Zur lautlichen Realisierung des Stammvokals s. PWB 1,1, LXI, Kt.V.

Träkel s. Treckel.

Tråkelfåden m., fachspr., Heftfaden für das Schneidern VPom. *Wenn dat Kleed neigt is, ward dei Tråkelfåden wedder uttreckt* Fra/Zi. – **Tråkelgoorn** n., fachspr., beim Schneidern verwendetes Heftgarn VPom. – **tråkeln** sw., fachspr., mit langen Stichen heften, lose zusammennähen VPom, DÄHWB 493. *Dei Schnieder hett denn Rock ierst ees tråkelt* Gwald.

Traktement n. **1.** Lohn, Gehalt verstr. *Hei hett nich väl Geld, sien Traktement wier man lütt* Gri/Ti. – **2.** Verpflegung, Ausrüstung mit Lebensmitteln verstr. *Hest du dien Traktement all betåhlt?* Stett.

Laut- u. Formvar.: *Traktment* vereinz., *Trakment* selt., *Traktmint* Nau/Fg,Rh, Dra/Bu, *Traktemint* selt. HPom, *Trakmint* Reg/Rg.

trak(te)mentieren sw. jmd. bewirten vereinz. → updischen. – **traktieren** sw. **1.** jmd. bewirten verstr. *Up'e Hochtiet sünd wi düchdig mit Bier un Brammwien traktiert worden* Rüg/Ae. → updischen. – **2.** jmd. oder etwas schlecht behandeln, quälen verstr., MAH 83. *Dei Kutscher hett dat Pierd mit 'n Knüppel traktiert* Gri/Ti.

Tralj f. **1.** Gitterstab, bes. vor dem Fenster. *Dor sünd Tralgen vör de Finstern as bi'n Tuchthus* Gwald. *Dörch de Traljen kümmt keener dörch* Pyr/Lt. – Ral.: *achter (de) Tralgen sitten* eine Gefängnisstrafe verbüßen Rüg/Pu, ähnl. allg. – **2.** Stab im Geländer vereinz. *An'e Trepp gåhe Tralje lang* Reg/Me. – **3.** Leitersprosse vereinz. Zur

Wortgeographie s. Kt. *Språt. Dor is 'ne Tralling in'e Ledder bråken* Fra/Pu. – Mnd. *tral(l)ie* Gitter. Lehnwort aus frz. *treille.*

Laut- u. Formvar.: *Tralling* verstr. VPom, *Trall* selt. VPom, *Trallig* selt. VPom. – Pl.: zumeist *Tralje(n), Tralgen* verstr. VPom, *Trallen* selt. VPom, *Trallingen, Trallings* vereinz. VPom, *Tralligen, Trallichen* selt. VPom.

trallallen sw., zweite Silbe betont, mißtönend singen selt., HOMWB 211[b]. – **trallaren** sw., zweite Silbe betont, laut singen, grölen, lärmen. *Wenn de Kierl dun is, trallaart he ümmerto* Gwald. → larmen.

trallig Adj., *drallig* Uec/Ge. **1.** albern, kindisch verbr. VPom, sonst selt. *Dei Diern is noch so trallig, sei kann noch nich friegen* Rüg/Ae. → dwallig. – **2.** verrückt, geisteskrank verbr. VPom, selt. MPom HPom. *Dat is doch nich dien Iernst, du büst woll trallig!* Rüg/Dm. → mall.

Tralling s. Tralj.

Trallkasten m. saloppe Bez. für eine Nervenheilanstalt HUMGWD 4,10,11.

Tråm f. Leitersprosse. Das Wort fehlt in MPom, SPom und in ZPom. Zur Wortgeographie s. Kt. *Språt. In diene Lerrer fählen twee Tråmen* Rüg/Zi. *In'e Ledder is 'ne Tråm dörchbråken* Gwd/Ba; *von Tråm to Tråm stiegen* Rüg/Be; *ne Trahm höger* GEB 56.

Laut- u. Formvar.: *Trån* selt. VPom, *Traum* verbr. im Belbucker Abteigebiet, *Trom* verbr. NOPom. – Pl.: *Tråmen* verbr. VPom, *Tråben, Trånen* selt. VPom, *Traume(n)* verbr. im Belbucker Abteigebiet, *Trome* verbr. NOPom, *Trooms* Sto/Gl.

Trämel m., *Drämel* Lau/GW, kleiner Stapel Holz selt. VPom, Ghg/Li, Saa/Ja, Dra/Ga.

Tramm m., seem., Schiff, das reif zum Abwracken ist verstr. vpom. Küste. *Dat is so'n ollen Tramm, dei nich mihr båben blieben deit* Fra/Zi. – Zu engl. *tramp (steamer)* Frachtschiff ohne feste Route.

Trampel m./f. plumper, ungeschickter Mensch verstr. – **Trampeldisch** m. kaltes Buffet Gri/Bo. – **Trampelfräten** n. dass. vereinz. – **trampeln** sw. wie hd. *[Se] trampelt mit beide Bein up de Ird* SPI 63. Ausruf der Überraschung: *Ik denk, mi trampelt dei Bor!* Gri/Ti, ähnl. vereinz. VPom. – **trampen** sw. dass. verstr. VPom. – **trampsen** sw. heftig mit den Füßen auftreten, sich mit schweren Schritten bewegen verstr. *Tramps doch nich as so'n Pierd œwer dei Däl!* Gwd/Ba. Syn. trapsen.

Trån[1] f., Pl. *-en.* **1.** Träne. *Dei Trånen stünnen ehr in dei Ogen, as sei dat Unglück hüren deed* Fra/Br. *Ierst geef dat noch Trånen, nåhst hett dei Diern nich mihr rohrt* Gri/Ge. *Dei Trånen lopen mi dei Backen runner* Use/Sw. *Se lacht, dat ehr de Trånen rönnen* Ghg/Wt. – **2.** Tropfen, kleiner Flüssigkeitsrest verstr. *Geit mi man noch 'ne Trån Kaffe in!* Dem/De. *In'e Buddel is noch 'ne kleen Trån* Uec/Pa. Vgl. Trœn.

Lautvar.: Zur Realisierung des Stammvokals s. PWB 1,1, LXI, Kt.5. In HPom unter hochdeutschem Einfluß vereinzelt auch *Trän.* Mit abweichendem Anlaut: *Drån* Kol/Go.

Trån[2] m. Tran. *Hei schmeert dei Stäwel mit Trån* Gwd/Ba. – Ral.: *in'n Trån sin* betrunken sein verbr.; *in'n Trån pedd't hebben* dass. verstr., auch: sich etwas Unerfreuliches eingehandelt haben vereinz.

Lautvar.: Zur Realisierung des Stammvokals s. PWB 1,1, LXI, Kt.5.

Trånbüdel m. langsamer, phlegmatischer Mensch vereinz. VPom. – **trånbüdelig** Adj. behäbig, schwerfällig vereinz. VPom, HUMGWD 13,29,11. – **trråndüsig** Adj. schwachköpfig, einfältig vereinz. *Dat's 'n trråndüsigen Sell, de kann nich bet teigen tellen* Rüg/Dm.

trånen[1] sw. tränen. *Mi trånen dei Ogen so* Fra/Br. *He lacht, dat em de Oje tråne* Pyr/Wi.

trånen[2] sw. mit Tran versehen, imprägnieren vereinz. *Sägel trånen* Rüg/Pu; *de Stäwel tråne* Neu/Aa.

Trån(en)büdel m. Tränensack vereinz. Wenn jmd. weint, heißt es ral.: *Dor geiht de Trånenbüdel œwer* Dem/De, ähnl. vereinz.

Trånfläut f. schlafmütziger Mensch vereinz. – **Trånfunzel** f. **1.** schlecht brennende, trübe Lampe. *Wi mütten 'ne niege Lamp köpen, bi disse Trånfunzel kann man nich kieken* Rüg/Ae. Syn. s. Blåk. – **2.** träger, schwerfälliger Mensch. *Mit dissen Kierl is nicks antofängen, dat is 'ne oll Trånfunzel* Rüg/Dm. – **trånig** Adj. überaus bedächtig, sehr langsam verstr. → sacht. – **Trånkonditer** m., SpottN, Lebensmittelhändler selt., HTKÖS 1931,7,12. – **Trånkrüsel** m. **1.** veralt., schlecht brennende Öllampe vereinz. – **2.** schlafmütziger Mensch vereinz. – **Trånpott** m. **1.** Topf, in dem Tran aufbewahrt wird. – **2.** bedächtige, schwerfällige Person vereinz. – **Trånpüüster** m. schlafmütziger Mensch vereinz. *So'n Trånpüüster mücht ik nich friegen* Rüg/Dm.

Transch m., ohne Pl. **1.** Vorhaltungen, Vorwürfe vereinz. *Dortau kem noch dei Angst, dat Fieken em 'n groten Transch maken würd'* [2]SAN 36. – **2.** Gewese, Getue vereinz. *Måk doch keinen Transch von dei Såk, dat lohnt nich!* Dem/Tp. – **transchen** sw. schwatzen, unaufhörlich reden vereinz.

Trånsus' f. Transuse verbr. – **trånsusig** Adj. schlafmützig, phlegmatisch vereinz.

Trant[1] m. **1.** Tand, wertloses Zeug selt. VPom MPom. *Dat's allens Trant, dat schmiet man up'e Afsiet!* Rüg/Zi. – **2.** ungeordnete Ansammlung JOSTWB 103.

Trant[2] m.(?), TiN, Haubentaucher HTKÖS 1930,8,9, OPOMHT 1939,27.

Tråntut f. antriebsloser, phlegmatischer Mensch vereinz. – **Tråntüt** f. dass. vereinz.

Trapp[1] f., Pl. *-en*, Fußstapfe verstr. *In 'n Schnei sünd noch luter Trappen tau seihn* Gri/Gm. *Ik gåh in dien Trappen* Ghg/Wt. → Tapp.

Trapp[2] f., TiN, Großtrappe verstr. MPom, sonst selt.

trappeln sw., *trabbeln* selt., gut vernehmbar mit kleinen, schnellen Schritten gehen vereinz. Vgl. tappeln. – **Traps** f., *Trapsch* Lau/Ke, Fußstapfe, Fußabdruck selt., [2]KNO 86. → Tapp. – **trapsen** sw. mit schweren Schritten, stampfend gehen vereinz. *Traps doch ni' so up de Trepp!* Pyr/Wi. Syn. trampsen.

trapzuren sw. **1.** strapazieren, übermäßig beanspruchen vereinz. VPom. *Ik heff denn Antog düchtig trapzuurt* Fra/Pe. Vgl. strapzieren. – **2.** quälen, peinigen vereinz. VPom.

Trara n. großes Aufsehen, Lärm. *Måk nich so 'n Trara, dei Såk is dat doch nich wiert!* Gri/Gm.

Trå**s'** f. träger, langsamer Mensch vereinz. MPom SPom. Vgl. BBWB 4,461: *Trase.* – **Tråsel** m. dass. Ghg/Bo, Ran/Ro, Pyr/Wi, Saa/Ja. – **tråsen** sw. trödeln, langsam sein Ghg/Wt, Stett. – **tråsig** Adj. sehr langsam, bedächtig verstr. MPom SPom, sonst selt. *Mit dit tråsige Frugensminsch holl ik dat bi dei Arbeit nich mihr ut!* Rüg/Dm. → sacht.

Tråtsch[1] m. **1.** Tratsch, Klatsch verstr. *Wat dei Lüd seggen, dat is wierer nicks as Tråtsch* Dem/Tp. – **2.** Streit, Zank vereinz. – **Tråtsch**[2] f. Schwätzerin vereinz. Rsyn. s. Quos. – **tråtschen** sw., *dråtschen* selt., *trautsche* Gbg/Wo, Dra/Bu, tratschen, Klatsch verbreiten. *Dei beiden ollen Frugens tråtschen œwer jedwereinen* Gri/Mi.

trawalje s. drawalgen.

trecht Adv. zurecht, fertig, zum Abschluß gebracht. *Dat Stück Arbeit hebben wi trecht* Ran/Pe. *De Breef sall hüt noch trecht ware* Pyr/Lt. Der Gebrauch als attr. Adj. ist nur ausnahmsweise belegt: *Hei söcht trecht Arbeet* er sucht fertige Arbeit, ist ein Faulpelz Gbg/Ze. – Sagw.: *Dat's trecht, secht de Bur u' scheet sich in de Hose* Kös/Da. *Dor bin ik all lang mit trecht, säd de Fulpelz, dunn har he noch gor nich anfungen* Ran/Pe.

Lautvar.: Verstreut über das gesamte Erhebungsgebiet sind nicht kontrahierte Formen (Hauptvar. *taurecht, torecht*) belegt.

trechtbögen sw. zurechtbiegen. Übertr.: *Seh di vör, ik war di noch trechtböje!* sieh dich vor, ich werde dir noch Gehorsam beibringen! Pyr/Dö.

Trechtel m., Pl. *-s*, Trichter vereinz. nordöstl. HPom. Vgl. PRWB 6,191: *Trichtel.*

Lautvar.: Im Kreis Rummelsburg sind Varianten mit Ach-Laut belegt: *Trechtel* Rum/Km [5]TITA 42, *Trechle* [2]MIS 35.

Trechter m., Pl. *-s*, Trichter. *Wi möten dat Wåter dörch 'n Trechter geiten* Gwd/Ba. – Nur im Rä. auch als Bez. für den Hals des Menschen: *Up den Trechter is en Schmecker* [Zunge]. *Up den Schmecker is en Rüker* [Nase] Rüg/Be BLFPVK 5,168f.

trechtfingerieren sw. etwas (mit den Fingern) in Ordnung bringen, reparieren verstr. – **trechtfinnen** st., refl., sich zurechtfinden. – **trechtfriegen** sw. sich einen Ehepartner zulegen. Ironisch: *Dei hemm' wat Schönes trechtfriegt* sie sind unglücklich verheiratet Fra/Bn. – **trechtfummeln** sw. etwas in mühseliger Kleinarbeit reparieren, in Ordnung bringen. – **trechtkåmen** st. **1.** mit jmd. oder etwas zurechtkommen. *He kümmt nich torecht mit sienen Kråm, ik möt em ümmer 'n bäten helpen* Rüg/Zi. *Mit dat Geld kåm ik nich wiet mit trecht* Dem/De. – **2.** in Ordnung kommen. *Dat blifft nich so schlicht, dat kümmt all wedder trecht!* Rüg/Pu. – **trechtkriegen** st., selt. sw., etwas zustande bringen, fertig bekommen. – **trechtleggen** sw./unr. zurechtlegen. **1.** bereitlegen. *dat Sünndagstüg trechtleggen* Gwd/Ba. – **2.** refl., sich etwas im Vorhinein überlegen. *Dat weit ik noch nich, dat möt ik mi ierst trechtlengen* Gwald. – **trechtlopen** st., refl., sich von selbst regeln, wieder in Ordnung kommen. – **trechtmåken** sw. **1.** herrichten, in Ordnung bringen. *Täuf man 'n Ogenblick, ik måk di dat Kleed trecht!* Fra/Pe; *dat Stück Land torechtmåken* Ran/Pe. – **2.** herausputzen verstr. – **3.** jmd. zurechtweisen, ausschimpfen vereinz. – **trechtprünen** sw. behelfsmäßig zusammennähen, flicken. *Låt di dei Strümp fix 'n bäten trechtprünen!* Gwd/Ba. – **trechtschaustern** sw. zurechtschustern, laienhaft zusammenbasteln. – **trechtschieten** st., refl., von selbst in Ordnung kommen verstr. *Dei Krankheit wohrt nich lang, dat schitt sik alls werrer trecht* Fra/Bn. – **trechtsetten** sw. **1.** sich zurechtsetzen. – **2.** jmd. zurechtweisen, maßregeln. *Ik war denn Bengel düchdig trechtsetten, dat kann ik di seggen!* Gwald. – **trechtstimmerieren** sw. sich eine knifflige Arbeit ausdenken vereinz. – **trechtstuken** sw. jmd. zurechtstauchen, derb zurechtweisen. *Dei Jung' is so driest. Wi möten em trechtstuken, süss ward ut em nicks* Dem/Tp. – **trechttrecken** st./sw., refl., von selbst in Ordnung kommen verbr. VPom. *Un süht uk alls ut so schlecht, dat treckt sich alls wedder trecht* Fra/Br. – **trechtwiesen** sw., selt. st., jmd. zurechtweisen verstr.

Treck m. **1.** Zug von Menschen (bes. von Flüchtlingen), die mit ihren Habseligkeiten die Heimat verlassen. *Sei is up 'n Treck ümkåmen* Gwd/Ba. – **2.** veralt., Umzug